KB199619

진리와 방법 1

진리와 방법 1

철학적 해석학의 기본 특징들

한스게오르크 가다머 지음
이길우·이선관·임호일·한동원 옮김

문학동네

차례

일러두기

1 이 책은 한스게오르크 가다머Hans-Georg Gadamer의 『진리와 방법—철학적 해석학의 기본 특징들*Wahrheit und Methode—Grundzüge einer philosophischen Hermeneutik*』(제6판, Tübingen 1990)의 1부 '예술경험에서 발굴하는 진리 문제'를 옮긴 것이다. 2부와 3부는 따로 묶어 『진리와 방법 2』로 출간한다.
2 원서의 각주는 미주로 옮겨 실었으며, 옮긴이 주는 본문 아래에 실었다. 문맥의 흐름이나 독자의 이해를 돕기 위해 필요한 말은 〔 〕 속에 적어 보충했다.
3 원서에서 이탤릭체로 표시한 강조 부분은 이 책에서 고딕체로 표시했다. 중쇄 때 저자가 덧붙인 내용은 [ ]로 표기했다.
4 단행본이나 정기간행물은 『 』로, 논문 등은 「 」로, 예술작품 등은 〈 〉로 표기했다.

그대가 스스로 던진 공을 받아 잡는 동안은
모든 것이 그대의 솜씨요, 그대 노력의 대가이지만;
영원한 공연자共演者가 그대에게,
그대의 중심으로,
신이 만든 거대한 다리의
한 곡선을 따라 정확하고 민활한 스윙 동작으로 던진 공을
그대가 불시에 잡게 되는 경우,
그때 공을 잡은 것은 그대가 아닌
세상의 능력이라오.

—라이너 마리아 릴케*

*앞의 시는 라이너 마리아 릴케Rainer Maria Rilke(1875~1926)의 후기 시 중 한 편으로, 시의 전반부만 발췌한 것이며, 제목은 없다. 스위스에서 지내던 만년에 자신을 물심양면으로 돌봐준 나니 분덜리폴카르트 부인에게 헌정한 시이며, 전집 제2권에 실려 있다.

'중심'이란 말이 이 시의 요체다. '중심'은 개인적인 중심과 영원성 혹은 신의 '중심'으로 구별된다. 여기서 '중심'은 공간적인 중심일 뿐 아니라 우리의 삶을 움직이는 힘으로서 타자로부터 다가오는 중심을 말한다. "영원한 공연자"가 "그대의 중심"을 향해 공을 던질 때, 다시 말해 우리가 우리의 협소한 중심에서 벗어나 일반적인 중심을 상대할 때, 비로소 "공을 잡은 것"은 그대만이 아닌 "세상의 능력"일 수 있는 것이다. 가다머는 이 시에서 공을 잡는 행위를 해석 행위로 풀이하는 듯하다.

서론

이 책의 연구는 해석학의 문제에 관계된다. 이해라는 현상 및 이해된 것의 올바른 해석이라는 현상은 정신과학적 방법론의 고유한 문제만은 아니다. 오래전부터 신학적 해석학과 법학적 해석학도 있었다. 이 해석학들은 학문의 이론적 성격을 지닌 것이 아니고, 오히려 학문*을 통해 양성된 판사나 목사의 실천적 활동에 상응했고 또 기여했다. 이렇게 해석학의 문제는 그 역사적 기원에서 보면 근대 학문의 방법 개념을 통해 설정된 경계를 넘어선다. 텍스트의 이해와 해석은 학문의 관심사일 뿐 아니라 명백히 인간의 세계경험 전체에 속한다. 해석학적 현상은 원래 방법의 문제가 결코 아니다. 해석학적 현상에서는 텍스트를 다른 모든 경험 대상과 마찬가지로 학적인 인식에 예속되게 하는 이해의 방법이 중요한 것이 아니다. 여기서는 우선 과학의 방법적 이상에 따라 보증된 인식의 구성이 결코 중요하지 않다. 그러나 여기서도 인식과 진리는 중요하다. 즉 전승傳承의 이해에서는 텍스트만 이해되는 것이 아니라, 통찰도 획득되고 진리도 인식된다. 이것은 어떠한 종류의 인식이며 진리인가?

근대 과학이 인식 개념과 진리 개념에 대한 철학적 해명과 정당화 작업에서 차지하는 지배적 지위를 고려한다면, 앞의 물음은

*독일어 'Wissenschaft'를 전후 문맥에 따라 '과학' 혹은 '학문'이라고 번역한다. 마찬가지로 'wissenschaftlich' 역시 내용에 따라 '과학적' 혹은 '학적(학문적)'이라고 옮긴다.

정당하지 않아 보인다. 그러나 이 물음은 근대 과학들 내부에서도 결코 피할 수 없다. 이해의 현상은 세계에 대한 인간의 모든 관계에만 해당되는 것이 아니다. 그것은 학문 내에서도 독립적인 타당성을 가지며, 자신을 일종의 학문의 방법으로 새롭게 해석하려는 시도에 저항한다. 아래의 연구는 근대 과학 내부에서 과학적 방법론의 보편적 요구에 대처하는 이러한 저항에 연결된다. 이 연구의 관심사는 과학적 방법론의 지배 영역을 넘어서는 진리의 경험을 도처에서 찾아내어 그 고유한 정당성에 관해 물으려는 것이다. 예를 들어 정신과학은 과학 외적인 경험 방식들, 즉 철학의 경험, 예술의 경험 그리고 역사 자체의 경험과 밀접한 관계가 있다. 이 모든 것은 과학의 방법적 수단으로는 검증될 수 없는 진리가 개현開顯되는 경험 방식들이다.

우리 시대의 철학은 이 점을 아주 명백히 의식하고 있다. 그러나 학문 외적인 인식방식의 진리 요구가 어느 정도까지 철학적으로 정당화될 수 있는가 하는 것은 전적으로 다른 물음이다. 내가 보기에 해석학적 현상에 대한 현재의 관심은, 이해라는 현상을 깊이 연구하는 것만이 그러한 정당화를 제공할 수 있다는 사실에 그 근거가 있다. 이러한 확신은 특히 오늘날 철학 연구에서 철학사가 차지하는 중요성에 의해 강화되었다. 철학의 역사적 전승과 관련하여, 우리는 이해를 일종의 탁월한 경험으로 만나게 되는데, 이 경험은 철학사 연구에서 특징적인 역사적 방법이 가상假象임을 쉽게 간파할 수 있게 해준다. 철학 사상思想의 거장들이 우리가 그들을 이해하려고 할 경우 동시대의 의식이 거부할 수도, 능가할 수도 없는 어떤 진리 요구를 관철시키려고 하는 것은 철학적 사유의 기본 경험에 속한다. 〔현대의〕 철학적 의식이, 자신의 철학적 통찰이 플라톤과 아리스토텔레스, 라이프니츠, 칸트 혹은 헤겔과 같은 철학자의 통찰에 비해 열등할 수 있다는 점을 인정하는 것에 대해 현대의 소박한 자부심은 반발할지 모른다. 우리는 현대의 철학적 사유가 자신의 약점을 그렇게 시인하면서 자신의 고전적 전승의 해석과 정리에 전념한다는 사실에서 그 약점을 볼 수 있다. 그러나 만일 우리가 자기 자신의 능력을 검토하지도 않고, 스스로 바보 노릇 하는 것을 더 좋아한다면, 그것이야말로 틀림없이 훨씬 더 큰 약점이다. 우리는 저 위대한 사상가들의 텍스트를 이해하는 과정에서 다른 길로는 도달할 수 없는 진리를 인식한다는 사실을 시인하지 않으면 안 된다. 비록 이러한 사실이 학문이 자신의 기준으로 삼는 연구와 진보라는 척도에 상반된다 하더라도 그러하다.

이것은 예술의 경험에도 유사하게 적용된다. 이른바 예술학이 수행하는 학문적 연구는 자신이 예술의 경험을 대신하거나 능가할 수 없다는 사실을 처음부터 의식하고 있다. 다른 방식으로는 결코 도달할 수 없는 진리를 예술작품에서 경험한다는 사실은 모든 이성적 논고에 맞서는 예술의 철학적 의미를 형성한다. 이렇게 철학의 경험과 더불어 예술의 경험은 과학적 의식을 향해 자신의 한계를 시인하라고 하는 가장 강력한 경고가 된다.

그러므로 다음의 연구는 미적 의식의 비판으로부터 시작되는데, 그것은 과학의 진리 개념으로 인하여 협소해질 수 있는 미학 이론에 대항해서 예술작품을 통해 우리에게 주어지는 진리의 경험을 옹호하기 위해서다. 그러나 이 연구는 예술의 진리를 변호하는 데 머무는 것이 아니라, 오히려 이것을 출발점으로 해서 우리의 해석학적 경험 전체에 상응하는 인식 및 진리의 개념을 전개하려고 한다. 우리가 예술의 경험에서 〔과학적〕 방법에 기초한 인식의 영역을 원칙적으로 넘어서는 진리에 관계하듯이, 이와 유사한 것이 정신과학에도 적용된다. 정신과학의 그 모든 형태에서 우리의 역사적 전승은 사실 연구의 대상이 되기도 하지만, 〔그것은〕 동시에 스스로 그 자신의 진리에서 말을 한다. 역사적 전승에 대한 경험은 그 전승에서 연구될 수 있는 것을 원칙적으로 넘어선다. 역사적 전승은 역사학적 비판이 결정하는 의미에서만 참이거나 거짓이 되는 것이 아니다. 역사적 전승은 언제나 진리를 매개하며, 중요한 것은 이 진리에 관여하는 것이다.

해석학에 관한 이러한 연구는 예술과 역사적 전승의 경험으로부터 출발해서 해석학적 현상을 그 전반에 걸쳐서 명료하게 하려고 한다. 해석학적 현상에서는 진리의 경험을 인정하는 것이 중요하다. 이 진리의 경험은 철학적으로 정당화되어야 할 뿐 아니라, 그 자체가 일종의 철학적 사유방식이기도 하다. 그러므로 이 연구에서 전개되는 해석학은 결코 정신과학의 방법론이 아니라, 그 방법적 자기의식을 넘어 정신과학이 진정 무엇이며, 또 정신과학을 우리의 세계경험 전체와 결부시키는 것이 무엇인가를 이해하려는 시도이다. 우리가 이해를 성찰의 대상으로 삼을 경우, 그 목표는 전래의 문헌학적·신학적 해석학이 지향하고자 했던 것과 같은 이해의 기술론技術論이 아니다. 이러한 기술론은 정교한 능력을 가진 형식주의가 우리에게 말을 걸어오는 전승의 진리에 대해 부당한 우월성을 요구한다는 사실을 알지 못할 것이다. 모든 이해Verstehen에 생기生起Geschehen가 얼마나 많은 작용을 하는지, 그리고 우리가 속해 있는 전통이 현대의 역사적 의식에 의해 거의 약화되지 않았다는 것이 아래의 연구에서 입증된다면, 그것은 결코 학문의 여러 분야 혹은 실천적 삶에 지침을 내리기 위함이 아니라, 이것들에 대한 잘못된 생각을 고치려는 시도에서이다.

이렇게 해서 다음의 연구는 급속한 변화의 물결이 넘쳐흐르는 우리 시대에 은폐의 위험에 처해 있는 어떤 통찰에 도움이 되리라고 믿는다. 변화하는 것은 옛것에 머무는 것과 비교할 수 없을 만큼 훨씬 더 주목을 끈다. 이것은 우리의 정신적 삶의 보편적 법칙이다. 따라서 역사적 변천의 경험으로부터 나타나는 관점들이란 언제나 왜곡된 것일 위험에 빠져 있기 마련이다. 왜냐하면 이 관점은 은폐되어 있는 지속적인 것을 망각하기 때문이다. 우리는 우리의 역사적 의식이 끊임없이 지나치게 자극을 받는 상황 속에 살고 있는 것 같다. 만일 우리가 역사적 변천의 그러한 과대평가에 직면하여 자연의 영원불변한 질서를 근거로 내세우고자 인간의 자연성에 호소하여 자연법 사상을 정당화하려고 한다면, 그것은 이러한 지나친 자극의 결과이며, 내가 보기에 대단히 잘못된 추론이다. 역사적 전승과 자연적 생활질서는 우리가 인간으로서 살고 있는 세계의 통일성을 형성한다. 그뿐 아니라 우리가 어떻게 서로를 경험하고, 역사적 전승을 경험하며, 우리의 실존 및 세계의 자연적 소여를 경험하는가 하는 것은 진정한 해석학적 세계를 형성한다. 우리는 마치 넘을 수 없는 장벽 안에 있는 것처럼 이 세계에 갇혀 있는 것이 아니라, 이 세계를 향해 열려 있다.

정신과학에서 〔추구되는〕 진리란 무엇인가에 대한 성찰은 진리에 명백히 구속력을 가지는 전승으로부터 벗어나 반성되어서는 안 된다. 따라서 이 성찰은 자신의 독자적인 연구 방식을 위해 가능한 한 역사적 자기 명료성을 획득하려고 노력해야 한다. 이해의 세계를 근대 과학의 인식 개념 아래에서 가능하리라고 여겨지는 것보다 더 잘 이해하려고 한다면, 이 성찰은 또한 자신이 스스로 사용하는 개념들에 대해 어떤 새로운 관계를 모색해야 한다. 〔정신과학에서의 진리에 대한〕 이러한 성찰은 자신이 수행하는 이해와 해석이 결코 원리로부터의 구성이 아니라, 먼 곳으로부터 연유하는 어떤 생기 Geschehen의 지속적 형성이라는 점을 의식해야 할 것이다. 그러므로 이 성찰은 자신이 사용하는 개념들을 조회도 하지 않은 채 사용해서는 안 되고, 그 개념들이 지니는 원래의 의미 내용으로부터 자신에게 전해져 내려온 것을 받아들여야 할 것이다.

현대의 철학적 노력이 철학의 고전적 전통과 구별되는 것은 현대철학이 고전적 전통의 직접적이며 단절 없는 연속이 아니라는 사실에 있다. 오늘날 철학은 자신의 역사적 원천과 밀접하게 결부되어 있음에도 불구하고 자신과 자신의 고전적 전형典型들 사이의 역사적 거리를 잘 의식하고 있다. 이것은 특히 오늘날 개념에 대한 철학의 관계 변화에서 명백하게 나타난다. 그리스어 개념들이 라틴어화하고 라틴어의 개념적 언어가 근대 언어들에 편입됨으로써 나타나게 된 서양의 철학적 사유의 변형들이 아무리 중대한 결과를 야기하고 또 철저하게 이루어졌다 하더라도, 지난 수세기에 걸쳐 이루어진 역사의식의 성립은 훨씬 더 중대한 사건이다. 그 이후로 서양 사유 전통의 연속성은 다만 아직 단편적인 형태로 작용한다. 전통적인 개념들이 우리 자신의 사상에 유익하다고 여기게 한 소박한 순진성은 사라져버렸다. 그후 전통적 개념들에 대한 학문의 관계는 현학적인, 좀 심하게 말하자면 의고주의擬古主義적인 〔개념〕 수용의 방식으로든 혹은 개념을 도구처럼 생각하는 기술적 조작의 방식으로든 간에, 학문에 있어서 기이할 정도로 구속력이 없어졌다. 이 두 방식은 사실 해석학적 경험을 충족시킬 수 없다. 철학적 사유가 전개되는 개념의 세계는 오히려 우리가 그 안에 살고 있는 언어가 우리를 규정하는 것과 같은 방식으로 항상 우리를 이미 사로잡고 있다. 따라서 이 사로잡혀 있음을 의식하는 일이야말로 사유의 철저성에 속한다. 〔역사의식의 성립〕 그 이후 모든 책임 있는 철학적 사유가 반드시 동반하는 의식, 그리고 개개인이 자신의 공동세계와의 대화 과정에서 습득하는 언어 및 사유 관습을 우리 모두가 함께 속한 역사적 전통의 광장으로 끌어들이는 의식, 이것은 일종의 새로운 비판적 의식이다.

아래의 연구는 개념사적 문제제기를 이 연구주제의 객관적 설명과 밀접하게 연결시킴으로써 〔앞에서 언급한〕 이러한 요구를 이행하려 한다. 후설Husserl이 우리에게 의무로 제기한 현상학적 기술의 철저성, 딜타이Dilthey가 모든 철학적 사유에 제기한 역사적 지평의 넓이, 그리고 특히 이 두 동인動因이 관통하는, 수십 년 전 하이데거Heidegger로부터 받은 자극이 나의 〔철학적 사유의〕 토대가 되고 있다. 나는 〔비록 이 연구의〕 수행이 아무리 불완전하다고 하더라도 이 토대의 구속력이 흐려지지 않기를 바란다.

1부 예술경험에서 발굴하는 진리 문제

I 미적 차원의 초월

1 정신과학에서 인문주의 전통이 지니는 의미

1) 방법의 문제

사실상 19세기에 들어 비로소 나타나기 시작한 정신과학의 논리적 자기성찰은 전적으로 자연과학을 그 모범으로 삼는다. 이러한 사실은 복수 형태로만 우리에게 친숙한 의미로 다가오는 '정신과학'이란 단어의 역사를 일별해보면 쉽게 알 수 있다. 정신과학들Geisteswissenschaften이란 용어는 분명 자연과학들Naturwissenschaften이란 용어와의 유비를 통해서 이해되기 때문에 정신과 정신과학의 개념 속에 깃들인 관념론적 여운은 사라지게 된다. '정신과학들'이란 단어는 존 스튜어트 밀John Stuart Mill의 『연역 논리학과 귀납 논리학의 체계 *System of Logic, Ratiocinative and Inductive*』 독일어 번역자가 처음 도입했다. 밀은 그의 저서에서 귀납 논리를 인간과학moral sciences*에 적용할 가

* 밀은 경험론적 학문 이론의 기초를 부여하기 위해 저술한 『연역 논리학과 귀납 논리학의 체계』(전6권)의 제6권에서 인간과학의 경험론적 이론에 관해 숙고했는데, 여기서 그는 물리적 과학physicalische Wissenschaft의 방법적 타당성이 인간에 관한 학문들, 예컨대 심리학·사회학·역사학 등의 학문들에서도 증명될 수 있다는 점을 보여주려 했다. 요하네스 시엘Johannes Schiel은 이 6권의 제목 'On the logic of Moral Science'를 'Von der Logic der Geisteswissenschaften oder moralischen Wissenschaften(정신과학 혹은 인간과학의 논리학에 관하여)'로 옮겼다.

능성에 대해 부록 형식으로 약술하는데, 밀의 번역자가 이 단어를 '정신과학'이라고 옮긴 것이다.[1] 밀의 논리학의 맥락을 보면, 정신과학의 고유한 논리를 인정하려는 것이 아니라 그 반대의 사실, 즉 이 영역에서도 역시 모든 경험과학의 바탕을 이루는 귀납적 방법만이 통용될 수 있다는 점을 보여주려 한다는 사실이 분명하게 드러난다. 이로써 밀은 흄Hume이 『인성론*Treatise on Human Nature*』 서론에서 설득력 있게 피력한 영국의 전통을 이어받는다.[2] 이를테면 인간과학에서도 개별적인 현상 및 과정을 예측할 수 있게 해준다는 균일성Gleichförmigkeit과 규칙성Regelhaftigkeit 또는 법칙성Gesetzmäßigkeit을 인식하는 것이 중요한데, 이 목표는 자연현상의 영역에서도 어디에서나 같은 방식으로 달성되지는 않는다는 것이다. 그러나 같은 방식으로 달성되지 않는 이유는 오로지 균일성을 인식케 해주는 자료들을 도처에서 충분히 얻을 수 없다는 데서 찾아진다. 예를 들어, 기상학은 물리학과 똑같은 연구방법을 사용하지만 단지 그 자료들이 불완전하기 때문에 예보가 좀더 불확실해진다는 것이다. 이것은 도덕적이고 사회적인 현상의 영역에도 통용된다고 한다. 귀납적 방법의 사용은 자연과학에서와 마찬가지로 여기서도 모든 형이상학적 가정들로부터 독립되어 있으며, 우리가 관찰된 현상의 형성에 대하여 어떻게 생각하는가 하는 점과는 전적으로 무관하다는 것이다. 어떤 특정한 결과의 원인에 대한 탐구는 전혀 이루어지지 않고 단순히 규칙성만 확인될 뿐이다. 따라서 여기서 의지의 자유를 믿느냐 믿지 않느냐 하는 문제는 중요하지 않다. 왜냐하면 사회생활의 영역에서는 어떤 경우에도 그 예측이 가능하기 때문이다. 그러나 예상할 수 있는 현상을 규칙성으로부터 추론해내는 작업은—그 규칙성이 예측을 가능케 해주는—연관관계의 방식에 대한 어떠한 가정도 내포하고 있지 않다. 자유로운 결정의—만약 그러한 것이 있다면—개입이 규칙적인 과정을 파괴하지 않으며, 그 자체가 귀납법을 통해 획득되는 보편성과 규칙성에 귀속된다. 여기서 강령적으로 개진되는 이상理想은 사회를 자연과학적으로 탐구하는 것이다. 이 이상에 따라 많은 영역에서 성공적인 연구가 이루어졌다. 이를테면 군중심리학이 그것이다.

그러나 정신과학을 법칙성에 대한 인식의 발전을 척도로 해서 측정할 경우 그 본질이 올바르게 파악되지 않는다는 사실은 정신과학의 입장에서 보면 본질적으로 중대한 문제다. 자연과학의 귀납적인 방법으로는 사회적·역사적 세계에 대한 경험을 학문의 단계로 올려놓을 수 없다. 여기서 학문이 무엇을 의미하든지 간에 또 개개의 연구대상에 대한 일반적 경험의 적용이 모든 역사적 인식에 포함되어 있다 하더라도, 한 가지 분명한 것은 역사적 인식이 구체적인 현상을 일반적인 규칙의 사례로 파악하려 하지 않는다는 점이다. 개별 사례가 실제의 적용에서 예측을 가능케 해주는 법칙성을 단순하게 증명해주지는 않는다. 역사적 인식은 오히려 현상 자체를 그 일회적이고 역사적인 구체성 속에서 파악하는 것을 이상으로 삼는다. 여기서도 많은 일반적 경험이 작용할 수는 있을 것이다. 그러나 여기서 추구하는 목표는 이 일반적 경험들을 증명하고 확장시켜서 이를테면 인간이, 민족이, 국가가 어떻게 발전하는가 하는 식의 법칙을 인식하는 데 있지 않고, 이 인간이, 이 민족이, 이 국가가 어떻게 존재하며, 이들이 무엇이 되었는가, 쉽게 말해 이들이 어떻게 그렇게 되었는가를 이해하는 데 있다.

어떤 것이 어떻게 그렇게 되었는가를 이해함으로써 어떤 것이 그러하다는 것을 이해하는 인식은 어떤 종류의 인식인가? 여기서 학문은 무엇을 의미하는가? 이 인식의 이상理想이 자연과학의 특성 및 의도와는 근본적으로 다르다는 사실을 인정하면서도, 우리는 이 인식을 '엄밀하지 못한 학문'이라고 단지 그 결함만 부정적으로 특징짓고 싶은 유혹을 떨쳐버릴 수 없다. 자연과학과 정신과학을 사이에 두고 헤르만 헬름홀츠Herman Helmholtz*는 1862년에 유명한 연설을 한 바 있다. 이 연설 속에 담긴 중요하고 정당한 그의 숙고는 정신과학의 우월한 인문적 의미를 매우 강조하기는 하지만, 이 숙고의 논리적 특징 서술은 여전히 자연과학의 방법 이상에서 출발하는 소극성을 지닌다.[3] 헬름홀츠는 귀납법을 두 가지로, 즉 논리적 귀납법과 예술적·본능적 귀납법으로 구분한다. 그러나 이 구분은 근본적으로 그가 이 두 방법을 논리적이 아니라 심리적으로 구분함을 의미한다. 이 두 방법은 귀납적 추론을 사용하지만 정신과학의 추론 과정은 무의식적으로 이루어진다. 그 때문에 정신과학적 귀납법의 사용은 특수한 심리학적 조건과 연결되어 있다. 이 귀납법은 일종의 감지력Taktgefühl†을 요구한다. 또 여기에는 자연과학의 경우와는 다른 종류의 정신적 능력, 예컨대 풍부한 기억력 및 권위의 인정과 같은 정신적 능력이 필요하다. 이에 반해 자연과학자들의 의식적인 추론 작업은 전적으로 자신의 오성의 사용에 의존한다. 우리는 이 위대한 자연과학자가 자신의 학문 연구방법으로부터 보편적 구속력을 지닌 규범을 만들어내고 싶은 유혹에 저항했다는 사실은 인정한다. 그러나 그는 주지하다시피 정신과학의 방법을 규정하기 위한 논리적 가능성으로서 다름 아닌 밀의 논리학을 통해 자신에게 친숙해진 귀납법 개념을 사용했다. 새로운 역학과 이것이 뉴턴의 천체역학 내에서 거둔 개가는 18세기의 학문에 사실상 모범상을 제시했다. 이러한 모범상은 헬름홀츠에게도 여전히 자명한 것으

* 1821~1894. 독일의 물리학자, 생리학자로 쾨니히스베르크 대학, 본 대학, 하이델베르크 대학 그리고 베를린 대학의 교수를 지냈다. 그의 연구 분야는 수학과 물리학에서 시작하여 생리학, 의학을 거쳐 심리학과 음악 그리고 철학에 이르기까지 폭이 넓다. 에너지 보존 법칙을 발견해내고 최초로 자외선의 파장을 규정했으며, 음향학 및 천문학에 관한 연구에도 많은 업적을 남겼다. 그의 인식론에 관한 글 중에서는 자연과학 연구의 철학적 결과에 관한 글들이 특히 괄목할 만하다.

† 'Takt'는 원래 라틴어 tactus, 즉 '접촉'이란 단어에서 유래하며, 독일어에서는 Gefühl, 즉 '느낌', '감각'이란 의미를 지닌다. 가다머는 여기서 이 단어의 원래적 의미에 무게를 둔다. 따라서 'Taktgefühl'과 'Takt'는 동일한 의미로 봐도 무방하다고 판단되어 두 단어를 모두 '감지력'으로 옮긴다. '감지력'에 관한 더 상세한 내용은 다음 장 2)의 ① '교양' 참조.

로 생각되었기 때문에, 어떤 철학적 전제가 17세기에 이 새로운 학문의 발생을 가능케 했는가 따위의 문제는 그에게 전혀 관심 밖의 일이었다. 오늘날 우리는 파리의 오컴학파Occamisten-Schule가 여기서 어떤 의미를 지니는지 알고 있다.[4] 헬름홀츠는 자연과학의 방법적 이상이 역사적 유래나 인식론적 제약을 필요로 하지 않는다고 생각했다. 그 때문에 그는 정신과학의 연구방법 또한 논리적으로 달리 이해할 수가 없었다.

이러한 상황에서 시급한 과제는 '역사학파'의 연구와 같이 실제로 한창 성행하는 연구를 논리적 자각의 단계로 끌어올리는 작업이었다. 헬레니즘 역사를 발견하고 편찬한 드로이젠J. G. Droysen*은 이미 1843년에 다음과 같이 기술했다. "역사만큼 이론적으로 정당성을 인정받지 못하고, 그 경계가 구획되어 있지 않으며, 체계화되지 않은 학문 영역도 없을 것이다." 드로이젠은 이미 역사의 정언명법 속에서 "인류의 역사적 삶이 흘러나오는 살아 있는 원천을 증명하는" 칸트와 같은 인물을 요구했다. 그는 "보다 심오하게 파악된 역사의 개념이 중력점Gravitationspunkt이 되어 그 속에서 이제 정신과학의 격렬한 동요가 진정되고 정신과학이 발전할 수 있게 될 것"이라는 기대를 표명한다.[5]

여기서 드로이젠이 말하는 자연과학의 모범이란, 내용적으로 학문이론적 동화同化를 뜻하는 게 아니라 그 반대로 정신과학이 자연과학과 마찬가지로 자립적인 학문 영역으로 정초되어야 한다는 의미에서 나온 말이다. 드로이젠의 『역사학*Hitorik*』은 이러한 과제를 해결하기 위한 시도이다.

*1808~1884. 독일의 역사가로, 베를린 대학과 킬 대학의 교수를 지냈다. 프랑크푸르트 의회의 회원으로 중도 우파에 속했으며, 헌법 기초에 지대한 영향을 미쳤다. 프로이센-소독일 역사학파의 창시자이기도 한 그는 역사를 인류의 해방과정 또는 형성과정으로 파악했다. 저서로는 『알렉산드로스 대왕의 역사』(1833/34), 『헬레니즘의 역사』(1836~1843), 『프로이센 정치사』(1855~1886) 등이 있다.

딜타이 역시 자연과학의 방법과 밀 논리학의 경험주의로부터 매우 강한 영향을 받기는 하지만, 그럼에도 불구하고 그는 정신의 개념 속에 깃든 낭만주의적 관념론의 유산에 매달린다. 영국의 경험주의에 대해서 그는 항상 우월감을 지니고 있었다. 왜냐하면 그는 자연과학 및 자연법적 사유에 대한 역사학파의 우월성을 생생하게 직시하며 살았기 때문이다. "편견에 가득 찬 독단적 경험주의를 대신할 수 있는 진정한 경험적 방법은 독일에서만 나올 수 있다. 밀은 역사적 교양이 없기 때문에 독단적이다."—이 문구는 딜타이가 가지고 있던 밀의 논리학 책에 적힌 메모이다.[6] 딜타이가 정신과학의 기초를 위해 심혈을 기울인 수십 년간의 고된 작업은 실은 모두 밀이 저 유명한 마지막 장에서 정신과학을 위해 제기한 바 있는 논리적 요구와의 끊임없는 논쟁이다.

딜타이는 정신과학의 방법적 독립성을 정당화하려 했음에도 불구하고 자연과학의 모범에 의해 매우 깊은 영향을 받았다. 우리의 당면한 연구를 위해 이른바 길잡이 역할을 할 수 있는 두 가지 증거가 이러한 사실을 분명하게 해준다. 빌헬름 셰러Wilhelm Scherer에 대한 추도사에서 딜타이는 자연과학의 정신이 셰러의 방법을 인도했음을 강조한다. 그는 셰러가 왜 그토록 영국 경험주의에 깊은 영향을 받았는지 논증하려 한다. "그는 현대적 인간이었다. 우리 조상들의 세계는 더이상 그의 정신과 마음의 고향이 아니었으며, 다만 역사적 대상이었을 뿐이다."[7] 이 말에서 우리는 삶의 연관의 분리, 즉 자신의 역사에 대한 거리 확보가 딜타이에게는 학문적 인식의 일환이 되며, 이 거리 확보를 통해서만 역사가 연구의 대상이 될 수 있다는 사실을 알게 된다. 우리는 귀납하고 비교하는 방법이 셰러나 딜타이에 의해 순수한 개인적 감지력을 통해 사용되며, 이러한 감지력은 심리적* 문화를 전제로 한다는 사실을 인정할 수도 있다. 이러한 심리적 문화는 고전적 교양의 세계와 개체에 대한 낭만

* 여기서 '심리적seelisch'은 '물질적material'의 반대 개념으로 이해하면 좋을 듯하다.

주의적 신념이 곧 이들에게 계속 살아 있었다는 것을 증명해준다. 그럼에도 불구하고 이들의 학문적 자기이해를 인도해주는 것은 자연과학의 모범이다.

이러한 사실은 두번째 증거에서 보다 확연히 드러난다. 여기서 딜타이는 정신과학적 방법의 독립성을 내세우며, 정신과학적 방법의 대상에 대한 고려를 통해 이 독립성을 규명하려 한다.[8] 이러한 주장은 우선 매우 아리스토텔레스적이며, 또한 자연과학의 모범으로부터 〔정신과학이〕 진정으로 독립할 수 있음을 보여주는 것 같다. 그러나 딜타이는 정신과학적 방법의 독립성을 위해 베이컨Bacon의 오래된 경구—'자연은 우리가 자연에 순응함으로써만 정복된다Natura parendo vincitur'[9]—를 인용한다. 베이컨의 이 기본 명제는 딜타이가 관리하고 싶어하는 고전주의 및 낭만주의의 유산을 노골적으로 모독하는 글귀다. 여기서 우리는 역사적 교양을 쌓음으로써 당대의 신칸트주의에 비해 우월성을 인정받는 딜타이조차도 논리적 작업에서 헬름홀츠가 도달한 단순한 인식을 근본적으로 크게 넘어서지는 못한다고 말할 수밖에 없다. 딜타이가 정신과학의 인식론적 독립성을 적극적으로 옹호했다고는 하지만, 우리가 근대 학문에서 방법이라고 부르는 것은 어디에서나 동일한 것이며, 자연과학에서만 모범적으로 작용할 뿐이다. 정신과학의 고유한 방법이란 없다. 그러나 여기서 방법이 어느 정도로 중요한지, 그리고 정신과학의 작업방식을 위해서는 정신과학에 영향을 주는 다른 조건들이 어쩌면 귀납법적 논리보다 훨씬 더 중요한 것은 아닌지 등과 같은 헬름홀츠식의 질문을 제기할 수 있다. 헬름홀츠는 이러한 점을 올바르게 지적한다. 왜냐하면 그는 정신과학을 올바로 다루기 위해 기억과 권위를 강조하고, 의식적 추론을 대신한다는 심리적 감지력에 관해 언급하기 때문이다. 그러면 이 감지력은 어디에서 나오는가? 이 감지력은 어떻게 획득되는가? 정신과학의 학문성은 궁극적으로 방법론보다는 감지력에서 찾아야 할 것인가?

정신과학은 이러한 질문을 야기하고, 그와 더불어 근대의 학문 개념에 편입되기를 거부하기 때문에 철학 자체의 문제로 대두되며, 또한 철학의 문제로 남게 된다. 헬름홀츠와 그가 살던 19세기가 이 문제에 대해 내린 대답은 만족할 만한 것이 못 된다. 이들은 칸트에 이어서 학문과 인식의 개념을 자연과학의 모범 쪽으로 정향시키며, 정신과학의 두드러진 특수성을 예술적 계기(예술적 감정, 예술적 귀납)에서 찾는다. 헬름홀츠가 자연과학 연구에서 제시한 상은 일면적일 뿐이다. 그는 그곳에서 "정신의 빠른 섬광"(이를테면 우리가 착상이라고 부르는 것)을 중요시하지 않은 채 다만 자연과학에서의 "자각적 추론의 확고한 작업"만을 인지할 뿐이다. 그는 "귀납적 학문이 최근에 와서는 논리적 방법의 발전을 위해 모든 철학 전문가들보다 더 많은 공헌을 했다"[10]고 하는 존 스튜어트 밀의 증언에 의존한다. 그에게는 귀납적 학문이 전적으로 학문적 방법의 모범이 되고 있다.

그러나 헬름홀츠는 역사적 인식에서는 자연법칙의 연구에 이용되는 경험과는 전혀 다른 종류의 경험이 결정적인 역할을 한다는 사실을 알고 있다. 그렇기 때문에 그는 역사적 인식의 경우에는 귀납적 방법이 자연연구의 경우와 왜 다른 조건에 놓이는지를 규명하려고 노력한다. 그는 이러한 목적을 위해 칸트 철학의 기초가 되는 자연과 자유의 구별을 따른다. 그에 의하면, 역사적 인식의 영역에는 자연법칙이 없고, 실천법칙, 즉 명령Gebote에 대한 자유로운 복종만이 있기 때문에 역사적 인식과 자연연구는 다르다고 한다. 인간의 자유세계는 자연법칙의 예외없음Ausnahmslosigkeit을 알지 못한다는 것이다.

이러한 사유과정은 별로 설득력을 지니지 못한다. 칸트의 자연과 자유의 구별을 근거로 해서 인간의 자유세계를 귀납적으로 연구하려 한다면 이는 칸트의 의도와 상응하지 않을 뿐 아니라 귀납법적 논리 자체의 고유한 사유와도 일치하지 않는다. 이 점에서는 자유의 문제를 방법적으로 제외시킨 밀이 더 일관성이 있다. 헬름홀츠는 정신과학을 올바로 다루기 위해 칸트를 끌어들이지만 그 과정이 수미일관하지 못할 뿐더러 이렇다 할 성과도 거둔 것이 없다. 왜냐하면 헬름홀츠를 따를 경우 정신과학의 경험주의는 포기와 체념으로서의 기상학식 경험주의처럼 평가될 수 있기 때문이다.

정신과학의 입장에서 보면, 정신과학이 단순하게 자연과학에 종속된다는 것은 사실상 있을 수 없는 일이다. 독일 고전주의를 정신적으로 계승하는 가운데 정신과학은 오히려 인문주의의 진정한 옹호자라는 자랑스러운 자부심을 키워왔다. 독일 고전주의 시대는 문학 및 미학적 비평에 새로운 활기를 불어넣어줌으로써 바로크와 계몽주의적 합리주의의 진부한 취미이상Geschmacksideal*을 극복했을 뿐 아니라, 동시에 인간성Humanität의 개념, 즉 계몽된 이성의 이상에 근본적으로 새로운 내용을 부여했다. 특히 헤르더Herder는 계몽주의의 완벽주의†를 '인간 형성Bildung zum Menschen'‡이라는 새로운 이상을 통해 제압했으며, 그렇게 함으로써 19세기에 역사적 정신과학이 발전할 수 있는 터전을 마련했다.[11] 이 당시 중요한 용어로 부상한 교양Bildung의 개념은 18세기의 위대한 사상으로, 비록 그 정당성이 인식론적으로는 증명될 수 없다고 하지만 19세기의 정신과학이 지닌 본질적 요소를 드러내준다.

* 여기서 취미趣味Geschmack는 미적 감각, 즉 미적 판단(감식) 능력을 의미한다. 이 개념에 대한 자세한 내용은 다음 장 2)의 ④ '취미' 참조.

† (프랑스) 계몽주의의 역사철학적 입장으로, 이에 따르면 역사는 인간 내지 인류의 발전하는 윤리적 완전성 속에서 그 의미가 구현된다. 대표자로는 콩도르세, 라이프니츠, 볼프 등이 있다. 19세기에 들어서는 특히 자연과학적으로 정향된 다윈의 진화론을 이렇게 부르기도 했다.

‡ 독일어에서 'Bildung'이란 용어는 원래 동사 'bilden(형성하다)'의 명사형으로 '형성'이란 뜻을 지니나 이 의미 내용이 전의되어 '교양'이란 뜻으로도 사용된다. 따라서 여기에서는 전후 문맥에 따라 '교양' 또는 '형성'으로 번역할 것이다. 이 용어에 관한 자세한 설명은 다음 장 2)의 ① '교양' 참조.

2) 인문주의의 주요 개념들

① 교양

우리에게는 아직도 여전히 괴테의 세기가 〔우리와〕 동시대인 것으로 여겨지고, 반면에 바로크 시대가 마치 역사적으로 오랜 옛날의 시대처럼 생각되는 이 심대한 정신적 변화가 도대체 어떠한 종류의 것인가 하는 것은 교양의 개념에서 가장 명확하게 느낄 수 있다. 우리가 연구에 사용하곤 하는 결정적인 개념들과 말들은 괴테의 세기에 새로운 의미를 얻게 되었다. 언어에 얽매어 끌려다니지 않고, 역사적으로 정초된 자기이해에 애쓰는 사람은 끊임없이 낱말과 개념의 역사에 대한 물음을 제기하지 않을 수 없음을 알게 된다. 아래에서는 우리의 연구에 제기된 중요한 과제에 대한 단초들만 다루어지는데, 이것은 우리의 철학적 문제제기에 도움이 될 수 있다. '예술' '역사' '창조적인 것' '세계관' '체험' '천재' '외부 세계' '내면성' '표현' '양식' '상징' 같은 개념들은 우리에게 자명하다. 그러나 이 개념들은 그 자체 내에 풍부한 역사적인 정보를 지니고 있다.[12]

이미 우리는 정신과학에서 교양의 개념이 갖는 의미를 강조한 바 있는데, 우리가 이 개념에 주의를 기울인다면 그것은 다행스러운 일이다. 교양이라는 낱말의 역사는 기존의 한 연구가 잘 개관하고 있다.[13] 즉 이 낱말은 중세의 신비주의에 그 원천이 있으며, 바로크의 신비주의에 계승되고, 클롭슈토크Klopstock*의 『메시아*Der Messias*』를 통해서 종교적으로 영화靈化되어 그 세기 전체를 지배하며, 마지막으로 헤르더가 이 말의 기본 의미를 '인간성에로의 고차

*1724~1803. 레싱과 더불어 독일 계몽주의 문학의 대표자로 일컬어진다. 감상주의를 지향하는 브레멘 기여파Bremer Beiträger에 참여하기도 했지만 다른 사람들처럼 천박한 감상에 젖거나 감정의 유희 내지 교훈벽에 빠져들지 않고 독자적인 심정에서 우러나온 종교 문학을 창조해냈다. 그의 대표작 『메시아』(1748~1773)는 경건주의적 사유가 담긴 서사시로, 경직된 볼프적 합리주의에 반기를 들고, 깊은 감정의 세계를 분출시켰다는 점에서 높이 평가된다.

적 형성'으로 규정하게 된다. 19세기의 교양에 대한 신앙은 자체 내에 이 낱말의 심층적 차원을 보존했고, 오늘날 우리가 사용하는 교양의 개념은 바로 여기에 근거한다.

우리에게 익숙한 'Bildung(교양)'이라는 낱말의 내용에서 첫째로 중요한 확인은, [신체의] 외적 현상(예를 들어 '사지의 형태Bildung der Glieder', '잘 형성된 모습wohlgebildete Gestalt')과 자연에서 나온 형태(예를 들어 '산맥의 형성Gebirgsbildung')를 뜻하는 '자연적 형성natürliche Bildung'이라는 낡은 개념이 그 당시 거의 완전히 저 새로운 개념으로 대체되었다는 것이다. 교양은 이제 육성育成Kultur의 개념과 아주 밀접하게 짝을 이루며, 그것은 우선 자신의 자연적 소질과 능력을 계발하는ausbilden 인간의 독특한 방식을 말한다. 헤르더가 촉발한, 이 개념의 새로운 의미 규정은 칸트와 헤겔 사이에서 완성된다. 칸트는 '교양'이라는 말을 아직 그러한 연관에서 사용하지 않는다. 그는 능력(혹은 '자연적 소질')의 '육성'에 관하여 말하는데, 그에게 육성 그 자체는 행동하는 주체의 자유에 기초한 행위다. 따라서 그는 자기 자신에 대한 의무들 중에 자신의 타고난 재능을 녹슬지 않게 하는 의무도 포함시키는데, 이때 그는 물론 '교양'이라는 낱말을 사용하지 않는다.[14] 이에 반해 헤겔은 자기 자신에 대한 의무라는 칸트의 사상을 받아들이면서 이미 자기 형성Sichbilden과 교양에 관하여 언급한다.[15] 그리고 빌헬름 폰 훔볼트Wilhelm von Humboldt는 그의 두드러진 특징인 섬세한 감각에 따라 이미 육성과 교양의 의미를 완전히 구별한다.

> 그러나 만일 우리가 모국어[독일어]로 교양이라고 말한다면, 우리는 그것을 동시에 보다 고차적이고 내면적인 것, 이를테면 정신적이고 도덕적인 정진精進 전체에 대한 인식과 감정으로부터 조화롭게 감성과 성격으로 흘러들어가는 인간의 본질적 특성을 말한다.[16]

여기에서 교양이란 육성, 말하자면 능력 혹은 재능의 계발 이상의 것을 의미한다. 교양이라는 낱말의 이러한 격상은 오히려 고대의 신비주의적 전통을 상기시키는데, 이 전통에 의하면 신의 형상das Bild Gottes에 따라 창조된 인간은 그 형상을 자신의 영혼 안에 지니고 있으며, 그 형상을 자신 안에서 구축해야 한다는 것이다. Bildung에 해당하는 라틴어는 formatio(형성)이고, 외국어에서, 예컨대 영어에서—섀프츠베리Anthony Ashley-Cooper Shaftesbury*에게서 보듯이—이에 상응하는 것은 form과 formation이다. 독일어에서도 forma 개념의 파생어들, 즉 Formierung과 Formation이 있는데, 이것들은 오랫동안 Bildung이라는 낱말과 경쟁 관계에 있었다. forma 개념은 르네상스 시대의 아리스토텔레스주의 이래 그 전문적 의미로부터 완전히 분리되어 순전히 역동적이고 자연적인 의미로 해석된다.† 그러나 Bildung이라는 낱말이 Form에 대해 거두게

*1671~1713. 관념론적 입장을 가진 영국의 윤리학자이며 미학자. 그는 플라톤에 근거해서 윤리학과 미학을 형이상학적으로 정초하려 했다. 그는 종교와 기계론적 자연관으로부터 도덕의 독립성을 강조하면서 도덕성의 근거가 인간의 본성, 특히 칭찬받기를 바라고 처벌받기를 두려워하는 감성적 경향에 있다고 보았다. 그의 사상은 허치슨, 흄뿐 아니라 헤르더, 괴테, 실러에게도 큰 영향을 주었다. 대표작은 『인간, 풍속, 의견과 시간의 특성*Characteristics of men, Manners, Opinions, Time*』(3권. 1711).

†르네상스 시대에 기독교적 정신에 입각한 아리스토텔레스주의에 대해 비기독교적 경향의 아리스토텔레스주의는 중세 때와 마찬가지로 아프로디시아스의 알렉산드로스Alexandros von Aphrodisias(기원후 2세기)의 아리스토텔레스 해석을 추종하는 이른바 알렉산드로스주의를 지칭한다. 이 유파의 대표자는 피에트로 폼포나치Pietro Pomponazzi(1462~1524)이며, 그는 알렉산드로스가 아리스토텔레스를 자연주의적으로 해석한 것처럼 비물질적 정신과 초자연적 생성의 가능성은 물론 자유 의지와 영혼 불멸을 부정한다. 이미 기원전 3세기에 페리파토스 학파에 속하는 유명한 자연학자 람프사코스의 스트라톤Straton von Lampsakos(기원전 270년경 사망)은 아리스토텔레스의 부동의 원동자로서의 순수 형상을 거부하고, 형상eidos의 목적론적 원인성의 운동을 자연주의적으로 해석하며, 자연의 현상인 이 세계에는 물질적인 인과 관계만 있다고 주장한다. 이 입장을 수용한 알렉산드로스는 '원래 앞서 있는 것'은 형상이 아니라 감각적으로 지각할 수 있는 구체적 개별자라고 한다.

된 승리는 우연이 아닌 것 같다. Bildung에는 Bild(상像)이 들어 있기 때문이다. Form이라는 개념에는 Bild가 Nachbild(모상模像)와 Vorbild(전형典型)를 동시에 포괄하는 그러한 신비스러운 양면성이 결여되어 있다.

Bildung(교양)이 [또한 오늘날 사용하는 Formation(형성)이라는 말과 마찬가지로] 과정 그 자체라기보다는 오히려 생성 과정의 결과를 말한다는 사실은 이제 생성Werden에서 존재Sein로의 통상적인 전이 현상과 일치한다. 이 전이는 교양이라는 개념에서 특히 명백해진다. 왜냐하면 교양의 결과는 기술적인 목표 설정 방식으로 이루어지는 것이 아니라, 형성과 교양의 내적 과정으로는 담을 수 없을 만큼 커져서 지속적인 형성 상태에 있기 때문이다. 이 점에서 교양이라는 낱말이 그리스어 physis(자연)와 매우 비슷하다는 것은 우연이 아니다. 교양은 자연처럼 자신의 밖에 있는 어떠한 목표를 알지 못한다.('교양의 목표'라는 말과 그 내용은 사람들로 하여금 그러한 부차적인 종류의 교양에나 어울리는 표현으로 불신을 가지게 할 것이다. 교육자의 반성된 주제로 다루어지지 않는 한, 교양이란 원래 목표가 될 수 없고 그 자체 소망의 대상이 될 수 없다.) 바로 이 점에서 교양의 개념은, 비록 타고난 소질의 단순한 육성이라는 개념에서 파생했다 하더라도 이 개념을 능가한다. 소질의 육성은 주어진 어떤 것의 발전이며, 따라서 〔주어진〕 소질의 훈련과 배양은 목적을 위한 단순한 수단에 지나지 않는다. 어학 교재는 단순한 수단이지 그 자체가 목적이 아니다. 교재의 습득은 오로지 언어능

알렉산드로스주의자들의 자연주의적 세계관에 이어 르네상스 철학에 와서 질료 개념은 형상 개념에 대해 중요한 가치를 획득하게 된다. 이제 질료는 브루노 G. Bruno에서 볼 수 있듯이 자연의 실체로서 항상 동일하게 존속하며, 변화하는 모든 형상에 이미 앞서 주어져 있다. 그리고 새롭게 형성되는 자연과학을 통해서 아리스토텔레스의 질료와 형상에 대한 목적론적 형이상학은 제거된다. 예를 들어 갈릴레이는 물질적인 것과 비물질적인 것이 동일한 법칙에 예속된다고 하며, 뉴턴은 어떤 목적론적 성향이 아니라 외적인 힘으로부터 물체의 운동을 파악함으로써 순전히 물리학적인 도식을 제시한다.

력에 도움이 될 뿐이다. 이에 반해 교양에서는 어떤 사람이 형성되게 하는 것 또한 전적으로 그 사람 자신의 것으로 습득되며, 이 점에서 교양이 수용하는 모든 것은 교양과 하나가 된다. 그러나 이때 수용된 것은 교양 안에서 자신의 기능을 상실한 수단과 같은 것이 아니다. 습득된 교양 안에서는 어떠한 것도 사라져버리는 것이 아니라, 오히려 모든 것이 그 안에 보존되어 있다. 교양은 진정한 역사적 개념이며, 그리고 '보존Aufbewahrung'의 이러한 역사적 성격이야말로 정신과학의 이해에 중요한 의미를 가진다.

이렇게 해서 우리는 이미 '교양'이라는 낱말의 역사에 대한 간략한 언급을 통해 헤겔이 '제일 철학'의 분야에서 처음으로 친숙하게 해준 '역사적 개념들'의 주변으로 다가가게 된다. 사실 헤겔은 교양이 무엇인가를 아주 날카롭게 밝혀주었다. 우리는 우선 그를 따라 고찰하기로 한다.[17] 그는 또한 철학의 "존재조건이 교양에 있다"는 것을 간파했다. 여기에 부언한다면, 정신과학도 철학의 경우와 마찬가지라는 것이다. 왜냐하면 정신의 존재는 본질적으로 교양의 이념과 결부되어 있기 때문이다.

인간은 직접적이고 자연적인 것과의 단절을 통해 특징지어지며, 이 난설은 인간 본질의 정신적·이성적 측면에 의해 인간에게 요구된다. "이 측면에서 보면 인간은 태어날 때부터 그가 되어야 할 그러한 존재는 아니다." 그 때문에 인간은 교양을 필요로 한다. 헤겔이 교양의 형식적인 본질이라고 부르는 것은 교양의 보편성에 근거한다. 보편성으로의 고양이라는 개념으로부터 헤겔은 자신의 시대가 교양으로 이해한 것을 통일적으로 파악할 수 있었다. 보편성에로의 고양은 결코 이론적인 교양으로 한정되지 않는다. 이 고양은 실천적인 태도에 대립된 이론적인 태도만을 뜻하는 것이 아니라, 인간의 이성적인 것 전체의 본질 규정을 포함한다. 자신을 보편적인 정신적 존재로 만드는 것은 인간 교양의 보편적인 본질이다. 개별적인 것에 사로잡힌 사람, 예를 들어 절도와 균형을 잃고 자신의 맹목적인 분노에 사로잡힌 사람은 교양이 없다. 그러한 사람에게는 근본적으로 추상하는 능력이 결여되어 있다는 사실을 헤겔은 가르쳐준다. 즉 그러한 사람은 자기 자신으로부터 눈을 돌려, 자신의 특수한 것을 절도와 균형에 따라 규정해줄 어떤 보편적인 것으로 시선을 돌릴 수 없다는 것이다.

따라서 보편성으로의 고양인 교양은 인간의 과제다. 교양은 보편적인 것을 위해 특수한 것의 희생을 요구한다. 특수한 것의 희생, 즉 욕망의 억제와 더불어 욕망의 대상으로부터의 자유, 그리고 이 욕망의 대상의 〔보편적〕 대상성을 위한 자유는 부정적인 것을 뜻한다. 여기에서 현상학적 변증법의 논증은 『철학적 예비학*Philosophische Propädeutik*』에서 상론된 것을 보완해준다. 헤겔은 『정신 현상학*Phänomenologie des Geistes*』에서 진정 '즉자적이고 대자적으로an und für sich' 자유로운 자기의식의 생성을 전개하며, 노동의 본질은 사물을 형성하는 것이지 그것을 먹어 없애버리는 것이 아니라는 것을 보여준다.[18]* 노동하는 의식은 노동이 사물에 부여한 자립적 존재 안에서 자기 자신을 자립적 의식으로 다시 발견한다. 노동은 억제된 욕망이다. 노동하는 의식은 대상을 형성하고, 말하자면 몰아적으로 활동하며, 보편적인 것을 배려함으로써, 자기 현존의 직접성을 넘어서 보편성으로 고양된다. 혹은 헤겔이 말하듯이, 노동하는 의식은 사물을 형성하면서 자기 자신을 형성한다. 헤겔이 말하고자 하는 것은 이러하다. 즉 인간은 어떤 '능력', 어떤 숙련성을 습득하면서 고유한 자기 감정을 획득한다는 것이다. 인간이 자신에게 낯선 의미에 전적으로 예속됨으로써, 자신을 바쳐서 봉사하는 상태에서 자신에게 거부된 것처럼 여겨졌던 것은, 그가 노동하는 의식인 한, 그

* 헤겔에 의하면 대상을 직접적으로 부정하는 의식(욕망Begierde)은 자기감정을 얻을 수는 있지만, 자기의식이 되지는 못한다. 그는 더 나아가 대상을 향락하는 의식(주인Herr)보다는 대상에 형식을 부여하는 노동하는 의식(노예Knecht)이 진정한 자기의식에 가깝다고 말한다.

에게 주어지게 된다. 노동하는 의식으로서 인간은 자신 안에서 자기의 의미를 발견한다. 노동에 대해서 '노동은 형성한다bilden'고 말하는 것은 전적으로 옳다. 노동하는 의식의 자기감정은 실천적 교양의 본질을 구성하는 모든 요소들, 즉 욕망, 개인적 욕구 및 사적인 이해利害의 직접성으로부터 거리 두기 그리고 보편성의 요구를 포함한다.

『철학적 예비학』에서 헤겔은 보편성을 요구하는 실천적 교양의 이러한 본질을 일련의 예를 통해서 증명한다. 이 본질은 과도한 욕구 충족과 체력 사용을 어떤 보편적인 것—즉 건강의 고려—에 비추어 제한하는 절제에서 찾아볼 수 있다. 또한 이 본질은 개별적 상태나 용무에 직면하여 아직 필요할지도 모르는 다른 것을 고려할 준비가 되어 있는 깊은 사려에 있다. 모든 직업의 선택 역시 이러한 면을 가지고 있다. 왜냐하면 모든 직업*은 언제나 운명, 외적인 필연성의 면모를 가지고 있고, 사적인 목적으로 선정되지 않는 과제들에 헌신할 것을 요구하기 때문이다. 이때 실천적 교양은 우리가

* 영어에서 직업을 뜻하는 단어 job은 순전히 어떤 목적을 위한 활동이라는 의미를 갖지만 독일어의 Beruf(직업)는 종교적 의미를 지닌다. 이 Beruf는 '부르심(혹은 소명)'을 뜻하는 Berufung과 밀접하게 결부되어 있다. 이 두 개념은 기독교의 신약성서에서 사도 바울이 사용한 그리스어 klesis—이것에 상응하는 라틴어는 vocatio—라는 개념으로 소급된다. 이 그리스어와 라틴어는 다 같이 신神이 기독교도를 부른다는 의미를 가지는데, 특히 신으로부터 수도승의 직분으로의 부르심(소명)을 말한다. 이때 이 부르심은 본질적으로 위임委任이며, 결코 자기 자신을 위한 높임이나 우대가 아니라, 타인을 위한 부르심, 말하자면 타인에게 봉사하도록 부르심 받음을 뜻한다. 이렇게 종교적이고 신학적인 의미를 가진 vocatio라는 개념은 루터에 와서 인간의 세속적인 삶의 상황과 관련됨으로써, 근대적 의미의 '직업'이라는 개념이 된다. 그러나 이 세속적인 노동의 의미로서 Beruf는 신으로부터의 위탁이라는 요구를 여전히 함의한다. 즉 세속적인 직업은 '신의 부르심'의 장소로 이해되기 때문이다. 이 대표적인 예가 루터의 신약성서 번역에 잘 나타난다. "각 사람은 부르심을 받은 그 부르심 그대로 지내라."(「고린도전서」, 7장 20절) "……너희가 부르심을 받은 일에 합당하게 행하여……."(「에베소서」, 4장 1절)

직업을 그 모든 면에서 완전히 수행한다는 사실에서 증명된다. 그러나 이러한 것은 우리가 우리의 특수성에 대해 직업이 보여주는 이질성을 극복하고, 그 이질성을 완전히 우리 자신의 것으로 만든다는 사실을 내포한다. 직업의 보편성에 헌신하는 것은 동시에 "자신을 억제할 수 있는 것, 즉 자신의 직업을 완전히 자기의 일이 되게 하는 것이다. 이때 직업은 그에게 어떠한 제약도 아니다."

헤겔의 실천적 교양에 대한 이러한 서술에서 이미 우리는 역사적 정신의 기본규정—즉 자신을 자기 자신과 화해시키는 것, 자기 자신을 다른 존재에서 인식하는 것—을 알게 된다. 이 기본규정은 이론적 교양의 이념에서 아주 명백해진다. 왜냐하면 '이론적 태도를 취한다'는 것 자체가 이미 소외, 말하자면 "직접적이지 않은 것, 이질적인 것, 상기·기억과 사유에 속하는 것에 종사하라"는 요구이기 때문이다. 이론적 교양은 이렇게 인간이 직접적으로 알고 경험하는 것을 넘어선다. 이론적 교양의 본질은 사물, 즉 "객관적인 것을 편견 없이" 그리고 이기적 관심 없이 파악하기 위하여,[19] 다른 것 또한 타당하다는 사실을 배우고, 보편적 관점들을 찾아내는 데 있다. 바로 그 때문에 모든 교양의 습득은 이론적 관심들의 계발을 능가한다. 헤겔은 고대인의 세계와 언어가 우리에게 특히 적합하다는 것을 다음과 같이 논증한다. 즉 고대인의 세계는 우리 세계와 반드시 구별될 만큼 충분히 멀고 낯설지만, "그러나 이 세계는 동시에 자기 자신으로의 회귀, 이 세계와의 친밀성 그리고 자기 자신, 좀더 정확히 말해 정신의 참된 보편적 본질에 따른 자기 자신의 재발견을 위한 모든 출발점과 실마리를 포함한다."[20]

당시 김나지움〔인문 고등학교〕 교장이었던 헤겔의 이 말에서 우리는 정신의 보편적 본질이 바로 고대인에게서 특히 쉽게 발견될 수 있다는 의擬고전주의자의 편견을 인식하게 된다. 그러나 그 기본적 생각은 옳다. 이질적인 것에서 자기 자신을 인식하고, 그것과 친숙해지는 것은 정신의 기본운동이다. 정신의 존재는 타자 존재로부터 자기 자신으로의 회귀에 지나지 않는다. 이 점에서 모든 이론적 교양, 또 이질적인 언어와 표상세계들의 습득이란 단지 훨씬 이전에 시작된 어떤 교양과정의 연속이다. 자연적 존재로부터 정신적 존재로 고양된 각 개인은, 자신이 속한 민족의 언어, 관습, 제도 안에서 이미 주어진 실체를 발견하며, 각 개인은 이 실체를 마치 말을 배울 때처럼 자기 것으로 만들지 않으면 안 된다. 이렇게 개인은, 자신이 성장한 세계가 언어와 관습을 통해 인간적으로 형성된 세계인 한 언제나 이미 교양과정에 있으며, 자신의 자연적 상태를 지양하려고 한다. 자신의 이러한 세계에서 한 민족은 자신에게 현존을 부여했다고 헤겔은 강조한다. 민족이란 자기 자신으로부터 자신의 원래 존재를 끌어내어 정립한 것이다.

이로써 교양의 본질을 구성하는 것은 소외 그 자체가 아니라, 당연히 소외를 전제하는, 자기 자신으로의 회귀라는 사실이 명백해졌다. 이때 교양은 정신을 보편적인 것으로 고양시키는 역사적 과정으로 이해될 뿐 아니라, 동시에 교양인이 그 안에서 활동하는 본령이기도 하다. 이것은 어떠한 종류의 본령인가? 우리가 헬름홀츠에게 제기했어야 할 물음들이 여기에서 나타난다. 우리는 헤겔의 답변에 만족할 수 없다. 왜냐하면 헤겔에게 있어서 소외 및 동화同化의 운동으로서의 교양이란 실체를 완전히 장악하고, 모든 대상적 본질을 철학의 절대지絶對知에서 해소함으로써 완성되기 때문이다.

그러나 의식의 역사성에 대한 통찰이 헤겔의 세계사 철학과 관계없이 가능하듯이, 교양이 정신의 본령과 같은 것이라는 사실 역시 그의 절대정신의 철학과 결부하지 않고도 인식될 수 있다. 중요한 것은 헤겔과는 거리를 두는 역사적 정신과학의 경우에도 완성된 교양의 이념이 여전히 필요불가결한 이상理想이 된다는 사실을 분명하게 하는 일이다. 왜냐하면 교양은 역사적 정신과학이 그 안에서 활동하는 본령이기 때문이다. 고대의 언어가 신체현상의 영역에서 사용하던 '완전한 형성vollkommene Bildung'이라는 말 또한 발달의 최후 단계가 아니라, 오히려 모든 발달단계를 거쳐 모든 사지의 조화로운 운동이 가능해진 성숙의 상태를 말한다. 바로 이러한 의미에서 정신과학이 전제하는 것은, 학문적 의식은 이미 형성된 의식이기 때문에, 학습 및 모방이 불가능한 올바른 감지력—즉 정신과학의 판단 형성과 인식방식을 본령처럼 지니는—을 소유하고 있다는 것이다.

헬름홀츠가 정신과학의 작업방식에서 서술하는 것, 특히 그가 예술적 감정과 감지력이라고 부르는 것은 사실 교양의 이러한 본령을 전제하며, 정신의 독특한 자유로운 활동은 바로 이 본령 안에서 허용된다. 그래서 헬름홀츠는 "가장 다양한 경험들이 역사가나 문헌학자의 기억 속으로 밀려들어올 수밖에 없는 마음의 태세Bereitwilligkeit"[21]에 관하여 언급한다. 이 자연과학자가 스스로 따른다고 생각하는 "의식적 추론의 견고한 작업"의 이상에서 본다면, 이 말은 극히 피상적일 수 있다. 그가 사용하는 기억이라는 개념은 여기에서 논의되는 문제 영역을 설명하기에 충분하지 않다. 우리가 감지력이나 감정을 강한 기억력을 사용해서, 엄밀하게 통찰할 수 없는 인식에 도달하는 어떤 부수적인 심리적 능력으로 생각한다면, [여기에서 언급되는] 이 감지력이나 감정은 사실 올바르게 이해되지 않는다. 감지력의 그러한 기능을 가능하게 하고, 감지력을 습득해서 소유하게 하는 것은 단지 정신과학적 인식에 유리한 어떤 심적 채비만이 아니다.

게다가 기억을 오로지 인간의 어떤 보편적 소질이나 능력으로 본다면, 우리는 기억의 본질 자체를 올바르게 파악하지 못한다. 기억에 간직하는 것, 망각하는 것 그리고 다시 상기하는 것은 인간의 역사적 구조에 속하고, 그 자체가 인간의 역사 및 교양의 일부분을 이룬다. 자신의 기억을 마치 하나의 단순한 능력처럼 훈련하는 사람은—모든 기억술이 그러한 훈련인데—기억을 아직 자신의 가장 고유한 것으로 갖추고 있지 못한 것이다. 기억은 형성되지 않으면 안 된다. 왜냐하면 기억은 일체의 모든 것에 대한 기억이 아니기 때문이다. 우리는 어떤 것은 기억하고, 또 어떤 것은 기억하지 못한다. 우리는 어떤 것은 기억에 보존하고 싶어하고 또 어떤 것은 기억에서 지워버린다. 기억의 현상을 기능심리학적 관점에서 해방시켜 유한한 역사적 존재인 인간의 본질적 특성으로 인식하는 것이 중요하다. 기억에 간직하는 것과 상기하는 것의 관계에는 망각이 속해 있다는 사실이 오랫동안 충분히 고려되지 않았다. 망각이란 단지 탈락과 결여만이 아니라, 특히 니체Nietzsche가 강조했듯이 정신의 삶의 한 조건이기도 하다.[22] 망각을 통해서만 정신은 전적으로 새로움의 가능성, 즉 모든 것을 신선한 눈으로 보는 능력을 가지게 되며, 따라서 오랫동안 친숙한 것이 새롭게 보이는 것과 더불어 다양한 층의 통일성으로 융합된다. '간직함Behalten'이란 이렇게 두 가지 의미를 가진다. 기억mnēmē으로서 그것은 상기anamnēsis와의 관계를 포함한다.[23] 그러나 이러한 사정은 헬름홀츠가 사용한 '감지력'이라는 개념에도 적용된다. 우리는 감지력을 상황에 대한 특정한 감수성과 감각능력, 그리고 상황 안에서의 태도로 이해한다. 이러한 상황에 대한 어떠한 앎[지식]도 결코 보편적 원리로부터 얻는 것이 아니다. 그러므로 감지력은 본질상 명확하지 않고 또 표현할 수 없는 특성을 지닌다. 우리는 어떤 것을 감지력에 의거해서 말할 수 있다. 이것은 우리가 어떤 것을 감지력에 따라 의도적으로 간과하고, 언급하지 않은 채 내버려두는 것을 의미한다. 그런가 하면 우리가 그저 간과해도 무방한 것을 굳이 드러내어 명백하게 말할 경우, 그것은 감지력이 없는 것이다. 그러나 의도적으로 간과한다는 것은 어떤 것으로부터 시선을 돌린다는 말이 아니다. 그것은 우리가 어떤 것을 건드리지 않고 스쳐 지나가면서도 그것을 염두에 둔다는 의미다. 그러므로 감지력은 거리를 유지하게 해준다. 그것은 상대방의 기분을 상하게 하는 것, 주제넘게 나서는 것 그리고 개인의 사적 영역을 침해하는 것을 피한다.

헬름홀츠가 말하는 감지력은 단순히 이러한 예의범절 및 인간관계의 현상과 동일하지 않다. 그러나 여기에는 어떤 본질적 공통점이 있다. 왜냐하면 정신과학에서 작용하는 감지력도 일종의 감정이고 또 무의식적이라는 데 그치지 않고, 동시에 인식방식이고 존재방식이기 때문이다. 이러한 사실은 앞에서 수행된 교양 개념의 분석으로부터 보다 정확하게 인식될 수 있다. 헬름홀츠가 감지력이라고 부르는 것은 교양을 포함하며, 아울러 미적 교양 및 역사적 교양의 기능이다. 우리가 정신과학의 작업에서 우리의 감지력을 신뢰할 수 있으려면, 미적인 것과 역사적인 것에 대한 감각Sinn을 가져야 하거나 그러한 감각을 형성했어야 한다. 그 감각이 단순히 자연적으로 갖추어져 있는 것이 아니기 때문에 우리는 당연히 미적 의식 혹은 역사적 의식에 관하여 말하는 것이지, 원래 감각에 관해서 말하는 것이 아니다. 그러나 아마도 그러한 의식은 감각의 직접성과 관계되어 있을 것이다. 즉 의식은 개개의 경우에 있어서 그 근거를 제시할 수는 없다 하더라도 확실히 구별하고 평가할 수 있다. 예를 들어 미적 감각을 가진 사람은 아름다운 것과 추한 것, 좋은 성질과 나쁜 성질을 서로 구별할 줄 안다. 그리고 역사적 감각을 소유한 사람은 한 시대에 무엇이 가능하고 가능하지 않은가를 알고, 현재와 비교해서 과거의 상이성에 대한 감각을 갖고 있다.

이 모든 것이 교양을 전제한다면, 그것은 방법적 절차나 태도의 문제가 아니라 생성된 존재의 문제다. 예술작품이라는 타자 혹은 과거라는 낯선 것을 수용할 준비가 되어 있지 않은 경우에는, 보다 정확하게 고찰하고 보다 철저하게 전승傳承을 연구하는 작업이 충분히 이루어질 수 없다. 바로 이러한 사실을 우리는, 헤겔에 의거해서, 타자에 대해, 그리고 보다 보편적인 다른 관점들에 대해 자신을 열어놓는 교양의 보편적 특징으로 강조한 바 있다. 교양에는 자기 자신에 대한 절도와 자기 자신으로부터 거리를 두는 것에 대한 보편적 감각ein allgemeiner Sinn이 있으며, 이 점에서 교양에는 자기 자신을 넘어 보편성으로의 고양이 있다. 자기 자신과 자신의 사적인 목적을 거리를 두고 주시한다는 것은, 타인이 보는 것처럼 주시하는 것을 말한다. 이 보편성은 분명 개념이나 오성의 보편성이 아니다. 보편적인 것으로부터 특수한 것이 규정되는 것이 아니고, 또 어떠한 것도 논박의 여지 없이 증명되지 않는다. 교양인이 자신을 열어놓게 되는 보편적 관점들이란 그 자신에게 유효한 어떤 고정된 척도가 아니라, 가능한 타인들의 관점으로만 현존할 뿐이다. 이 점에서 교양인의 의식은 사실 어떤 감각의 특성을 더 많이 가지고 있다. 왜냐하면 각각의 감각은, 예를 들어 시각은 자신의 시계視界를 지니고 있으면서, 어떤 시야에 대해 자신을 열어놓고 자신에게 열려 있는 것 안에서 차이점들을 파악하는 한 이미 보편적이기 때문이다. 교양인의 의식은, 자연적 감각들〔오감〕이 각기 한 특정한 영역에 한정되어 있다는 점에서, 이 개개의 감각들을 초월한다. 교양인의 의식 그 자체는 모든 방향에서 활동한다. 이 의식은 보편적 감각이다.

보편적 공통감각—이것은 사실상 광대한 역사적 연관을 암시적으로 표현해주는 교양의 본질에 대한 적합한 표현이다. 헬름홀츠의 숙고에 실질적으로 기초해 있는 교양 개념을 고찰할 때, 우리는 이 개념의 역사로 멀리 거슬러올라가게 된다. 정신과학이 묘사하는 철학의 문제를 19세기의 방법론이 빠져 있었던 인위적 편협성에서 해방시키고자 한다면 우리는 이 역사적 연관을 좀더 추적해야 한다. 근대의 학문 개념과 이에 부속된 방법 개념으로는 충분하지 않다. 정신과학을 학문으로 만들어주는 것은 근대 학문의 방법적 이념보다는 오히려 교양 개념의 전통으로부터 이해될 수 있다. 우리가 되돌아갈 곳은 인문주의 전통이다. 이 전통은 근대 학문의 요구에 저항해서 새로운 의미를 얻는다.

인문주의 시대 이래 '학교' 학문에 대한 비판이 어떻게 사람들의 이목을 끌게 되는가, 그리고 이 비판이 어떻게 자신의 반대자〔학교 학문〕의 변화와 더불어 함께 변화하는가를 한번 분리해서 추적해

보는 것은 가치 있는 일일 것이다. 이 과정에서 부흥한 것은 원래 고대의 동기動機들이었다. 그리스어와 교육eruditio*의 길을 선언한 인문주의자들의 열광은 골동품 수집의 열정 이상의 의미를 지닌다. 고전어의 부흥은 동시에 수사학에 대한 새로운 평가를 가져왔다. 이 부흥은 '학교', 즉 스콜라적 학문에 대항하는 전선戰線을 형성했고, '학교'에서 얻지 못한 인간의 지혜라는 이상理想에 도움이 되었으며, 이러한 대립상은 사실 이미 철학의 시초에 있었다. 소피스트에 대한 플라톤의 비판, 더욱이 이소크라테스Isocrates†에 대한 플라톤 특유의 이중적 태도는 여기에서 나타나는 철학의 문제를 암시한다. 이 오래된 문제는 17세기 자연과학의 새로운 방법 의식에 대해 여전히 예리한 비판적 성격을 가지지 않을 수 없었다. 이 새로운 학문의 배타적 요구‡에 직면하여, 인문주의의 교양 개념에 어떤 독

* 라틴어 eruditio는 교육·학습·지식·학식 등을 의미하며, 그 동사인 erudio (erudire)는 자연 상태, 야만적인 것으로부터 해방시킨다는 의미로서, 즉 '교육하다, 가르치다, 훈육하다' 등을 뜻한다. 따라서 eruditio는 의미상 독일어의 Bildung을 지칭한다.

† 기원전 436~338. 아테네 청년들에게 수사학을 교수하는 문제와 관련해서 특히 플라톤의 견해를 비판한 당대의 유명한 수사학자이다. 그는 기원전 392년(혹은 390년)에 수사학 학원을 설립했고, 기원전 385년경 아카데미아 학원을 설립한 플라톤과는 친밀한 경쟁 관계에 있었던 것으로 알려져 있다. 플라톤은 이소크라테스의 훌륭한 교양과 정치적 영향력으로 인해 상당한 호감을 가지게 되었다. 그래서 그는 대화편『파이드로스*Phaidros*』의 마지막 기도 장면(278 b~279 c)에서 그에 관해 두드러지게 언급한다. 즉 플라톤은 소크라테스와 파이드로스의 대화를 통해 이소크라테스가 원래 철학적 소질을 갖추고 있음을 인정한다. 그러나 그에 대한 소크라테스의 기도 속에는 그가 지혜를 추구하는 철학의 길을 걷지 않은 데 대한 유감의 뜻이 깃들어 있다.

‡ 17세기 이래 성립된 수학적 자연과학의 객관주의적 이상은 학문적 체계의 정밀성을 요구한다는 데 그 특성이 있다. 이러한 이상에 따라 학문적 인식의 이론적 형식은 인과적-발생적 성격을 가지는데, 즉 '인식은 원인에 의한 인식이다scire est per causas scire'라는 것이다. 이 인과성의 범주는 자연과학의 이론적 체계화를 위한 토대를 형성한다. 그뿐 아니라 이러한 생각은 모든 학문의 학문성이 바로 저 자연과학의 객관주의적 이상에 준거해야 한다는 요구로 나아간다.

자적인 진리의 원천이 있지 않은가라는 물음이 한층 더 긴박하게 제기되었다. 실제로 우리는 인문주의적 교양 사상이 계속해서 살아 있다는 사실, 즉 19세기의 정신과학이 인문주의적 교양 사상으로부터 자신의 고유한 생명을 취한다는 사실을—비록 그들 자신은 이런 사실을 인정하지 않더라도—보게 될 것이다.

여기서 결정적인 것은 근본적으로 수학이 아니라 인문주의적 연구라는 것은 자명하다. 17세기의 새로운 방법론이 대체 정신과학에 어떤 의미가 있을 수 있겠는가? 『포르루아얄의 논리학*Le Logique de Port-Royal*』* 중 역사적 진리에 적용된 이성의 규칙들에 관한 장章을 읽기만 한다면, 이 방법의 이념으로부터 정신과학의 영역에서 성취할 수 있는 것이 얼마나 빈약한가를 알게 될 것이다.[24] 한 사건을 참되게 평가하기 위하여, 그것에 수반해서 일어나는 '환경circonstances'을 고려하지 않으면 안 된다고 한다면, 이로부터 나오는 결과는 정말 하찮은 것이다. 이러한 논증방식에 따라 얀센주의자들은 기적이 어느 정도까지 믿을 만한가를 보여주기 위한 방법적 지침을 제공하

* 포르루아얄은 베르사유 남서부에 있는 베네딕트파의 한 분파인 시토 교단의 수도원으로 1204년에 세워졌다. 그후 이 수도원은 앙투안 아르노Antoine Arnauld(1612~1694)의 주도하에 파리 교외 생자크로 옮겨졌으며, 1640년 이후 얀센주의Jansenismus의 총본부가 된다. 이 포르루아얄의 얀센주의자들은 데카르트주의를 추종한다. 얀센주의 신학자인 아르노와 문법학자이며 신학자인 피에르 니콜Pierre Nicole(1625~1695)은 1662년에 『포르루아얄의 논리학』을 발간했는데, 이 책의 원제목은 '논리학 또는 사유의 기술La Logique ou l'Art de penser'이었다. 데카르트의 방법론에서 종합적인 측면은 확고부동한 확실성의 기초가 되는 'cogito ergo sum(나는 생각한다. 고로 나는 존재한다)'으로부터 다른 모든 확실성을 추론하는 데 그 목적이 있다. 이것은 유클리드의 기하학에서 보듯이, 철학적 교설을 엄밀한 증명 방식—예컨대 공리·정의·정리 등등—에 따라 체계적으로 서술하는 것을 말한다. 철학을 수학적으로 개혁하려는 데카르트주의의 합리주의적 경향성을 추종하는 포르루아얄의 논리학자들은 데카르트주의의 인식론적 철학 체계에 기초한 방법론을 유클리드의 증명 방식으로 적극 개조하려 했다. 이러한 방법적 도식은 휠링크스Geulincx의 논리학에 관한 저술과 스피노자의 『윤리학*Ethica*』에서도 중요한 의미를 가진다.

려고 했다. 그들은 제어하기 힘든 기적 신앙에 대해 새로운 방법의 정신을 사용하여 성서의 전승과 교회의 전통이 설파하는 참된 기적을 정당화하려고 했다. 새로운 학문이 오래된 교회를 위해 봉사하고자 하는 이러한 관계가 지속될 수 없다는 것은 너무나 명백하다. 기독교가 전제하는 것들 자체가 의심스러워졌을 때 어떤 일이 일어났던가를 상상해보라. 자연과학의 방법적 이상이 성서 전승에 대한 역사적 증언의 신빙성에 관한 문제에 적용되자 〔그 의도와는〕 전적으로 다른 결과, 즉 기독교를 파멸시키는 결과가 초래될 수밖에 없었다. 얀센주의자들과 같은 유형의 기적에 대한 비판으로부터 역사적 성서 비판으로 나아가는 길은 아주 멀리 떨어져 있는 것이 아니다. 스피노자가 그것을 보여주는 좋은 예가 된다. 이 방법론을 철저하게 정신과학적 진리 일반의 유일한 규범으로서 정신과학에 적용하는 것은 곧 정신과학적 진리의 자기파멸과 같다는 사실을 우리는 나중에 보게 될 것이다.

② 공통감각*

이 상황에서는 인문주의적 전통에 대해 숙고하고 정신과학의 인식방식을 위해 전통으로부터 무엇을 배울 수 있는가를 묻지 않을 수 없다. 이 물음에 대해서는 조반니 바티스타 비코Giovanni Battista Vico† 의 논문 「우리 시대의 연구방법에 관하여」[25]가 가치 있는 실마리를

* Sensus communis. 영어로는 common sense, 독일어로는 Gemeinsinn(공통감각), gesunder Menschenverstand(건전한 인간 오성)이라고 흔히 번역되는 말이다. 칸트에 의하면, 공통감각은 다른 사람이 생각하는 방식을 반성함으로써 모든 인간의 이성에 공통되는 판단을 내리게 하고 주관적이고 사적인 것을 경솔하게 객관적인 것으로 생각하지 않게 하는 것이다.

† 1668~1744. 이탈리아의 철학자. 역사철학과 민족 심리학의 기초자로서 모든 민족은 신의 시대, 영웅의 시대, 인간의 시대 순으로 발전한다고 가정했다. 그는 신학과 철학을 보편법의 체계로 묶는 하나의 초철학超哲學Überphilosophie인 '새 학문neue Wissenschaft'을 구상했다. 저서로 『공동의 자연과 민족에 관한 새 학문』(1725)이 있다.

제시한다. 인문주의를 옹호하는 비코의 사상은 그 제목이 보여주듯이, 예수회의 교육학에서 이어진 것이며, 데카르트에 대해서와 마찬가지로 얀센주의에 대해서도 반대하는 것이었다. 비코의 이 교육학적 선언은 그의 '새로운 학문Scienza nuova'의 구상과 마찬가지로 오래된 진리들에 기초한다. 따라서 그는 **공통감각**sensus communis, 즉 공동체적 감각, 그리고 수사학eloquentia의 인문주의적 이상, 즉 현자라는 고대의 개념에 이미 들어 있던 요소들에 근거한다. '잘 말하는 것eu legein'은 예로부터 이중의 의미를 지닌 표현으로서 단순히 수사학적 이상理想만은 아니다. 그것은 또한 올바른 것, 즉 참된 것을 말하는 것이지 말의 기술, 무엇을 잘 말하는 기술만은 아니다.

고대에는 이러한 이상을 수사학 교사들뿐 아니라 철학 교사들도 주창했다는 사실은 잘 알려져 있다. 수사학은 옛날부터 철학과 투쟁했으며, '소피스트들'의 무익한 사변思辨에 반하여 참된 삶의 지혜를 전할 것을 요구했다. 그 자신이 수사학 교사였던 비코는 고대로부터 내려오는 인문주의 전통 속에 있었다. 이 전통이 정신과학 자체를 이해하는 데도 중요하다는 것은 분명하다. 특히 중요한 것은, 플라톤뿐 아니라 근세의 반反수사학적 방법주의도 부정적으로 평가한 수사학적 이상의 긍정적인 이중적 의미다. 이 점과 관련해서 우리가 다룰 많은 것이 비코에게서 이미 암시되고 있다. 공통감각에 대한 그의 옹호에는 수사학적 요소 외에도 고대의 전통에서 나온 또다른 요소가 포함되어 있다. 이 요소는 비코가 의지하는, 학자와 현자 간의 대립이다. 이 대립은 견유학파의 소크라테스 상像에서 그 최초의 형태를 갖게 되며, 그 실제 토대를 이론지理論知 Sophia와 실천지實踐知 Phronesis의 개념 대립에 둔다. 이 개념적 대립은 아리스토텔레스에 의해 처음으로 구체화되었으며, 소요학파peripatos에서 이론적인 삶의 이상에 대한 비판으로 발전되었다.[26] 그리고 이 개념적 대립은 헬레니즘 시대, 특히 그리스의 교양의 이상이 로마 정치 지도층의 자의식과 융합된 후에는 현자의 상을 함께 규정했다. 후대의 로마 법학 역시 이론지의 이론적 이상보다도 실천지의 실천적 이상과 더욱 가까운 법 기술과 법 실천을 배경으로 하여 시작되었다는 것은 잘 알려져 있다.[27]

고대 철학과 수사학의 부흥 이래 소크라테스의 상은, 특히 학자와 현자 사이에서 아주 새로운 역할을 맡은 이디오타idiota, 즉 범인凡人의 형상이 보여주듯이, 완전히 학문에 대한 반대 슬로건이 되었다.[28] 마찬가지로 인문주의의 수사학적 전통은 독단론자들에 대한 회의론적 비판과 소크라테스를 근거로 제시할 수 있다. 우리가 비코에게서 발견하는 것은, 그가 스토아주의자들을 비판하는 것은 그들이 이성을 진리의 지배자로 믿기 때문이며, 반면에 무지의 지知만을 주장하는 고대 초기 아카데미학파를 찬양하고, 특히 (말하는 기술에 속하는) 논증 기술이 대단하다는 이유로 신아카데미학파를 찬양하고 있다는 점이다.*

비코가 공통감각을 원용하는 것은 물론 이 인문주의 전통 내에서도 독특한 색채를 띤다. 학문의 영역에서도 신구논쟁Querelle des Anciens et des Modernes이 있다. 비코가 의미하는 것은 더이상 '학교'에 대한 대립이 아니라 근대 과학에 대한 특수한 대립이다. 비코는 근대의 비판적 학문의 우수성에 대하여 이의를 제기하는 것이 아니라 그 한계를 지적한다. 사려 깊음prudentia과 능변eloquentia을 장려하는 고대인의 지혜는 근대의 신학문과 그 수학적 방법론에 비추어 보아도 없어서는 안 된다는 것이다. 그리고 교육에서 지금도 여전히 중요한 것은 뭔가 다른 것, 즉 참된 것이 아니라 개연적인 것에서 배양되는 공통감각의 형성이라고 본다. 이제 우리가 중요시해야 할 것은 다음과 같다. 여기서 의미하는 공통감각이란 인간이면 누구에

* 플라톤의 사상을 이어받은 아카데미학파는 초기, 중기, 후기의 셋으로 나누어지는데 여기서 말하는 고대의 신아카데미학파는 카르네아데스Karneades(기원전 214~129)를 대표자로 하는 제3세대의 아카데미학파로서 후기 아카데미학파(기원후 3세기 중엽부터 6세기 중엽까지)와는 다르다. 후기 아카데미학파는 흔히 신플라톤주의로 알려진 학파이다.

게나 있는 일반적 능력일 뿐 아니라, 동시에 공동성을 만들어내는 감각이기도 하다는 것이 분명하다. 인간의 의지에 방향을 제시해주는 것은 이성의 추상적 보편성이 아니라, 한 집단, 한 민족, 한 국가 또는 인류 전체의 공동성을 나타내는 구체적 보편성이라고 비코는 생각한다. 따라서 이 공통감각의 형성이 삶에 대해 결정적인 중요성을 지닌다는 것이다.

근거에서 나온 앎이 아니라, 명확한 것(개연적인 것verisimile)을 발견하게 해주는 참된 것, 올바른 것에 대한 이 공통감각을 토대로 비코는 능변의 중요성과 독립적 정당성을 정초한다. 그에 의하면, 교육은 비판적 연구의 길을 걸을 수 없으며 청년들은 상상을 위한 상像들, 기억력의 배양을 위한 상들을 요구한다. 그러나 새로운 비판정신을 지닌 학문의 연구가 그것을 수행할 수는 없다는 것이다. 그리하여 비코는 데카르트주의의 비판론Critica에 고대의 변증론Topica*을 보충한다. 변증론은 논거를 발견하는 기술이며, '믿음이 가는 것das Überzeugende'에 대한 감각의 배양에 이바지한다. 이 감각은 본능적이며 임기응변으로ex tempore 기능하기 때문에 학문이 대신할 수 없는 것이다.

비코의 그러한 규정들은 변호의 성격을 띤다. 이 규정들은 단지 개연적인 것의 권리를 옹호함으로써 학문의 새로운 진리 개념을 간접적으로 인정한다. 이로써 비코는 우리가 본 대로 플라톤으로 소급되는 고대의 수사학적 전통을 따른다. 그러나 비코가 의미하는 것은 수사학의 여신 페이토Peithō에 대한 옹호를 훨씬 넘어선다. 사실상 여기에, 우리가 이미 말한 바와 같이, 고대 아리스토텔레스가 제시한 실천지實踐知와 이론지理論知의 대립이 작용하는데, 이것은 참된 것과 개연적인 것의 대립으로 소급될 수 없는 그러한 대립

*'Topica'는 아리스토텔레스의 저서 명칭으로서 topoi(장소들)에 관한 이론이다. topoi에 관한 이론이란 한 주제를 설명하는 데 이바지하는 보편적 관점에 관한 이론이다.

이다. 실천지는 다른 유형의 앎이다.[29] 그것이 뜻하는 바는 무엇보다도 구체적 상황을 지향한다는 것이다. 따라서 그것은 무한한 가변성을 지닌 '주위 사정Umstände'을 파악하지 않으면 안 된다. 비코가 명백히 강조한 것도 바로 이것이다. 물론 그는 이 앎이 합리적 앎의 개념을 벗어나 있다는 사실만을 염두에 두었을 뿐이다. 그러나 그 앎이 실제로 합리적 앎을 포기하는 것을 이상으로 삼지는 않았다. 아리스토텔레스의 대립은 단순히 보편 원리에 근거한 앎과 구체적인 것을 봄으로써 생긴 앎 사이의 대립과는 다른 어떤 것이다. 아리스토텔레스의 이 대립은 단지 우리가 '판단력'이라고 부르는, 개별적인 것을 보편적인 것에 포섭시키는 능력만을 가리키는 것은 아니다. 이 대립에는 적극적인 윤리적 동기가 작용하며, 이러한 윤리적 동기가 공통감각에 관한 로마-스토아 철학의 이론에 유입된다. 구체적 상황에 대한 파악과 도덕적 해결은 우리가 추구하는 목적, 즉 주어진 것을 보편자에 종속시킴으로써 그러한 포섭을 통하여 올바른 것이 생겨나도록 추구하는 목적을 요구한다. 이러한 파악과 해결은 의지의 방향, 즉 하나의 윤리적 존재hexis*를 이미 전제한다. 따라서 실천지는 아리스토텔레스에 의하면 일종의 '정신적 덕德'이다. 그는 이 실천지가 단순히 능력dynamis만을 의미하는 것이 아니라, 윤리적 존재의 규정 내용을 가진 것으로 본다. 이 규정 내용은 모든 '윤리적 덕'이 없이는 있을 수 없고 마찬가지로 이 윤리적 덕도 그러한 규정 내용 없이는 있을 수 없다. 이 덕이 그 수행을 통해 온당함과 온당하지 못함을 구별하도록 해주지만 그렇다고 단순히 실천적 분별력이나 일반적 기민성만은 아니다. 이 덕의 온당함과 온당하지 못함의 구별은 언제나 이미 합당함과 합당하지 못함의 구별을 포함하며, 이로써 그러한 구별이 그 나름으로 계속 형성하는 윤리적 태도를 전제한다.

* 그리스어 hexis는 원래 성질, 상태 등을 뜻하는데 아리스토텔레스는 '마음의 상태'로서 타고난, 그리고 계발된 성품의 의미로 사용한다.

공통감각에 대한 비코의 원용이 사실상 소급 지시하는 것은 플라톤의 '선의 이데아'에 반대하여 아리스토텔레스가 발전시킨 동기다. 스콜라 철학, 예를 들어 토마스 아퀴나스Thomas Aquinas에게는 공통감각이 외부 감각들의 공통된 뿌리이며, 외부 감각들을 조합하고 주어진 것을 판단하는 능력으로서 모든 사람에게 공통으로 주어진 능력인데, 이것은 바로 아리스토텔레스의 『영혼론*De Anima*』[30]을 발전적으로 계승한 것이다.[31] 그에 반하여 비코에게는 공통감각이 모든 인간에게 살아 있는 올바름과 공공公共의 복리에 대한 감각이며, 더 나아가서 공동의 삶에 의하여 획득되고 삶의 질서와 목표에 따라 결정되는 감각이다. 이 개념은 스토아의 공통관념koinai ennoiai*이 지닌 것과 같은 자연법적 뉘앙스를 갖고 있다. 그러나 이러한 의미의 공통감각은 결코 그리스적 개념이 아니다. 아리스토텔레스가 모든 지각작용이 하나의 구별작용이며, 보편적인 것에 관한 사념작용임을 보여주는 현상학적 연구결과와 개개의 특수한 감각들aisthesis idia에 관한 이론을 일치시키려고 하는 것을 볼 때, 그가 『영혼론』에서 말하는 공통능력koinē dynamis은 결코 공통감각과 같은 것이 아니다. 비코는 오히려 고대 로마, 특히 로마 고전파가 이해하는 바와 같은 공통감각 개념으로 소급하는데, 로마 고전파는 그리스의 교양에 비하여 그들 자신의 국가적·사회적 삶의 전통이 지닌 가치와 의미를 고수했다. 이미 공통감각의 로마적 개념에서 들을 수 있고, 비코가 근대 과학(비판론)에 대항하여 다른 맥락에서 대결하는 데서 들리는 것은 비판적 어조, 다시 말해 철학자의 이론적 사변에 반대하는 어조이다.

문헌학적·역사학적 연구나 정신과학의 연구방식이 이 공통감각의 개념에 토대를 둔다는 것은 곧바로 명백해진다. 왜냐하면 정신과학의 대상, 즉 행위와 그 결과에서 구체화되는 인간의 도덕적·역사적 실존은 그 자체가 공통감각에 의하여 결정적으로 규정되어

*유클리드는 공리Axiom를 이렇게 표현한다.

있기 때문이다. 그러므로 보편적인 것으로부터 추론하는 것이나 근거로부터 증명하는 것으로는 충분하지 못하다. 왜냐하면 주위 사정이 결정적으로 중요하기 때문이다. 그러나 이것은 소극적인 표현에 불과하다. 공통감각이 매개하는 것은 특유한 적극적 인식이다. 역사 인식의 인식방식은 '자의식적 추론 활동'(헬름홀츠) 대신에 '타인의 증언에 대한 믿음'(테텐스Tetens)[32]을 허용하는 것이 아니다. 그리고 그러한 앎〔역사적 인식〕의 진리값이 감소되는 것도 아니다. 달랑베르d'Alembert[33]가 다음과 같이 쓰고 있는 것은 정당하다.

> 개연성은 원칙적으로 역사적 사실에 관련되어 있고, 일반적으로는 우리가 원인을 찾을 수 없기 때문에 일종의 우연으로 돌리는 과거·현재·미래의 모든 사건에 관계되어 있는 것이다. 현재의 과거를 대상으로 하는 이 인식의 부분은 비록 단순한 증언에 근거한다 하더라도 공리로부터 생기는 설득력에 못지않게 흔히 우리들을 설득시킨다.

역사historia*는 이론이성과는 전적으로 다른 종류의 진리 원천이다. 키케로Cicero가 역사를 '기억된 삶vita memoriae' 이라고 불렀을 때 그는 이미 그 점을 주목한 것이다.[34] 인간의 정념은 이성의 보편적 규정으로 다스려질 수 없다는 것에 역사의 고유한 권리가 근거한다. 그에 대한 설득력 있는 예들이 필요하며 역사만이 그것을 제공한다. 그 때문에 그러한 예들을 제공하는 역사를 베이컨은 '또다른 철학적 사유의 길alia ratio philosophandi'[35]이라고 부른다.

이것 역시 매우 소극적인 표현이다. 그러나 우리는 아리스토텔레스가 인식한 윤리적 앎의 존재방식이 이 모든 어법에서 기능하고 있다는 것을 알게 된다. 그것을 기억하는 것은 정신과학들의 적절한 자기이해를 위하여 중요하다.

* historia란 원래 탐구 또는 탐구를 통하여 얻은 지식을 의미한다.

비코가 공통감각의 로마적 개념으로 소급하고 근대 과학에 대항한 인문주의적 수사학을 옹호하는 것은 특별히 우리의 관심을 끈다. 왜냐하면 여기서 우리는 19세기 정신과학의 자기성찰에서는 접근할 수 없었던, 정신과학적 인식의 한 진리계기로 인도되기 때문이다. 비코는 수사학적·인문주의적 교양의 전통이 끊어지지 않은 가운데 살았으며, 그 효력을 잃지 않는 전통의 권리를 새로이 정당화할 필요가 있었던 것이다. 결국 합리적으로 증명하고 가르칠 수 있는 가능성이 인식의 범위를 완전히 포괄하지 못한다는 것에 대한 앎이 옛날부터 있었다. 그러는 한에서 공통감각에 대한 비코의 옹호는 우리가 본 바와 같이, 폭넓은 연관성에 속해 있다. 이 연관성은 고대에까지 거슬러올라가며, 오늘날에 이르기까지 계속 이어지는 그 영향력이 우리의 주제가 된다.[36] 근대의 방법 개념을 정신과학에 적용하는 데서 생기는 난점들을 보여줌으로써 거꾸로 우리는 〔수사학적·인문주의적〕 전통으로 되돌아가는 길을 힘겹게 걸어가지 않으면 안 된다. 이 목적을 위해서 우리는 어떻게 이 전통이 위축되고 말았는가, 그리고 그와 동시에 어떻게 정신과학적 인식의 진리 요구가 이와는 완전히 이질적인 근대 과학의 방법적 사고의 척도로 재단되었는가 하는 문제를 검토하고자 한다.

본질적으로 독일 '역사학파'의 영향을 받은 그러한 발전과정에서 비코와 이탈리아의 단절 없는 수사학적 전통이 직접 중요한 역할을 하고 있지는 않다. 18세기에 대한 비코의 영향은 거의 눈에 띄지 않는다. 그러나 공통감각을 원용한 것이 비코 혼자만은 아니었다. 그에 비견할 만한 중요한 인물은 섀프츠베리였다. 18세기에 끼친 이 사람의 영향은 엄청난 것이었다. 그는 공통감각이라는 이름 아래 위트와 유머의 사회적 의미를 평가하며, 로마의 고전파와 그들에 대한 인문주의적 해석자들을 드러내놓고 옹호한다.[37] 확실히 공통감각이란 개념은 이미 언급한 바와 같이 우리에게는 스토아 학파의 자연법적 뉘앙스를 풍긴다. 그러나 로마의 고전파에 의지하고 섀프츠베리가 이어받는 인문주의적 해석의 정당성을 문제삼을 수는 없을 것이다. 섀프츠베리에 의하면 인문주의자들은 공통감각을 공공복리에 대한 감각, 그리고 공동체 또는 사회에 대한 사랑, 자연스러운 애정, 인정, 친절함으로 이해했다. 그들이 의존하는 것은 '공동의 상상력koinono-ēmosynē'이라는 마르쿠스 아우렐리우스Marcus Aurelius의 말이다.[38] 이것은 매우 희귀하고 인위적인 말이다. 그리고 이것은 근본적으로 공통감각이란 개념이 그리스 철학에서 유래하는 것이 아니라, 스토아적 개념의 뉘앙스를 배음처럼 울린다는 것을 확인시킨다. 인문주의자 살마시우스Salmasius는 이 말의 내용을 이렇게 바꾸어 썼다.

> 인간의 절제되고 관습화된 일상적 정신으로, 그것은 어떤 식으로 공동선을 지향하며, 모든 것을 자신의 이익을 위하여 돌리지 않고, 나아가서 자기 자신은 겸손하게 낮추면서 함께 지내는 사람들에 대해서는 존경심을 갖는다.

그러므로 그것은 모든 인간에게 부여된 자연법적 천분天分이라기보다 하나의 사회적 덕이며, 섀프츠베리가 말하듯이 머리의 덕이 아니라 가슴의 덕이다. 그리고 그가 공통감각에 근거하여 위트와 유머를 이해한다면, 그 역시 세련된 삶의 방식을 인문주의humanitas에 포함시키는 고대 로마의 개념들을 뒤따르고 있는 것이다. 그 삶의 방식이란 상대방과의 깊은 유대를 확신하므로 해학을 이해하고 즐기는 사람의 태도이다.(섀프츠베리는 위트와 유머를 분명히 친구들 사이의 사교적 교제에 한정시킨다.) 여기서 공통감각이 거의 일종의 사교적 덕성으로 보이긴 하나, 사실은 도덕적·형이상학적 토대가 그 속에 포함되어 있다.

섀프츠베리가 추구하는 것, 그리고 그가 도덕뿐 아니라 미학적 형이상학 전체를 그 위에 기초짓는 것은 공감sympathy의 정신적·사회적 덕이다. 그의 후계자들, 특히 프랜시스 허치슨Francis Hutcheson[39]* 과 흄은 그의 문제제기들을 도덕감moral sense 이론으로 확장했으며, 이 이론은 나중에 칸트 윤리학의 배경을 형성하는 데 이바지했다.

'common sense' 개념은 스코틀랜드 철학에서 참으로 핵심적인 체계적 기능을 발휘했다. 스코틀랜드 철학은 형이상학 및 그 회의주의적 해체에 대해서 공격적으로 대응했으며, 'common sense'의 근원적이며 자연스러운 판단들을 기초로 새로운 체계를 이룩했다.(토머스 리드Thomas Reid)[40]† 의심할 나위 없이 거기에는 공통감각의 아리스토텔레스적 스콜라 철학의 개념 전통이 작용한다. 감각과 그 인식 수행의 연구는 이러한 전통에서 마련되었으며, 궁극적으로는 철학적 사변의 과장을 수정하는 데 이바지할 것이다. 그러나 동시에 거기에는 'common sense'의 사회에 대한 관계가 고수되고 있다. "그것〔common sense〕들은 우리의 추리 능력이 흔히 우리를 어둠 속에 내버려두었던 일상생활에서 우리를 인도하는 데 이바지한다." 건전한 인간 오성의 철학, 'good sense'의 철학은 그들 눈에는 형이상학의 몽유병을 치료하는 약일 뿐 아니라, 사회생활을 참으로 올바르게 다루는 도덕철학의 기초를 포함한다.

common sense 또는 양식良識 bon sens의 개념에 들어 있는 도덕적 동기는 오늘날까지도 여전히 작용하고 있으며, 이 개념은 '건전한 인간 오성'이라는 우리의 개념과는 구별된다.‡ 나는 하나의 예

*1694~1747. 영국의 윤리학자이며 미학자. 섀프츠베리에 이어 미학을 체계적인 학문으로 구축했다.

†1710~1796. 영국 '스코틀랜드 학파'를 기초한 철학자. 로크, 버클리, 흄 등의 영국 경험론에 반대하여 인간은 본능적으로 현실을 표상(지각)한다는 것. 어떠한 증명도 필요로 하지 않으며 'common sense'를 형성하는 열두 개의 자명한 진리들이 인간을 이끌어간다고 주장했다.

‡예를 들어, 칸트 철학에서는 '건전한 인간 오성'이 이성에 의한 비판이 필요 없는 오성이다. 즉 일상적 인식의 개념들을 위해서 충분하다면, 건강한 인간 오성은 (대상에 적합한 개념을 갖춘) 좋은 인간 오성이다. 그러나 철학에게는 불충분하다. 이에 대해서는 『실용적 관점에서의 인간학*Anthropologie in*

로서 베르그송Bergson이 1895년 소르본에서 있은 시상식에서 건전한 감각bon sens에 관하여 행한 훌륭한 연설을 지적하고자 한다.[41] 언어의 추상성이나 법적 사유의 추상성과 마찬가지로 자연과학의 추상성들에 대한 그의 비판, 즉 "형성되는 사상의 자유로운 공간을 마련해주기 위해 기존의 사상을 제거하여 매 순간 자기 자신을 회복하는 지성의 내적 힘"(88쪽)에 대한 그의 열렬한 호소는 프랑스에서 양식이라는 이름으로 명명될 수 있었다. 이 개념 규정은 당연히 감각과 관련이 있지만, 베르그송에게 양식이란 일반 감각들과는 달리 사회환경에 관련되어 있음은 자명하다.

"다른 감각들은 우리로 하여금 사물들과 관계를 맺게 하지만 양식은 우리들과 인격체들의 관계를 주재한다."(85쪽) 그것은 실천적 삶을 위한 일종의 탁월한 재능이기는 하지만 천부의 능력이라기보다 "언제나 새로운 상황에 대해 새로운 조정"을 해야 하는 지속적 과제다. 그리고 그것은 보편적 원리를 현실에 적용시키며 정의正義를 실현하는 작업으로서 "실천적 진리의 감지력이자 영혼의 올바름에서 생기는 판단의 올바름"(88쪽)이다. 베르그송에 의하면, 양식은 사유와 의지 작용의 공통된 원천으로서 사회적 감각sense social이며, 그것은 형이상학적 이상주의자들이나 사회법칙을 찾는 학문적 독단론자들의 과오를 피할 수 있게 해준다. "아마도 양식은 엄밀한 의미의 방법이 아니라 일종의 행위 방식일 것이다." 베르그송은 양식의 형성에 대한 고전적 연구들의 의미에 관하여 말하며, 거기서 '말들의 얼음'을 깨뜨리고 사유의 자유로운 흐름을 발견하려는 노력을 본다.(91쪽) 그러나 그는 거꾸로 고전적 연구 자

pragmatischer Hinsicht』(1798), 제1부 §41 이하 참조. 이와는 달리 공통감각sensus communis의 칸트적 개념은 '공동체적 감각의 이념'이다. 즉 인간에게 공통된 이성에 가깝게 그의 판단을 유지시키기 위하여, 그리고 그렇게 함으로써 쉽게 객관적인 것으로 여길 수도 있는 자신의 주관적 조건들이 판단에 불리한 영향을 주게 될 망상에서 벗어나도록 다른 사람의 표상 방식을 반성에서 함께 고려하는 평가 능력이다. 이에 대해서는『판단력 비판*Kritik der Urteilskraft*』, §40 참조.

체에 양식이 어느 정도로 필요한가라는 물음을 제기하지는 않는다. 즉 건전한 감각의 해석학적 기능에 관하여 말하지 않는다. 베르그송의 물음은 전혀 학문을 향한 것이 아니라, 삶에 대한 양식의 독립적 의미를 향한 것이다. 다만 우리는 그와 그의 청중에게는 이 개념이 지닌 도덕적·정치적 의미의 중요성이 자명하게 여겨진다는 점을 강조할 따름이다.

19세기 근대 정신과학의 자각에 중요한 영향을 미친 것이, 섀프츠베리나 비코가 속하며, 특히 양식의 고전적 나라 프랑스로 대표되는 철학의 도덕적 전통이 아니라, 칸트와 괴테 시대의 독일 철학이라는 사실은 매우 특이하다. 영국과 라틴계 나라들에서는 공통감각이라는 개념이 비판적 슬로건일 뿐 아니라 시민의 일반적 특질을 나타내는 데 반해, 독일의 섀프츠베리와 허치슨 추종자들은 18세기에 공통감각이 의미했던 정치적·사회적 내용은 물려받지 않았다. 18세기의 강단 형이상학과 통속철학Popularphilosophie*은 계몽사상의 주도적 나라인 영국과 프랑스를 배우고 모방하면서 지향했음에도 불구하고, 사회적·정치적 조건들이 전혀 갖추어져 있지 않은 탓에 계몽사상을 자기 것으로 할 수 없었다. 공통감각의 개념을 받아들이긴 했으나 완전히 탈정치화했기 때문에, 이 개념은 원래의 비판적 의의를 상실했다. 그들은 공통감각을 단지 하나의 이론적 능력, 즉 도덕의식(양심) 및 취미Geschmack와 나란히 있는 이론적 판단력으로 생각했다. 그리하여 이 개념은 기본능력들에 관한 공리공론에 포함되었다. 이 공리공론에 대한 비판을 헤르더가 (리델Riedel에 반대한 『비판의 숲*Kritische Wälder*』 제4권에서) 행했으며, 이로써 그는 미학의 영역에서도 역사주의의 선구자가 되었다.

＊이 말은 원래 18세기 계몽철학, 특히 볼프의 철학을 일반 사람들이 이해하기 쉽도록 해설해주는 저술가들을 '통속철학자'라고 부른 데서 유래했는데, 오늘날에는 철학적 주제를 문학적으로 다루는 것을 일컫는다. 이것은 독자에게는 이해의 편의를 제공하지만 철학 내용의 학문적 가치를 손상시키는 방법이다.

그러나 하나의 특이한 예외가 있으니, 그것은 경건주의Pietismus이다. '학교'에 반대하여 학문의 요구, 즉 논증demonstratio의 요구들을 제한하고 공통감각에 의존하는 것은 섀프츠베리와 같은 세속적 인간에게만 중요한 것이 아니라, 교구 사람들의 마음을 사로잡고자 하는 성직자에게도 마찬가지였다. 슈바벤 지방의 경건주의자 외팅거Oetinger*는 드러내놓고 공통감각에 대한 섀프츠베리의 옹호에 의존했다. 우리는 그가 공통감각을 '마음Herz'이라고 번역하고 다음과 같이 바꿔 쓴 것을 발견한다. "공통감각은 순전히 모든 인간이 매일 눈앞에 보고, 사회 전체를 결집시키며, 진리와 교리敎理들뿐 아니라 교리를 작성하는 제도와 형식에 관계된 일들을 다룬다."[42] 거기서 외팅거의 관심사는 개념의 명확성만 중요한 게 아님을 보여주는 것이다. 개념의 명확성은 "생생한 인식을 위해서는 충분하지 않다." 이를 위해서는 오히려 "일정한 예감과 애착Neigung"이 있어야 한다. "아버지들은 증명 없이도 그 아이들을 돌볼 마음이 일어난다: 사랑은 논증하지 않으며, 이성과는 반대로 비난을 좋아하기보다는 흔히 마음에 호소하여 감동시킨다." 외팅거가 '학교'의 합리주의에 반대하여 공통감각을 원용하는 것은 특히 흥미로운데, 그러한 원용이 그에게는 명백하게 해석학적으로 응용되고 있음을 발견하기 때문이다. 고위 성직자인 외팅거에게는 성서의 이해가 중요하다. 성서 이해에서는 수학적·논증적 방법을 사용할 수 없기 때문에 그는 다른 방법인 생성적generativ 방법, 즉 "정의를 재배 식물처럼 심을 수 있도록 재배하는 성서 강독"을 요구한다.

외팅거는 공통감각의 개념을 상세한 학술적 연구의 대상으로 삼았으며, 이러한 연구 또한 합리주의에 반하는 것이었다.[43] 거기서 그는, 모든 것을 (내적 취미를 모두 배제하고exclusio omni gusto interno) 단순한 형이상학적 계산calculus metaphysicus을 토대로 하는 라이프니츠와는 반대로 공통감각의 개념에서 모든 진리의 원천, 고유한 발

*1702~1782. 계몽 시대에 독일의 신비주의를 계승하려고 한 신학자.

견의 기술ars inveniendi을 찾아낸다. 외팅거에 의하면, 공통감각의 참된 기초는 삶vita의 개념(삶의 공통감각으로서의 즐거움sensus communis vitae gaudens)이다. 실험과 계산으로 자연을 폭력적으로 토막내는 것에 대해 그는 단순한 것이 다양한 것으로 자연스럽게 전개되는 것을 신의 창조물, 그와 더불어 인간 정신의 보편적 성장법칙으로 이해한다. 그는 모든 앎의 원천이 공통감각에 있다고 보고, 볼프Wolf, 베르누이Bernoulli, 파스칼Pascal 그리고 언어의 원천에 관한 모페르튀Maupertuis의 연구를 원용한다. 그리고 베이컨과 페늘롱Fénelon을 원용하여 공통감각을 "가장 단순한 것들에 대한 직접적인 접촉과 직관에 근거하며, 전 인간성에 주어져 있는, 대상들에 대한 생동적이며 통찰력 있는 지각"이라고 정의한다.

이미 이 둘째 명제로부터 외팅거는 그 말의 인문주의적·정치적 의미를 처음부터 공통감각에 대한 소요학파의 개념과 결합시키고 있음이 드러난다. 위의 정의는 여기저기서 아리스토텔레스의 정신nous 이론을 연상시킨다.('직접적 접촉과 직관immediato tactu et intuitu') 외팅거는 보는 것, 듣는 것 등을 일치시키는 공통의 '능력dynamis'에 대한 아리스토텔레스의 문제를 수용하여 본래의 삶의 비밀을 증명하는 데 사용했다. 삶의 신성한 비밀이란 삶이 지닌 단순성이다. 비록 인간이 이 단순성을 원죄로 인해 상실했다 하더라도 신의 은총으로 인간은 단일성과 단순성을 다시 회복할 수 있다. "로고스의 활동 또는 신의 현존이 다양한 것을 단일한 것으로 통일시킨다."(162쪽) 신의 현존은 바로 삶 자체에—즉 모든 생명체를 죽은 것으로부터 구별짓는 이 '공통감각'에—있다. (외팅거가 아무리 토막내도 새로운 개체로 재생하는 해파리와 불가사리를 언급하는 것은 우연이 아니다.) 인간에게는 바로 그와 같은 신의 힘이 신의 흔적을 느끼고 인간의 행복과 삶에 가장 밀접한 것을 인식하는 본능과 내적 자극으로서 작용한다. 외팅거는 모든 인간에게 언제 어디서나 유용한 공통의 진리들에 대한 감수성을 '감성적' 진리로 보고 이를 합리적 진리와 명백히 구별한다. 공통감각은 복합적 본능들, 즉 삶의 진정한 행복이 근거하는 것을 향한 자연적 충동이며, 그러는 한에서 신의 현존의 작용이다. 본능들은 라이프니츠와 같이 자극의 수용Affekt, 즉 혼란된 표상활동confusae repraesentationes으로는 이해될 수 없다. 왜냐하면 본능들은 일시적인 것이 아니라 뿌리 깊은 경향이며, 전제적이며 저항할 수 없는 신적인 위력을 갖고 있기 때문이다.[44] 이러한 위력에 토대를 둔 공통감각은 우리의 인식을 위해서는 특별한 의미를 지닌다.[45] 바로 그러한 본능들은 신의 은사恩賜이기 때문이다. 외팅거는 다음과 같이 썼다.

> 이성ratio은 흔히 신 없이도, 규칙으로 그 자신을 다스린다. 그러나 감각은 언제나 신과 함께 그 자신을 다스린다. 자연이 인공과 구별되듯이 감각과 이성은 구별된다. 신은 자연을 통하여 두루 균일하게 전체로 확대되는 동시적 성장 진행으로 역사役事한다. 그에 반해 인공은 어떤 일정한 부분으로 시작한다. ……감각은 자연을 모방하고 이성은 인공을 모방한다.(247쪽)

이 박학한 저술에서도 전반적으로 솔로몬의 지혜가 인식의 궁극적 대상과 최고의 심급審級을 나타내듯이, 이 문장은 흥미롭게도 해석학적 연관성을 지닌다. 공통감각의 사용usus에 관한 장章이 바로 그러하다. 여기서 외팅거는 볼프학파의 해석학적 이론에 반대한다. 어떤 사람이 '감각이 풍부sensu plenus'하다는 사실은 모든 해석학적 규칙보다 더 중요하다. 그러한 주장은 물론 성령주의聖靈主義적 극단이긴 하지만 그 논리적 근거를 삶vita의 개념 내지 공통감각의 개념에 둔다. 이 주장의 해석학적 의미는 다음의 문장에서 예시될 수 있다. "성서와 신의 창조물에서 발견되는 이념들은 개별적인 것이 모든 것에서, 모든 것이 개별적인 것에서 인식될수록 더욱더 풍부하고 순화된다."[46] 여기서 19~20세기 사람들이 직관이라고 부르기 좋아하는 것이 그 형이상학적 근거, 즉 모든 개별적인 것 속에 전체가 있는, 살아 있는 유기체의 존재구조로 소급된다. "삶의 순환은 마음에 그 중심을 갖고 있고 마음은 공통감각을 통해 무한을 지각한다."(서문)

모든 해석학적 규칙의 지혜를 능가하는 것은 그 규칙 자체에 대한 적용이다. "규칙은 무엇보다도 그 자체에게 적용되고 그때 비로소 솔로몬의 잠언들에 대한 이해의 열쇠가 주어진다."(207쪽)[47] 그로부터 외팅거는 그 자신이 말한 바와 같이, '공통감각'이라는 제목의 글을 쓴 유일한 사람인 섀프츠베리와 일치된 생각을 이끌어낼 수 있었다. 그러나 섀프츠베리는 합리적 방법의 일면성을 언급하는 다른 사람들을 원용하며, 또한 기하학적 정신esprit géométrique과 섬세함의 정신esprit de finesse을 구별한 파스칼을 원용한다. 반면, 슈바벤의 경건주의자 외팅거는 정치적·사회적 관심이라기보다 신학적 관심에서 공통감각의 개념을 명확히 하려는 것이다.

그 밖의 다른 경건주의 신학자들도 당시의 지배적인 합리주의에 반대하여 외팅거와 같은 의미에서 적용application을 강조한다. 이는 람바흐Rambach의 예를 통해서도 알 수 있다. 당대에 매우 영향력이 컸던 그의 해석학은 적용도 아울러 다루고 있다. 그러나 18세기 말 경건주의적 경향의 퇴조는 공통감각의 해석학적 기능을 단순한 교정 수단으로 격하시켰다. 다시 말해 감정, 판단 그리고 추론에서 공통성consensus, 즉 공통감각에 모순되는 것은 올바른 것일 수 없다.[48] 섀프츠베리가 사회와 국가를 위해 공통감각에 부여하는 의미와 비교하면, 공통감각의 이 소극적 기능에서는 독일 계몽사상으로 인해 그 개념이 겪었던 내용적 공동화空洞化와 지성화知性化가 드러난다.

③ 판단력

18세기에 독일에서 공통감각이 이렇게 발전하게 된 것은 이 개념이 판단력 개념과 밀접하게 관련되어 있다는 사실에 기초하기 때문일 것이다. 때로 '공통 오성'이라고도 불리는 '건전한 인간 오성'은 사실상 판단력을 통해서 결정적으로 그 성격이 규정된다. 바보가 슬기로운 자와 구분되는 점은 그가 판단력을 전혀 가지고 있지 않다는 사실, 즉 올바르게 분류할 수 있는 능력을 가지고 있지 않고, 따라서 배워서 알고 있는 것을 올바르게 적용할 수 없다는 데 있다. 18세기에 '판단력'이란 단어가 도입된 것은 정신의 기본적 덕으로 간주될 수 있는 판단iudicium 개념을 적절히 재현하기 위해서였다. 같은 의미에서 영국의 도덕철학자들은 도덕적 내지 미적 판단이 이성을 따르는 것이 아니라, 감성sentiment—내지 미각taste—의 성격을 가지고 있다는 점을 강조한다. 독일 계몽주의의 대표자들 가운데 한 사람인 테텐스도 이와 유사하게 공통감각 속에서 '반성이 들어 있지 않은 판단'을 본다.[49] 특수자를 보편자에 포섭시키는 판단력, 즉 어떤 것을 규칙의 한 경우로 인식하는 판단력의 활동은 사실상 논리적으로는 증명될 수 없다. 따라서 판단력은 그것의 적용을 지도할 수 있는 원리문제로 인해 근본적인 곤경에 처하게 된다. 가령 이 원리를 따를 경우 판단력은 칸트가 날카롭게 지적하듯이[50] 다시금 별개의 판단력을 필요로 하게 될 것이다. 다시 말해 판단력은 일반적인 방식으로 배울 수 있는 것이 아니라 오직 그때그때의 경우에 따라 훈련될 수 있으며, 이 점에서 오히려 일종의 감각과 같은 능력이다. 판단력은 결코 배워서 습득할 수 있는 것이 아니다. [판단력의 경우에는] 그 어떤 개념들에 근거한 논증도 규칙을 적용시킬 수 없기 때문이다.

따라서 독일의 계몽철학은 당연히 판단력을 정신의 고차적인 능력으로 간주하지 않고 저급한 인식능력으로 여길 수밖에 없었다. 이로써 독일의 계몽철학은 근본적으로 로마적인 공통감각의 의미로부터 멀리 벗어나 스콜라 철학의 전통을 계승하게 되었다. 이러한 현상은 미학의 입장에서 보면 특별한 의미를 지닌다. 이를테면 바움가르텐Baumgarten의 경우에서 다음과 같은 사실이 확인된다. 즉 판단력이 인식하는 것은 감각적 개체, 다시 말해 개개의 사물이며, 개개의 사물에서 판단력이 판단하는 것은 그것의 완전성 내지 불완전성이다.[51] 판단 작용에 대한 이 규정에서 우리가 유의해야 할 것은, 여기서는 단순히 사물에 대해 미리 주어진 개념이 사용되는 것이 아니라, 감각적 개체에서 다자多者와 일자一者의 일치가 인지됨으로써 감각적 개체 그 자체가 파악된다는 사실이다. 그러므로 여기서는 보편적인 것의 적용이 중요한 게 아니라 내적 일치가 중요하다. 보시다시피 여기서는 칸트가 후에 '반성적 판단력'이라고 부르며, 실재적이고 형식적인 합목적성에 따른 판단으로 이해하는 것이 이미 문제로 다루어진다. 어떤 개념도 미리 주어져 있지 않고, 개체가 '내재적으로' 판단되고 있는 것이다. 칸트는 이를 감성적ästhetisch*판단 작용이라고 부른다. 바움가르텐이 감성적 판단력iudicium sensitivum을 취미gustus라고 부르듯이 칸트도 "완전성에 대한 감각적 판단은 취미Geschmack†"라고 말한다.[52]

우리는 18세기에 특히 고트셰트Gottsched에 의해 추진된 판단력iudicium 개념의 이러한 감성적 전환이 칸트의 경우 어떻게 체계적인 의미에 도달하는지를 보게 될 것이다. 그리고 여기서 규정적 판단력과 반성적 판단력에 대한 칸트의 구별이 문제가 없지 않다는 사실도 밝혀질 것이다.[53] 공통감각의 의미내용 또한 감성적 판단에 국한시키기는 어렵다. 왜냐하면 비코와 섀프츠베리가 사용한 이 개념

* 여기서 'ästhetisch'라는 말은 감성Sinnlichkeit에 속한다는 의미와 대상의 직관에 동반되는 감정Gefühl에 관련된다는 의미를 지닌다. 판단력 비판의 취미판단에 관련된 'ästhetisch'는 주로 대상의 직관에서 쾌, 불쾌의 감정과 관련된다는 뜻으로 사용되기 때문에 '(심)미적'이라고 번역하는 것보다는 '감성적'이라고 옮기는 것이 옳다.

† 이 용어에 관한 상세한 내용은 2)의 ④ '취미' 참조.

에서 다음과 같은 사실이 밝혀지기 때문이다. 즉 공통감각은 우선 훈련을 통해서만 획득되는 형식적 능력 내지 정신적 능력이 아니라, 공통감각을 내용 면에서 규정하는 판단과 판단기준을 이미 총괄적으로 포함하고 있다.

건전한 이성, 즉 공통감각common sense은 무엇보다도 옳고 그름 및 온당함과 온당치 못함에 대해 그것이 내리는 판단에서 드러난다. 건전한 판단을 내리는 사람은 특수한 것을 일반적 관점에서 판단할 능력을 지니는 것이 아니라, 진정 중요한 것이 무엇인지를 알고 있다. 다시 말해 그는 사물을 올바르고 정당하고 건전한 관점에서 바라볼 줄 안다. 고등 사기꾼은 인간의 약점을 정확하게 헤아려서 언제나 사기행각에 적당한 판단을 하지만 (진정한 의미에서의) '건전한 판단'을 가지고 있지는 않다. 판단능력이 지니고 있다고 생각되는 보편성은 칸트가 말하는 것처럼 그렇게 '공통적인gemein' 것은 결코 아니다. 판단력은 능력이라기보다는 오히려 모든 사람에게 제기될 수 있는 요구이다. 모든 사람은 '공통의 감각gemeiner Sinn', 즉 판단력을 충분히 갖고 있기 때문에 우리는 그들이 '공통감각Gemeinsinn', 다시 말해 진정한 윤리적인 시민적 연대의식을 지녔다고 믿을 수 있는데, 이 감각은 결국 올바름과 올바르지 않음에 대한 판단과 '공통의 이익'에 대한 관심을 의미한다. 바로 이 점이 비코가 인문주의적 전통에 의존한 사실을 각별히 돋보이게 만든다. 비코는 공통감각 개념의 논리화에 반해 이 낱말의 로마적 전통 속에 생생하게 살아 있던 것들(그리고 오늘날까지도 라틴족의 특징으로 나타나는 것들)이 지닌 풍요한 내용 전반에 비중을 둔다. 마찬가지로 이 개념에 대한 섀프츠베리의 연구도 인문주의의 정치적·사회적 전통과 연결되어 있다. 공통감각sensus communis은 시민적·윤리적 존재가 지닌 한 요소이다. 경건주의나 스코틀랜드 철학에서처럼 형이상학에 대해 논쟁적으로 사용되는 경우에도 이 개념은 아직 그 본래의 비판적 기능의 노선을 벗어나지 않고 있다.

이에 반해 칸트는 이 개념을 『판단력 비판』에 수용하면서 중점을 아주 달리한다.[54] 그의 경우에는 이 개념이 지닌 근본적인 도덕적 의미를 위한 어떤 체계적 논의도 발견되지 않는다. 주지하다시피 그는 자신의 도덕철학을 영국 철학에서 발전한 '도덕감moralisches Gefühl'에 관한 이론과는 정반대로 전개시켰다. 따라서 공통감각 개념은 그에 의해 도덕철학에서 완전히 배제되었다.

도덕적 명령의 무조건성으로 나타나는 것은 감정에 기초할 수 없다. 비록 감정의 개별성이 아니라 도덕적 감각작용의 공통성인 경우에도 결과는 마찬가지다. 왜냐하면 도덕성에 특유한 명령의 성격은 다른 사람들과 비교하는 반성을 근본적으로 배제하기 때문이다. 물론 도덕적 명령의 무조건성은 도덕적 의식이 다른 사람들을 판단할 때 경직된 자세를 지녀도 된다는 것을 의미하지는 않는다. 오히려 도덕적 명령은 자신의 판단의 주관적이고 개인적인 조건들을 벗어나 다른 사람들의 입장이 되어보라고 요구한다. 그러나 이 무조건성은 도덕의식이 다른 사람들의 판단에 의존하여 자신의 책임을 면해도 된다는 것을 의미하지는 않는다. 이 명령의 구속성은 한 감각의 보편성이 도달할 수 있는 것보다 훨씬 더 엄격한 의미에서 보편적이다. 도덕법칙을 의지의 결정에 적용하는 것은 판단력의 과제다. 그러나 여기서 문제가 되는 것은 순수 실천이성의 법칙에 근거하는 판단력이므로, 이 판단력의 과제는 바로 "선과 악의 실천적 개념들을 단순히 경험의 연속 속에서…… 파악하는 실천이성의 경험주의"를 경계하는 일이다.[55] 이 작업은 순수 실천이성의 유형론이 수행한다.

이와 더불어 분명 칸트에게도 순수 실천이성의 엄격한 법칙을 어떻게 인간의 마음에 연결시킬 수 있는가 하는 문제가 제기된다. 이 점을 그는 "진한 도덕적 심성을 정초시키고 배양하는 방법을 간략하게 구상하고자 한" "순수 실천이성의 방법론"에서 다루고 있다. 이 작업을 위해 그는 실제로 공통적 인간 이성에 의존하면서 실천적 판단력을 연마하고 형성하고자 하는데, 여기에는 분명 감성적 요소들도 작용한다.[56] 이러한 방식으로 도덕적 감정의 배양이 가능하지만, 이는 본래 도덕철학에 속하는 일이 아니며, 도덕철학의 기초와는 관계가 없다. 왜냐하면 칸트는 우리 의지의 규정이 순수 실천이성의 자기 입법에 근거하는 동기들에 의해서만 결정되기를 요구하기 때문이다. 이를 위해서는 결코 느낌Gefühl의 단순한 공통성이 아니라, "모호하기는 하지만 그러나 분명 지도적이고 실천적인 이성 행위"만이 그 토대를 형성할 수 있다. 이러한 이성 행위를 밝혀내고 확고히 하는 것이 바로 실천이성 비판의 과제다.

공통감각은 그 말의 논리적 의미에서도 칸트의 경우에는 아무런 역할을 하지 못한다. 칸트가 판단력의 선험적transzendental 이론에서 다루는 것, 즉 도식론과 원칙론[57]은 공통감각과 아무런 연관이 없다. 왜냐하면 여기서 문제가 되는 것은 대상들과 경험독립적 a priori*으로 관계를 맺는 개념들이지 개별자를 보편자로 종속시키는 작업이 아니기 때문이다. 그에 반해 개별자를 보편자의 사례로 인식하는 능력이 실제로 문제되는 경우와 건전한 오성(상식)에 관해 언급하는 경우, 칸트에 의하면, 우리는 진정한 의미의 '공통적인' 것과 연관되어 있다. 다시 말해 "우리가 도처에서 만나는 것을 소유하는 것이 결코 〔개인의〕 공적이나 장점이 되지 않는다."[58] 그러한 건전한 오성은 곧 도야되고 계몽된 오성의 전前단계라는 의미를 지닌다. 이 건전한 오성은 감정이라고 불리는 판단력의 모호한 구별 작업 속에서 활동하지만, 그럼에도 불구하고 항상 개념에 따라서 판단을 내린다. "비록 일반적으로 모호하게 표상된 원리만을 따르기는 하지만"[59] 그러나 어쨌든 이 건전한 오성은 결코 고유한 공통감각Gemeinsinn으로 간주될 수 없다. 공통감각sensus communis의 경우에도 볼 수 있는, 판단력의 보편적이고 논리적인 사용은 그 자체의 고유한 원리를 전혀 지니고 있지 않다.[60]

*이 개념은 보통 '아 프리오리' 혹은 '선천적'으로 번역되지만, '선천적'이란 말에는 '타고나다'라는 의미도 포함되기 때문에 올바른 번역이 아니다.

따라서 감각적 판단 능력이라고 불릴 수 있는 것의 영역에서 칸트에게 남은 것은 단지 감성적 취미 판단뿐이다. 여기서 우리는 진정한 공통감각을 이야기할 수 있다. 감성적 취미의 경우에 우리가 인식에 관해 말할 수 있을 것인가 하는 문제는 매우 의문스럽지만, 그리고 감성적 판단에서는 분명 개념에 따라 판단되지는 않지만, 그러나 확실한 것은, 감성적 취미가 개념적이 아니고 감각적임에도 불구하고 보편적인 동의의 요구를 고려한다는 점이다. 따라서 참된 공통감각은 취미라고 칸트는 말한다.

칸트의 이 말은, 18세기에 바로 인간 취미의 다양성이 즐겨 논의되었다는 사실을 상기해보면 역설적인 표현이다. 취미의 다양성으로부터 설사 회의적이고 상대주의적인 귀결을 이끌어내지 않고 좋은 취미의 이념을 고수한다 하더라도 '좋은 취미', 즉 교양이 있는 사회의 구성원과 그렇지 않은 사람들을 구분짓는 이 진기한 용어를 공통감각이라고 부르는 것은 역설적으로 들린다. 좋은 취미를 공통감각이라고 부르는 것은 경험적 관점에서는 사실상 무의미할 것이다. 우리는 이 명칭이 선험적 의도에서, 즉 취미를 비판하는 오만에 대한 경험독립적 정당화로서 칸트에게 어느 정도 의미를 지니는지를 보게 될 것이다. 또한 우리는 공통감각의 개념을 미에 대한 취미 판단으로 제한시키는 것이 이 공통감각의 진리 요구에 대해 어떤 의미를 지니는지, 그리고 칸트가 의미하는 취미의 주관적 경험독립성이 학문의 자기이해에 어떤 영향을 미쳤는지 묻지 않을 수 없다.

④ 취미

멀리 소급하여 살펴보는 것이 중요하다. 왜냐하면 실제로는 공통감각의 개념을 취미로 제한하는 것만이 아니라, 취미 개념 자체를 제한하는 것도 문제이기 때문이다. 칸트가 『판단력 비판』의 기초로 삼기 이전의 취미 개념이 지닌 긴 역사는 이 개념이 원래는 미학적 개념이라기보다 오히려 도덕적 개념임을 보여준다. 이 개념은 진정한 인간성의 이상을 나타내고, 이 개념의 형성은 '학교'의 독단론에 대항해서 이를 비판적으로 극복하려는 노력에 기인한다. 나중에 비로소 이 개념은 '아름다운 것의 애호'에 한정하여 사용되었다.

이 개념사의 시초에는 발타사르 그라시안Baltasar Gracián[61]*이 있다. 그라시안은 우리의 감각들 중 가장 동물적이고 내면적인 감각, 즉 감각적 취미der sinnliche Geschmack라도 이미 사물에 대한 정신적인 평가에서 수행되는 식별의 싹을 가지고 있다는 데서 출발한다. 가장 직접적인 방식으로 즐기면서 받아들이거나 거부하는, 취미의 감각적 식별은 사실 단순한 본능이 아니라 이미 감각적 본능과 정신적 자유의 중간에 있다. 감각적 취미 자체는 삶의 가장 긴급한 필요에 속하는 것에 대해서도 선택과 평가의 거리를 갖는다는 데 그 특징이 있다. 그래서 그라시안이 취미에서 이미 '동물성의 정신화'를 보며, 정신ingenio만이 아니라 취미gusto의 경우에도 형성cultura이 가능하다고 암시한 것은 당연하다. 잘 알다시피 이것은 감각적 취미의 경우에도 적용된다. 미각이 발달한 사람들, 이러한 즐거움을 소중히 하는 미식가들이 존재한다. 이러한 취미의 개념은 그라시안의 사회적 이상을 형성하는 출발점이다. 그라시안의 교양인discreto의 이상은 교양인, 즉 완전한 지점에 도달한 사람hombre en su punto이 인생과 사회의 만사에 대해 거리를 두는 올바른 자유를 획득해서, 의식적이며 탁월하게 식별하고 선택할 줄 아는 데 있다.

그라시안이 이렇게 세운 교양의 이상은 획기적이었을 것이다. 이 이상은 기독교적 궁정인(카스틸리오네Castiglione)의 이상을 대치했다. 유럽의 교양 이상의 역사에서 그라시안의 이상이 차지하는 탁월한 위치는 그 교양의 이상이 신분적 특권과는 무관하다는 데

*1601~1658. 스페인의 철학자이며 저술가. 주요 저서로는 『영웅*El héroe*』(1637), 『교양인*El discreto*』(1646), 『세상살이의 지혜*El oráculo manual y arte de prudencia*』(1647) 등이 있다. 이 저서들은 대체로 세속적인 삶을 위한 교양을 함양시키려는 의도를 갖는다.

있다. 이것은 교양사회의 이상이다.[62] 그러한 사회의 이상적 교양은 절대주의의 징후가 나타나고, 절대주의가 세습 귀족을 억압하는 곳에서는 도처에서 실현된 것처럼 보인다. 따라서 취미 개념의 역사는 스페인에서 프랑스와 영국으로 이어지는 절대주의의 역사를 뒤따르며, 제3신분의 전사前史와 일치한다. 취미는 새로운 사회가 내세우는 이상일 뿐 아니라, '좋은 취미gutes Geschmack'의 이상이라는 표현에서 후일 '좋은 사회gute Gesellschaft'라고 명명되는 것이 최초로 형성된다. 좋은 사회는 더이상 출신이나 지위가 아니라, 근본적으로 그러한 사회가 내리는 판단의 공통성에 의해서 승인되고 정당화된다. 보다 정확하게 말하면 좋은 사회는 그 사회가 이해의 편협함과 사적인 편애를 넘어서는 판단을 요구할 수 있는 사회로 고양될 때 승인되고 정당화되는 것이다.

따라서 취미 개념은 확실히 일종의 인식 방식을 의미한다. 우리가 자기 자신과 사적인 편애로부터 거리를 취할 수 있는 것은 좋은 취미를 가지고 있다는 표시다. 따라서 취미는 그 고유한 본질상 결코 사적인 것이 아니라, 대단히 중요한 사회적 현상이다. 취미는 심지어 법정처럼 자신이 의도하며 대표하는 보편성의 이름으로 개개인의 편향—우리는 우리의 취미가 배격하는 어떤 것을 동시에 편애할 수 있다—에 대립할 수도 있다. 이때 취미가 내리는 판결은 고유한 결정성을 지닌다. 알려진 대로 취미의 문제에서는 논증이 가능하지 않다.(칸트가 취미의 문제에서 다툼은 있지만 논쟁은 없다고 말한 것은 옳다.)[63] 그러나 그 이유는 모든 사람이 승인해야만 하는 보편적인 개념 척도가 발견될 수 없기 때문만이 아니라, 그러한 척도를 한 번도 찾은 적이 없으며, 만일 그러한 척도가 있다 하더라도 그것을 정당하다고 생각하지도 않을 것이기 때문이다. 분명히 우리는 취미를 가지고 있다. 우리는 취미로 하여금 논증하게 할 수 없으며, 취미를 단순한 모방으로 대신할 수도 없다. 그럼에도 불구하고 취미는 단순한 사적인 특성이 아니다. 왜냐하면 취미는 언제나 좋은 취미이기를 원하기 때문이다. 취미 판단은 그 판단의 타당성에 대한 요구를 포함하기 때문에 결정적이다. 좋은 취미는 언제나 자신의 판단을 확신한다. 즉 좋은 취미는 그 본질상 확실한 취미다. 바꾸어 말하면 흔들리지 않고 다른 사람을 곁눈질하지 않으며, 근거를 탐색하지 않는 수용과 거부이다.

취미는 오히려 감각과 같은 것이다. 취미는 근거로부터 나온 지식을 우선적으로 사용하지 않는다. 만일 취미가 어떤 것을 부정적으로 평가하더라도 취미는 그 이유를 말할 수 없을 것이다. 그러나 취미는 가장 큰 확실성을 가지고 그것을 경험한다. 따라서 취미의 확실성은 몰취미를 방지하기 위한 안전판이다. 취미의 판별적 선택에서 우리가 이러한 부정적 현상[몰취미]에 특히 민감하다는 것은 매우 주목할 만하다. 부정적 현상에 대응되는 긍정적 현상은 취미가 풍부한 것이 아니라 취미에 거슬리지 않는 것이다. 취미가 평가하는 것은 무엇보다도 취미에 거슬리지 않는 것이다. 취미의 정의는, 취미가 취미를 거스르는 것에 의해 손상되며 손상을 줄 위험성이 있는 모든 것을 피하듯이, 취미에 거스르는 것을 피한다는 의미로 풀이된다. '나쁜 취미'라는 개념은 결코 '좋은 취미'에 근본적으로 반대되는 현상이 아니다. 좋은 취미의 반대는 오히려 '취미가 없는 것'이다. 좋은 취미는 이상하게 눈에 띄는 모든 것을 자연스럽게 피하는 감수성이어서 취미가 없는 사람에게는 그 반응이 전혀 이해되지 않는다.

취미와 아주 밀접하게 관련된 현상이 유행Mode이다. 유행에서는 취미의 개념이 함축하는 사회적 일반화의 계기가 유행을 규정하는 현실이 된다. 그러나 취미가 유행과 두드러지게 다르다는 사실을 통해 취미의 일반화는 전혀 다른 근거에 기초해 있으며, 단순한 경험적 일반성만을 의미하지는 않는다는 것이 분명해진다.(이것은 칸트에게는 중요한 요점이다.) 유행의 개념에는 이 말의 뜻대로 이미 전반적으로 지속되는 사회적 행태 내에서 변경 가능한 양태

modus가 중요하다는 의미가 들어 있다. 단순한 유행의 문제 자체는 모든 사람의 행위에 의해서 정립된 규범 이외에 어떤 다른 규범도 갖지 않는다. 유행은 달리 있을 수도 있는 것만을 임의로 규정한다. 유행에 있어서 실제로 구성적인 것은 경험적 일반화, 타인에 대한 고려, 비교, 그리고 자신을 일반적인 관점에 세우는 것이다. 따라서 유행은 우리가 벗어나기 어려운 사회적 의존성을 산출한다. 칸트가 유행에 반대하기보다는 유행을 따르는 바보가 되는 것이 더 낫다고 여긴다면,[64] 그는 전적으로 옳다. 비록 유행의 문제를 너무 진지하게 받아들이는 것이 확실히 어리석은 일이기는 하지만 말이다.

이에 비해 취미의 현상은 일종의 정신적 식별능력으로 규정될 수 있다. 취미 역시 그러한 공동성에서 활동하지만 그것에 종속되지 않는다. 반대로 좋은 취미는 유행에 의해서 대표되는 취미의 방향에 적응할 줄 알며, 또는 거꾸로 유행이 요구하는 것을 좋은 취미 자체에 적응시킬 줄 안다는 특징이 있다. 따라서 취미의 개념에는 유행에서도 절도를 지키며, 유행의 변화하는 요구를 맹목적으로 따르지 않고, 자신의 고유한 판단력을 작동시킨다는 의미가 들어 있다. 사람들은 자신의 '스타일'을 견지한다. 즉 사람들은 유행의 요구를 자신의 취미가 주시하는 전체에 관련시키고, 이 전체에 적합한 것만을, 전체와 조화를 이루는 방식만을 받아들인다.

이렇게 이러저러한 아름다운 것을 아름답게 인식하는 것뿐 아니라, 모든 아름다운 것이 적합해야 할 전체를 주시하는 것 또한 무엇보다 취미의 문제다.[65] 따라서 취미는 경험적 보편성, 즉 타인의 판단의 일반적 일치에 의존한다는 의미의 공동체적 감각은 아니다. 취미는 (칸트가 확정하듯이)[66] 모든 사람이 우리의 판단에 동의해야 한다고 말하는 것이 아니라, 그것과 조화를 이루어야 한다고 말한다. 따라서 유행이 나타내는 전횡에 비하여 확고한 취미는 특수한 자유와 우월성을 지킨다. 여기에 이상적 공동체에 대한 동의를 확실하게 구할 수 있는, 취미의 고유한, 즉 취미만이 지닌 독특한 규범의 힘이 들어 있다. 좋은 취미의 이념성은 이렇게 유행에 의한 취미의 규범화와는 대립되어 나타난다. 이로부터 취미가 무언가를 인식한다는 결론이 도출된다. 물론 취미가 실현되는 구체적인 정황으로부터 분리되지 않고, 규칙과 개념에 이르지 않는 방식으로 말이다.

취미가 고유한 인식방법을 나타낸다는 것이 바로 취미 개념이 지닌 원래의 폭을 형성한다. 취미는 반성적 판단력의 방식에서 개별자가 포섭되어야 하는 보편자를 개별자에서 파악하는 영역에 속한다. 취미는 판단력과 마찬가지로 개별자를 전체와의 관계에서, 개별자가 모든 다른 것들과 조화를 이루는지 또는 '적합한지'[67]를 평가한다. 사람들은 그러한 평가를 위해서 '감각Sinn'을 가져야 한다. 그러나 그것은 논증을 통해서 이루어지지는 않는다.

전체를 염두에 두는, 그러나 전체가 전체로서 주어지지 않거나 또는 목적 개념 속에 사유되는 곳에서는 어디서나 명백하게 그러한 감각이 필요하다. 이렇게 취미는 자신을 자연과 예술의 아름다움에 제한하지 않고, 아름다움을 장식적 성질에 따라 평가하면서 도덕과 예절의 전 영역을 포괄한다. 도덕 개념들 또한 전체로서 주어지거나 규범적으로 명확하게 규정되지 않는다. 법과 도덕의 규칙으로 삶에 철저한 질서를 세우는 것은 오히려 불완전한 것이고, 생산적인 보충이 필요하다. 구체적인 경우들을 바르게 평가하는 데는 판단력이 필요하다. 특히 법학에서 판단력의 이러한 기능이 나타난다. 법학에서는 '해석학'이 법을 보충하는 성과를 거두고 있는 것이다.

법에는 일반적 원칙의 바른 적용 이상의 것이 늘 문제가 된다. 법과 도덕에 관한 우리의 지식도 언제나 개별 사례에 의해 보충된다. 더 분명히 말하면 생산적으로 규정된다. 법관은 법을 단지 개별적인 경우에 적용할 뿐 아니라, 자신의 판결로 법의 발전('판례법')에 기여한다. 법과 마찬가지로 도덕도 개별적인 경우의 생산성에 힘입어 지속적으로 발전한다. 판단력이 아름다움과 숭고함을 평가하는 자연과 예술의 영역에서만 생산적인 것은 결코 아니다. 사람들은 칸트처럼,[68] 판단력의 생산성이 주로 자연과 예술에서 인정된다고 말할 수 없다. 오히려 자연과 예술의 아름다움은 인간의 도덕적 현실에까지 뻗어 있는 아름다움의 넓은 바다 전체에 의해서 보충되어야 한다.

우리들은 물론 순수 이론이성이나 실천이성을 사용하는 경우에 개별자를 주어진 보편자 아래 포섭하는 것(칸트의 규정적 판단력)에 관해 말할 수 있다. 그러나 사실은 그러한 포섭에도 미적 평가가 함께 들어 있다. 이것은 칸트의 경우 판단력을 날카롭게 하기 위해 실례實例의 이용을 인정한다는 점에서 간접적으로 승인되고 있다. 물론 칸트는 제한적으로 다음과 같은 말을 덧붙였다. "오성 통찰의 올바름과 정확성에 관한 한, 실례는 규칙의 조건을 제대로 만족시키는 일이 드물기 때문에(술어의 사례로서als casus in terminis) 일반적으로는 오성의 통찰에 지장을 준다."[69] 그러나 이러한 제한은, 실례로 기능하는 경우가 실제로는 이러한 규칙의 경우와 다르다는 점에서 그 단점이 명백하게 드러난다. 단순히 기술적 평가든 실천적 평가든 간에 규칙의 경우를 올바르게 다루는 것은 언제나 미적 계기를 포함한다. 따라서 칸트가 판단력 비판의 근거로 삼는 규정적 판단력과 반성적 판단력의 구별은 결코 절대적인 것이 아니다.[70]

언제나 문제는 논리적 판단력뿐 아니라 미적 판단력임이 명백하다. 판단력이 활동하는 개별적인 경우는 결코 하나의 단순한 경우가 아니다. 즉 개별적인 경우는 보편 법칙이나 개념을 특수화하는 것에서 그 의미가 다 드러나는 것이 아니다. 개별적인 경우는 언제나 하나의 '개체적 경우'이며, 그것은 규칙에 의해 파악되지 않기 때문에, 특수한 경우라고 특징적으로 부를 수 있다. 우리가 봉착하게 되는 행위의 상황이 우리에게 요구하는 것처럼, 구체적인 개별성에서 의미된 것Gemeintes에 대한 모든 판단은 엄밀히 말해서 특수한 경우에 관한 판단이다. 이것은 경우에 대한 평가가, 평가가 기준으로 삼는 보편자의 기준을 단순히 적용하는 것이 아니라, 그것을 함께 규정하고 보충하며 수정한다는 것을 의미한다. 이로부터 결국 모든 도덕적 결정은 취미를 요구한다는 결론이 나온다. 결정에서 가장 개별적인 선택이 모든 도덕적 결정을 규정하는 유일한 것이기 때문이 아니라, 그러한 결정의 불가결한 계기이기 때문이다. 올바른 것을 적중시키고 보편자, (칸트의 경우에는) 도덕법칙을 적용함에 있어서 이성 자신이 할 수 없는 훈육을 시키는 것은 실제로 논증될 수 없는 감지력의 성과이다. 취미는 확실히 도덕적 판단의 근거는 아니지만 그 최고의 완성이다. 옳지 않은 것이 취미에 거슬리는 사람은 선을 받아들이고 악을 버릴 확실성이 가장 높다. 그것은 음식을 선택하고 거부하는 활력 있는 감각의 확실성만큼 높은 것이다.

앞에서 암시한, 사회적 기능 및 사회를 결합시키는 기능을 지닌 취미 개념이 17세기에 등장한 것은 따라서 고대까지 소급하는 도덕철학과 연관성을 갖게 된다.

기독교에 의해서 규정된 도덕철학 내에서 작용하는 것은 인문주의적이며 결국에는 그리스적인 요소이다. 그리스의 윤리학—피타고라스와 플라톤의 절제 윤리학Maßethik, 아리스토텔레스가 창안해낸 중용Mesotes의 윤리학은 깊고 포괄적인 의미에서 좋은 취미의 윤리학이다.[71]

물론 이러한 주장은 생소하게 들릴 것이다. 우선 그것은 우리가 대체로 취미라는 개념에서 관념적인 규범적 요소를 간과하고 취미의 차이에 관한 상대주의적인 회의적 논의를 많이 들었기 때문이다. 그러나 무엇보다도 우리는 윤리학을 모든 미적 계기와 감정의 계기들로부터 순화시킨 칸트 도덕철학의 성과에 의해서 영향을 받는다. 만일 우리가 정신과학의 역사에서 칸트의 판단력 비판이 차지하는 역할을 살펴본다면, 칸트가 미학을 선험철학적으로 정초한 것은 두 가지 측면에서 성과가 컸으며 하나의 전환점을 이루었다고 말해야 할 것이다. 그것은 전통의 단절을 의미함과 동시에 새로운 발전의 시작이다. 취미의 선험철학적 정초는 취미의 개념을 판단력의 고유한 원리로서 자립적이며 독립적인 타당성을 요구할 수 있는 영역으로 제한시켰다. 그럼으로써 거꾸로 인식의 개념을 이론적이며 실천적인 이성 사용에 한정시켰다. 칸트를 이끌고 간 선험적 의도는 아름다움(그리고 숭고함)에 관한 판단의 제한된 현상에서 성취되었으며, 취미의 보다 보편적인 경험적 개념을, 그리고 법과 윤리의 영역에서 수행되는 미적 판단력의 활동을 철학의 중심에서 추방해버렸다.[72]

그것은 아무리 평가해도 지나치지 않은 중대한 의미를 지닌다. 왜냐하면 이로써 문헌학적이며 역사적인 연구가 그 안에서 살아왔으며, 이 연구들이 자연과학과 나란히 '정신과학'이라는 이름으로 방법적으로 정초되기를 원했을 때 오로지 그것으로부터 완전한 자기이해를 얻을 수 있었을 바로 그것을 상실했기 때문이다. 이제 칸트의 선험적인 문제설정에 의해, 문헌학적이며 역사적인 연구가 보존하고 탐구해왔던 전승이 지닌 고유한 진리 요구를 승인하는 길이 막혀버렸다. 이로써 정신과학의 방법적인 독자성은 그 정당성을 근본적으로 상실하게 되었다.

칸트가 자신의 입장에서 미적 판단력에 대한 비판을 통해 정당화하고자 했고 또 그렇게 한 것은 대상의 어떠한 인식도 없는 심미적 취미의 주관적 보편성이며, '순수예술Schöne Künste'*의 영역에서

* 예술art이라는 말은 라틴어 ars에서 유래했고, 이 라틴어는 희랍어 techne의 번역어였다. 그러나 techne와 ars는 모두 오늘날 우리가 사용하는 예술이라는 뜻보다는 기술에 가까운 의미를 갖고 있었다. 고대는 물론이고 르네상스 초기까지도 건축, 조각, 공예, 웅변술, 재단은 물론이고 군대를 지휘하는 기술과 토지를 측량하는 솜씨도 ars에 포함되어 있었다. 그러다가 1747년에 샤를 바퇴Charles Batteux가 회화, 조각, 음악, 시, 무용, 그리고 건축과 웅변을 하나로 묶어서 '아름다운 기술les beaux arts'이라고 부른 것이 일반화되면서 오늘날 우리가 사용하는 '순수예술'의 뜻이 되었다. 본문의 Schöne Kunst는 이러한 의미로 사용된 것으로서 순수예술 혹은 예술로 번역한다.

는 모든 규칙미학Regelästhetik을 넘어서는 천재의 우월성이었다. 그리하여 낭만주의적 해석학과 역사학은 오직 칸트의 미학에 의해서 타당하게 된 천재 개념에서 자기이해를 위한 실마리를 찾게 된다. 이것은 바로 칸트가 끼친 다른 측면의 영향이다. 미적 판단력의 선험적 정당화는 미적 의식의 자율성을 정초했으며, 이로부터 역사적 의식 또한 그 정당성을 이끌어내야 했다. 칸트가 수행한 미학의 새로운 정초가 포함하는 철저한 주관화는 참으로 획기적인 것이었다. 이러한 주관화는 자연과학의 인식을 제외한 모든 이론적 인식을 신뢰하지 않기 때문에 정신과학의 자기인식을 자연과학의 방법론에 의존하지 않을 수 없게 만들었다. 그러한 주관화는 '예술적 계기' '감정' '감정이입'을 부수적인 일로 취급함으로써 정신과학이 자연과학에 더 쉽게 의존하게 만들었다. 우리가 위에서[73] 다루었던 정신과학에 대한 헬름홀츠의 특징 서술은 양쪽 측면에서 칸트의 영향을 보여주는 좋은 예다.

정신과학의 그러한 자기이해가 충분하지 못함을 증명하고 정신과학의 더 적절한 가능성을 열고자 한다면, 우리는 미학의 문제를 경유하는 길을 가지 않으면 안 된다. 칸트가 미적 판단력에 부여했던 선험적 기능은 개념적 인식에 대한 경계설정, 따라서 아름다움과 예술의 현상을 규정하는 데 충분하다. 그러나 진리의 개념을 개념적 인식에 제한시켜도 좋은가? 예술작품이 진리를 가지고 있다고 인정해서는 안 되는가? 우리는 이러한 측면의 문제를 인정하는 것이 예술의 현상뿐 아니라, 역사의 현상에 대해서도 새로운 빛을 던지는 것임을 보게 될 것이다.[74]

2 칸트의 비판을 통한 미학의 주관화

1) 칸트의 취미론과 천재론

① 취미의 선험적 특성

칸트는 취미의 토대와 관련하여 경험적 보편성을 초월하는 경험독립적 계기를 발견하고 그 자신도 이를 일종의 정신적 경이로 느꼈다.[75] 『판단력 비판』은 이러한 통찰의 산물이다. 『판단력 비판』은 취미가 다른 사람에 의한 비판적 평가의 대상이라는 의미의 단순한 취미 비판이 결코 아니다. 그것은 비판의 비판이다. 다시 말해 그것은 취미의 대상 영역에서 수행되는 그런 비판적 태도가 정당한가에 대해 묻는다. 여기서는 널리 통용되는 취미를 정당화시키는 단순한 경험적 원리, 이를테면 취미의 상이성의 원인에 관해 흔히 제기되는 물음이 중요한 것이 아니다. 여기서 중요한 것은 비판의 가능성을 총괄적으로, 항상 정당화시켜주는 진정한 경험독립성이다. 이러한 경험독립성은 어떻게 가능한 것일까?

분명 미의 가치는 보편적 원리에서 추론되거나 증명될 수 없다. 취미의 문제가 논증이나 증명을 통해 결정될 수 없다는 사실은 아무도 의심하지 않는다. 마찬가지로 좋은 취미는 결코 현실적이고 경험적인 보편성을 지니지 않는다는 사실도 의심의 여지가 없다. 따라서 일반적으로 통용되는 취미에 의존하는 것은 취미의 고유한 본질을 인식하지 못하는 소치다. 일반적으로 통용되는 척도와 선택된 모범의 평균치에 맹목적으로 따른다거나, 단순히 이를 모방하는 것은 취미의 본래 개념에도 어긋난다는 사실을 우리는 이미 확인했다. 감성적 취미의 영역에서는 모범과 표본이 탁월한 기능을 발휘하지만, 칸트가 올바르게 지적한 대로 이 기능은 모방이 아니라 계승의 방식을 따른다.[76] 모범이나 실례는 취미가 나아갈 길을 인도해주기는 하지만, 취미 고유의 과제를 빼앗아가지는 않는다. "왜냐하면 취미는 그 자체의 고유 능력임에 틀림없기 때문이다."[77]

다른 한편으로 취미에서 미적 판단이 문제될 경우 개별적 선호가 결정을 내리는 것이 아니라, 초경험적 규범이 요구된다는 사실이 〔취미의〕 개념사적 개요를 통해 분명해졌다. 우리는 칸트가 미학을 취미 판단에 정초시킴에 있어서 〔취미 판단이라는〕 이 현상이 지닌 두 가지 측면, 즉 '경험적 비보편성'과 '보편성에 대한 경험독립적인 요구'를 충족시킨다고 인정할 수 있을 것이다.

그러나 칸트는 취미의 영역에서 이러한 비판을 정당화함으로써 취미에 그 어떤 인식 의미도 인정하지 않게 되었다. 그는 공통감각을 주관적 원리로 환원시킨다. 이 원리에서는 아름답다고 평가되는 대상들은 그 어떠한 것도 인식되지 않으며, 다만 주체가 느끼는 쾌감이 이들 대상과 경험독립적으로 상응한다고 주장될 뿐이다. 주지하다시피 칸트는 이 감정을 대상의 표상이 우리의 인식능력 일반에 대해 지니는 합목적성*에 정초시킨다. 대상에서 얻는 즐거움의 근거가 되는 것은 구상력과 오성의 자유로운 유희, 즉 인식 일반에

*칸트는 주체의 관심이나 의도에 따라서 어떤 대상이 산출되었을 때 주체의 의도와 합치하는 대상의 성질을 합목적성Zweckmäßigkeit이라고 부른다. 그러나 이러한 합목적성은 주체의 관심에 관련되어 있기 때문에 취미 판단의 토대가 될 수 없다. 따라서 칸트는 주체의 관심이나 선행하는 개념과 관련이 없는 합목적성을 목적 없는 목적성이라고 부르고, 여기에 취미를 정초시켰다. 이러한 합목적성(또는 합목적성의 형식이라고도 함)은 대상에 대한 지식이나, 주체의 특정한 욕구와는 관련이 없으며, 단지 일반적인 인식 기능(구상력과 오성)의 조화를 가져옴으로써 즐거움을 느끼게 한다.

상응하는 주관적 관계다. 이 합목적적인 주관적 관계는 사실 이념상 모든 사람에게 동일한 것이며, 따라서 보편적으로 전달 가능하고, 취미 판단이 보편타당성을 요구할 근거를 마련해준다.

이것이 칸트가 미적 판단력에서 발견한 원리다. 여기서 미적 판단력은 그 자체가 법칙이다. 따라서 취미의 대상들에 있어서의 단순한 감각 경험적 일치와 합리주의적인 규칙 보편성의 중간에 위치한 미의 경험독립적 작용이 문제가 된다. 〔취미와〕 '생의 감정'과의 관계를 취미의 유일한 토대라고 주장할 경우, 우리는 취미를 더이상 감성적 인식cognitio sensitiva이라고 부를 수 없게 된다. 취미에서는 대상에 관한 그 어떠한 것도 인식되지 않는다. 그러나 또한 감각적 쾌적함의 자극이 야기하는 것과 같은 그런 단순한 주관적 반응도 일어나지 않는다. 취미란 곧 '반성적 취미'를 뜻한다.

칸트는 이런 식으로 취미를 진정한 '공통감각'[78]이라고 부름으로써, 우리가 앞에서 기술했던, 공통감각의 개념이 지닌 도덕적이고 정치적인 위대한 전통을 더이상 고려하지 않는다. 그의 공통감각 개념에는 오히려 다음과 같은 두 가지 계기가 통합되어 있다. 첫째, 취미가 지닌 보편성이다. 여기서 취미가 보편성을 지니고 있다고 말하는 이유는 그것이 모든 인식능력의 자유로운 활동으로 생긴 결과이며, 외적 감각처럼 어떤 특수한 영역에 제한되지 않기 때문이다. 둘째는 취미가 공동성을 지닌다는 점이다. 칸트에 의하면, 취미는 자극이나 감동이 나타내는 것과 같은 주관적인 개인적 조건을 모두 배제한다. 이 '감각'〔공통감각〕의 보편성은 양 방향에서 결성적缺性的으로 규정된다. 즉 그것이 배제하는 것에 의해서 결성적으로 규정되며, 공통성의 근거를 마련하고 공동체를 이루는 것을 적극적으로 규정하지 않는다는 점에서 결성적으로 규정된다.

칸트도 취미와 사교성Geselligkeit 간의 오래된 관계는 여전히 인정하고 있으나, 다만 '취미의 방법론'이란 표제 아래 부록의 형식으로 '취미의 함양'을 다룰 뿐이다.[79] 여기서는 그리스인들이 모범으로 삼는 '인문적 교양humaniora'이 인류에게 적합한 사교성으로 규정되고 있으며, 도덕적 감정의 함양이야말로 진정한 취미가 변함없는 일정한 형식을 취할 수 있는 길이라고 일컬어진다.[80] 따라서 취미의 내용적 규정성은 그 선험적 기능의 영역에서 떨어져나오게 된다. 미적 판단력의 고유한 원리가 있는 한에서만 칸트는 관심을 기울이며, 그 때문에 그에게는 순수한 취미 판단만이 중요하다.

'취미의 분석론'이 미적 호감의 범례들을 극히 임의적으로 자연미나 장식미 또는 예술적 표현에서 취할 수 있다는 사실은 칸트의 선험적 의도에 부합된다. 마음에 드는 표상의 대상이 지닌 현존양식은 미적 평가의 본질 면에서 보면 전혀 중요한 것이 아니다. '미적 판단력 비판'은, 예술이 전적으로 이 판단력 비판의 대상임에도 불구하고, 예술의 철학이 되고자 하지는 않는다. '순수한 감성적 취미 판단'이란 개념은 자연과 예술의 구별을 왜곡하는 방법적 추상이다. 그 때문에 칸트의 미학을 좀더 상세히 검토해봄으로써, 특히 천재 개념에 토대를 둔 사람들의 〔칸트 미학의〕 예술철학적 해석을 그 본연의 자리로 옮겨놓을 필요가 있다. 이러한 목적을 위해 우리는 논란이 많지만 주목할 만한, 칸트의 자유미와 부속미에 관한 이론을 살펴보고자 한다.[81]

② 자유미와 부속미*에 관한 이론

칸트는 여기서〔『판단력 비판』, §16 이하〕'순수한' 취미 판단과 '지성화된' 취미 판단의 차이에 관해 논하는데, 이러한 차이는 '자유로운' 아름다움과 (어떤 개념에) '의존된' 아름다움의 상반성과 상응한다. 이

* 자유미freie Schönheit란 대상의 개념을 전제하지 않는 것이고, 부속미 anhängende Schönheit('부용미'라고도 부른다)는 이러한 개념을 전제로 한다. 칸트는 자유미의 사례로 여러 가지 꽃, 새, 그리고 조개 같은 것들을 들었다. 이에 비해서 남자의 아름다움, 전사戰士의 아름다움 같은 것은 (남자 혹은 전사로서의) 대상의 개념을 전제로 하기 때문에 부속미라고 부른다. 물론 하나의 대상, 예를 들어 꽃은 자유미이자 동시에 부속미가 될 수도 있다. 다시 말해 어떤 개념을 전제하지 않고도 아름답다고 느끼는 경우에는 자유미의 대상이 되지만, 식물학자가 특정한 꽃으로서 아름답다고 느끼는 경우에는 부속미의 대상도 되는 것이다.

것은 예술의 이해를 위해서는 매우 위태로운 이론이다. 왜냐하면 자유로운 자연미와—예술 영역에서의—장식Ornament이 그 '자체로서' 아름답다는 이유로 순수 취미 판단의 고유한 아름다움으로 나타나기 때문이다. 개념이 '함께 고려되는' 곳이라면 어디든—이것은 문학의 경우에서뿐 아니라 모든 표현 예술에도 해당되는데—그 사정은 칸트가 언급한 '의존된' 아름다움에 관한 사례의 경우와 같다. 칸트의 〔부속미에 관한〕 예들, 즉 인간, 동물, 건물은 자연의 사물들로서 인간의 목적에 따라 지배되는 세계에서 볼 수 있거나, 인간의 목적을 위해 만들어진 사물들이다. 이 모든 경우 목적의 규정은 감성적 호감의 제한을 의미한다. 따라서 칸트에 의하면, 문신과 같은 인체의 장식은 그것이 '직접적으로는' 마음에 들 수 있다고 하더라도 불쾌감을 불러일으킨다. 칸트는 여기서 결코 예술 그 자체에 관해(즉 단순히 '한 사물의 아름다운 표상'에 관해) 말하는 것이 아니라, (자연이나 건축술의) 아름다운 것들에 관해 말하고 있다.

그가 나중에 직접 다루는(『판단력 비판』, §48) 자연미와 예술미의 차이는 여기서 아무런 의미가 없다. 그러나 그가 자유미의 예들 중에서 꽃 이외에도 당초무늬 벽지와 ('주제 없는' 혹은 심지어 '노랫말 없는') 음악을 언급할 때, 이것은 '어떤 특정한 개념을 통해 대상'을 표상하며, 따라서 제한되고 예속된 미에 속하는 모든 것을 간접적으로 우회해서 표현한 것이다. 이를테면 문학과 조형예술, 건축의 전 영역 및 장식용 꽃처럼 아름다움 그 자체만을 목적으로 하지 않는 모든 자연물이 여기에 속한다. 이 모든 경우에 취미 판단은 흐려지고 제한을 받는다. 취미라는 척도가 단순한 전제 조건으로 격하되지 않은 채 '순수 취미 판단'*에 미학을 정초시킬 경

*'순수 취미 판단'은 객관적 합목적성에 기초하지 않는다. 객관적 합목적성은 외적으로는 유용성, 내적으로는 완전성의 개념을 갖고 있기 때문이다. 그러나 미의 이상은 그것이 이상Ideal인 한 완전성의 개념 아래에서 고찰되기 때문에 객관적 합목적성에 의해서 고정되어야 한다. 따라서 미의 이상은 개념이 적용된, 즉 지성화되거나 관심이 들어간 미다. 이에 비해 순수 취미 판단의 대상은 개념에 의해서 고정되는 것이 아니므로 모호하다.(『판단력 비판』, §17 참조)

우, 예술의 인정은 불가능할 것으로 보인다. 『판단력 비판』의 뒷부분에 천재 개념을 도입한 것은 이런 의미에서 이해될 수 있다. 그러나 이것은 나중에 이루어진 중점 이동일 것이다. 처음에는 그런 얘기가 전혀 나오지 않는다. 여기서(§16) 취미의 입장은 단순한 하나의 전제조건처럼 보이지 않는다. 오히려 그것〔순수 취미의 입장〕은 감성적 판단력의 본질을 다 드러낼 것을 요구하며, 또 이러한 감성적 판단력을 '지성'의 척도를 통해 제한하지 못하도록 보호해줄 것을 요구한다. 그리고 칸트가 비록 자유미와 부속미라는 상이한 두 관점에서 판단되는 것이 동일한 대상일 수 있다는 사실을 안다고 하더라도, 이상적 취미 판정자는 '감각에 근거해서' 판단하는 사람이지 '사유에 근거해서' 판단하는 사람은 아닌 것 같다. 〔만일 그렇게 된다면〕 본래적 아름다움은 목적이 지배하는 우리의 세계에서 애초부터, 그리고 그 자체로서 아름다움을 표현하는, 따라서 어떤 개념이나 목적을 의식적으로 도외시할 필요가 없는 꽃이나 장식의 아름다움일 것이다.

한편 좀더 자세히 살펴보면 그러한 견해는 칸트의 말에 들어맞지 않을 뿐 아니라 그가 이해하는 주제와도 일치하지 않는다. 이른바 취미에서 천재로의 칸트의 관점 이동은 이런 식으로 이루어지지 않는다. 우리는 뒤에 전개된 논지가 이미 처음에 은밀하게 준비되어 있음을 깨달아야 할 것이다. 인간에게 문신을 허용하지 않거나 교회에 특정한 장식을 허용하지 않는 제한행위는 칸트에 의해 비판을 받는 것이 아니라 오히려 요구되고 있다는 것은 의심의 여지가 없다. 따라서 칸트는 이렇듯 감성적 쾌감에서는 손해를 보지만, 도덕적 관점에서는 이득을 얻는다는 평가를 내린다. 자유미의 사례들은 결코 본래적 아름다움을 표현하는 것이 아니며, 다만 한 가지 점, 즉 호감 그 자체가 사물의 완전성에 대한 평가는 아니라는 점을 확인해줄 뿐이다. 칸트는 이 절의 마지막에 가서 아름다움을, 더 정확히 표현해서, 아름다운 것에 대한 태도를 그와 같은 두 종류로 구분함으로써 아름다움에 대한 취미 판정자들의 숱한 논쟁을 조정할 수 있다고 믿는다. 그러나 취미 논쟁의 이러한 조정 가능성은 오로지 두 관찰방식의 조정을 통해 생긴 결과적 현상일 뿐이다. 따라서 두 관찰방식은 사실상 일치되는 경우가 더 자주 나타나게 된다.

이러한 두 관찰방식의 일치는 '개념을 내다보는〔고려하는〕 것'* 이 구상력의 자유를 배제하지 않는 경우에는 언제나 가능하다. 또한 목적 규정과 아무 대립도 일어나지 않는다는 사실이 감성적 쾌감의 정당한 조건이 될 수 있다는 것을 칸트는 자체 모순 없이 주장할 수 있다. 그리고 그 자체로 〔독립적으로〕 존재하는 자유미를 별도로 취급하는 것이 인위적인 행위였듯이(〔왜냐하면〕 어차피 '취미'는 올바른 것이 선택될 때뿐 아니라, 적재적소에 선택되는 경우에 가장 잘 증명되는 것 같다), 우리는 순수한 취미 판단의 입장을 초월할 수 있을 뿐 아니라 또 초월해야 한다. 그리하여 다음과 같이 말할 수 있어야 한다. 즉 오성의 특정한 개념이 구상력을 통해 도식적으로 감각화될 경우에는 결코 미에 대해 말할 수 없고, 다만 구상력이 오성과 자유롭게 일치될 경우, 다시 말해 구상력이 생산적일 경우에만 미에 대해 언급할 수 있다. 나선형의 당초무늬를 대할 때처럼, 구상력이 전적으로 자유로울 경우에는 구상력을 생산적으로 형성하는 작용이 풍부하게 일어나지 않는다. 구상력의 장애물이 되지 않도록 오성의 통일 노력이 설정해주는 유희 공간에 구상력이 거처함으로써, 구상력의 유희가 촉진될 수 있을 때 구상력의 이러한 생산적 형성은 가장 풍요롭게 이루어진다.

③ 미의 이상에 관한 이론

앞의 마지막 논의들은 칸트의 텍스트를 상당 부분 앞질러가지만, 계속되는 사유과정(§17)은 이러한 해석이 옳다는 사실을 보여준다. 이 절의 중점을 어디에 두느냐 하는 문제는 물론 신중한 숙고를

*『판단력 비판』§48, 189쪽 참조.

거쳐야 비로소 분명해진다. 여기서는 미의 표준 이념이 상세히 언급되기는 하지만 정작 그것이 논지의 요점은 아니며, 취미에 의해 본질적으로 추구되는 미의 이상을 나타내지도 않는다. 미의 이상은 오히려 인간의 형체에서만 찾을 수 있다. 다시 말해 '윤리적인 것의 표현'에서만 찾을 수 있다. "윤리적인 것의 표현 없이는 대상이 보편적으로 호감을 불러일으킬 수 없을 것이다." 그러고 보면 미의 이상에 따라 평가한다는 것은, 칸트가 말하듯이, 취미의 단순한 판단을 의미하는 것은 아니다. 이 이론의 의미심장한 결과로서 다음과 같은 사실이 드러난다. 즉 어떤 것이 예술작품으로서 호감을 주려면 취미에 전적으로 부합하는 것만으로는 충분하지 않고 동시에 그 이상의 것을 지녀야 한다.[82]

그것은 사실상 놀라운 일이다. 〔§16에서는〕 아직도 본래적 아름다움을 목적 개념을 통해 규정하지는 않는 것처럼 보였다면, 여기서는 〔§17〕 그와 반대로 아름다운 주택이라든가 아름다운 나무, 아름다운 정원 등에 관해서 직접 언급되지만 이러한 것들로부터는 어떠한 이상도 표상될 수 없다는 것이다. "왜냐하면 이러한 목적들은 그 개념을 통해 불충분하게(내가 강조한 것이다) 규정되거나 확정되기 때문이다. 따라서 합목적성은 모호한vage* 아름다움〔즉 자유미〕의 경우처럼 거의 구속을 받지 않는다." 인간의 형체에만 미의 이상이 있다. 왜냐하면 이것만이 목적 개념에 의해 확정된 미를 가능케 하기 때문이다. 이 이론은 빙켈만Winckelmann과 레싱Lessing[83]에 의해 구축되었는데, 이것은 칸트 미학의 정초에서 핵심적 기능을 담당한다. 바로 이 논제에서 형식적 취미 미학(아라베스크 미학)이 칸트의 사상과 얼마나 동떨어져 있는가 하는 점이 드러난다.

미의 이상에 관한 이론은 표준 이념과 이성 이념 또는 미의 이상을 구분하는 데서 시작된다. 미의 표준 이념은 자연의 모든 종種에

* 여기서 '모호한'이란, 개념이 적용되지 않았다는 뜻이다.

서 나타난다. 아름다운 동물(예컨대 미론Myron*의 암소)이 어떤 모습을 하고 있는가 하는 것은 개별적 동물을 가늠하는 척도이다. 이 표준 이념은 "모든 단일한 개체들 사이에서 부동浮動하는 종에 대한 상像"으로서 말하자면 구상력의 개별적 직관이다. 그러나 이러한 표준 이념의 현시顯示는 그것이 아름답기 때문에 마음에 드는 것이 아니라, 단지 "이러한 종에 속하는 어떤 사물을 아름다울 수 있게 해주는 조건에 이 현시가 위배되지 않기 때문이다." 표준 이념의 현시는 미의 원형이 아니라, 다만 적정성適正性의 원형일 뿐이다.

이 점은 인간 형체의 표준 이념에도 적용된다. 그러나 인간의 형체에 있어서 미의 참된 이상은 '도덕적인 것의 표현'에 있다. '도덕적인 것의 표현'을 감성적 이념ästhetische Idee† 및 도덕성의 상징인 미에 관한—나중에 언급한—이론과 관련시켜 다루기로 하자. 그러면 미의 이상에 관한 이론과 더불어 예술의 본질을 논의할 장소도 마련된다는 사실을 깨닫게 될 것이다.[84] 여기서 이 이론은 빙켈만의 고전주의적 의미에서 예술이론적으로 적용되고 있음이 분명하다.[85] 칸트가 말하고자 하는 것은, 인간의 형체를 묘사할 경우 묘사된 대상과 이 묘사에서 우리에게 예술적으로 전달되는 내용이 분명 동일하다는 사실이다. 그러니까 이 묘사에는 묘사된 것의 형체

* 기원전 약 480~440. 그리스의 조각가. 청동상青銅像 작가로서 대표작은 〈원반 던지는 사람〉이다. 경기자의 상, 신상神像을 주로 다루었으며, 동물의 조각에도 탁월한 재능을 발휘했는데, 특히 비슷한 형상을 한 소의 조각 수천 점을 창작한 것으로 유명하다. 그의 작품은 원본으로 남아 있는 것이 없으며, 대체로 로마시대에 만든 모작들이 존재한다.

† ästhetische Idee는 흔히 '미적 이념'으로 번역되나, 이 용어는 이성 이념에 대립되는 것으로서 '감성적 이념'으로 번역되어야 한다. '감성적ästhetisch'이라는 말이 '이념'과 결합하는 것은 칸트 철학에서는 모순처럼 보인다. ästhetisch라는 말은 감성Sinnlichkeit에 속하는 것으로 대상의 직관에 관련되었다는 의미이고, 이념은 경험의 한계를 넘어서 있는 것을 뜻하기 때문이다. 이러한 문제에 대해서 칸트는 감성적 이념이란 '감각화된 이성 이념'이라고 설명한다. 『판단력 비판』 §49, 129쪽 이하 참조.

와 현상에서 이미 표현된 것 말고는 그 어떤 다른 내용도 존재하지 않는다. 칸트 식으로 말하면, 이렇게 묘사된 미의 이상에 대한 지성화되고 관심이 깃들인 쾌감은 감성적 만족과 어긋나는 것이 아니라 그것과 합치한다. 오직 인간의 형체를 묘사하는 경우에만 작품의 전 내용은 동시에 그 대상〔즉 인간〕의 표현으로 우리에게 전달된다.[86]

헤겔이 말한 것처럼 모든 예술의 본질 자체는 그것이 "인간을 그 자신에게 드러내준다"[87]는 데 있다. 인간의 형체뿐 아니라 자연의 다른 대상들도 예술적 묘사에서 도덕적 이념을 표현해낼 수 있다. 자연 경치에 대한 것이든 정물靜物nature morte에 대한 것이든 모든 예술적 묘사, 즉 자연을 영혼이 깃들인 것으로 보는 모든 관찰은 이러한 작용을 한다. 이 점에서 결국 칸트의 말이 맞기는 하나, 이 경우 도덕적인 것의 표현은 차용된 것이다. 이에 반해 인간은 본질로서 존재하기 때문에 그 자신의 존재에서 이 개념〔도덕적 이념〕을 표현한다. 좋지 못한 성장조건으로 인해 발육이 부진한 나무가 우리에게 가련하게 느껴질 수는 있다. 그러나 이 가련함은 스스로 가련하다고 느끼는 나무의 표현이 아니다. 나무의 이상理想에서 볼 때 발육부진은 '가련함'이 아니다. 이에 반해 가련한 인간은 인간의 도덕적 이상 그 자체에 비추어볼 때 가련하다.(그러나 가령 우리가 인간에게 전혀 타당하지 않은 인간적 이상을 그에게 강요하여 이 이상에 따라 그가 실은 가련하지도 않은데 우리에게 가련한 것으로 표현되는 경우는 여기에 포함되지 않는다.) 헤겔이 미학 강의에서 도덕적인 것의 표현을 '정신성의 현현Scheinen der Geistigkeit' 이라고 옮겨놓은 것을 보면 그는 이러한 점을 완전히 파악했다.[88]

'메마른trocken 쾌감'*을 추구하는 형식주의는 미학의 합리주의뿐 아니라 모든 보편적(우주론적) 미의 이론을 결정적으로 해체한다. 미의 표준 이념과 미의 이상을 고전주의적 방식으로 구분함으

*모든 자극과 관심이 배제된 순수한 감성적 쾌감을 일컫는 말.(『판단력 비판』, §14. 41쪽 참조)

로써 칸트는 완전성의 미학이 모든 존재자의 완성된 감각적 현시에서 유일한 아름다움을 찾게 되는 근거를 파괴한다. 이제 비로소 '예술'은 자율적 현상이 될 수 있다. 예술의 과제는 이제 자연의 이상을 묘사하는 데 있지 않고, 인간으로 하여금 자연과 인간적·역사적 세계에서 자신을 만나게 하는 데 있다. 따라서 아름다움은 개념 없이 쾌감을 준다는 사실에 대한 칸트의 증명은, 우리에게 의미를 던지는 아름다움만이 우리의 완전한 관심을 불러일으킨다는 사실을 전혀 방해하지 않는다. 취미의 무개념성에 대한 인식이야말로 우리로 하여금 단순한 취미의 미학을 넘어서게 한다.[89]

④ 자연과 예술에 있어서 미에 대한 관심

칸트가 미에 대하여 경험적이 아니라 경험독립적으로 갖게 되는 관심에 관해 묻는다면, 이 물음은 감성적 쾌감의 무관심성Interesselosigkeit에 관한 근본적인 규정에 비해 새로운 물음이며, 취미의 입장에서 천재의 입장으로 이행하고 있음을 의미한다. 같은 이론이 두 현상〔취미와 천재〕과의 연관 속에서 전개된다. 〔이 이론의〕 토대를 확고히 다질 때 중요한 것은 '취미의 비평'을 감각주의적sensualistisch이고 합리주의적인 편견에서 벗어나게 하는 일이다. 여기서 칸트가 감성적으로 판단된 것의 현존방식에 관한 물음(그리고 그와 더불어 자연미와 예술미의 관계에 관한 모든 문제 영역)을 아직 제기하지 않고 있는 것은 지극히 당연하다. 그러나 이러한 물음의 차원은 우리가 취미의 입장에 종지부를 찍을 때, 즉 우리가 우리 자신을 초월해서 생각할 때 필연적으로 열리게 된다.[90] 관심이 깃들인 미의 의미는 칸트의 미학이 원래 가지고 있는 심각한 문제점이다. 관심이 깃들인 미의 의미는 자연과 예술에 대해 각각 다른 의미를 지닌다. 그리하여 자연미와 예술미의 비교는 바로 〔미학의〕 문제들을 전개하는 작업이 되는 것이다.

여기에 칸트의 가장 독특한 점이 있다.[91] 우리가 혹시 그런 기대를 가질지 모르지만 칸트가 '무관심적 쾌감'을 넘어서서 미에 대한 관심에 관해 묻는다면 그것은 결코 예술 때문이 아니다. 우리는 앞서 미의 이상에 관한 이론으로부터 자연미에 대비되는 예술의 우월성을 추론해냈다. 이 우월성은 〔예술이〕 도덕적인 것의 보다 직접적인 표현 언어가 된다는 의미의 우월성이다. 그에 반해 칸트는 처음에는(§42) 예술미에 대한 자연미의 우월성을 강조한다. 자연미는 순수한 미적 판단에 있어서만 이 우월성을 지니는 것이 아니다. 좀 더 정확히 말하면 미는 우리의 인식능력 일반에 대해 표상된 사물의 합목적성에 근거한다. 이 점은 자연미에서 명료하게 드러난다. 왜냐하면 자연미는 그 어떤 내용적 의미도 지니고 있지 않으며, 따라서 취미 판단을 지성화되지 않은 순수성에서 보여주기 때문이다.

그러나 자연미가 이러한 방법적 우월성만 지닌 것은 아니다. 칸트에 의하면 자연미는 내용적 우월성 또한 지니고 있다. 칸트는 분명 그의 이론에서 이 점을 특별히 소중히 여긴다. 아름다운 자연은 직접적 관심, 즉 도덕적 관심을 불러일으킬 수 있다. 자연의 아름다운 형태를 아름답게 느끼는 것은, 한 걸음 더 나아가서 "자연이 그러한 아름다움을 창조해냈다"는 생각에 이르는 것이다. 이러한 생각이 관심을 불러일으키는 곳에서 도덕적 감정이 함양된다. 루소의 영향을 받은 칸트는 미 일반에 대한 취미의 섬세화로부터 도덕적 감정으로 소급하는 일반적 소급 추론을 거부하는 반면에 자연의 아름다움에 대한 감각은 달리 본다. 자연이 아름답다는 사실은 "도덕적으로 선한 것에 대한 자신의 관심을 이전에 이미 잘 다져놓은" 사람에게만 관심을 불러일으킨다. 따라서 자연의 아름다움에 대한 관심은 "도덕적" 관심과 "동질적"이다. 이 관심은 모든 관심으로부터 벗어난 우리의 쾌감과 자연의 무의도적 일치를 인지함으로써—따라서 우리에게는 자연의 경이로운 합목적성이 인지됨으로써—창조의 궁극적인 목적인 우리, 즉 우리의 '도덕적 규정'을 지시한다.

여기서 완전성 미학에 대한 거부는 자연미의 도덕적 의미와 매우 훌륭하게 결합된다. 우리는 자연에서 그 어떤 목적 자체도 만나지 않음에도 불구하고 아름다움을, 즉 쾌감의 목적에 부합되는 합목적성을 만나게 된다. 그로써 자연은 우리가 실제로 궁극적인 목적, 즉 창조의 최종 목적이라는 사실을 우리에게 '암시'해준다. 존재자의 총체적 구조에서 인간에게 자리를 마련해주고 모든 존재자에게 완전성의 목적을 부여한 고대 코스모스 사상의 해체는 절대적 목적의 질서로서 아름답게 존재하기를 멈춘 이 세계에 새로운 아름다움을 선사하는데, 이 아름다움은 합목적적으로 우리에게 존재한다. 이 아름다움은 '자연'이 되며, 이 자연의 순수는 자연이 인간과 그의 사회적 악덕을 전혀 알지 못한다는 데 근거한다. 그럼에도 불구하고 자연은 우리에게 무언가를 말해줄 수 있다. 인류의 지성적 규정의 이념에 비추어볼 때 자연은 아름다운 자연으로서 하나의 언어를 획득하는데, 이 언어가 자연을 우리에게 인도한다.

예술도 물론 그것이 우리에게 말을 건다는 점, 그리고 인간에게 그 자신을 도덕적으로 규정된 존재로서 표상시켜준다는 점에서 그 중요성을 찾을 수 있다. 예술 생산품들은 그런 식으로 우리에게 말을 걸기 위해 존재하는 데 반해, 자연의 대상들은 그런 식으로 말을 걸기 위해 존재하지 않는다. 그럼에도 불구하고 자연미의 중요한 관심은 그것이 우리의 도덕적 규정을 의식시켜줄 수 있다는 바로 거기에 있다. 예술은 인간의 이러한 자기 발견을 무의도적 현실〔즉, 자연〕에서는 매개해주지 못한다. 인간이 예술에서 그 자신을 만난다는 것은 그 자신의 타자로부터 이루어지는 확인이 아니다.[92]

이 말 자체가 그르다고는 할 수 없다. 칸트의 이러한 사유과정은 그 완결성이 매우 인상적이긴 하나, 예술 현상을 가늠하는 데 적합한 척도가 되지는 못한다. 우리는 이 문제를 다른 시각에서 접근해볼 수 있다. 예술미에 비해 자연미가 지니는 우월성은 특정한 진술이 결여된 자연미의 이면에 지나지 않는다. 따라서 우리는 반대로 자연미에 비해 예술이 지니는 우월성을 다음과 같은 점에서 찾을 수 있다. 즉 예술의 언어는 엄격한 언어로서 기분에 좌우되는 해석에 자신을 멋대로, 그리고 규정되지 않은 채 내맡기지 않고, 우리에게 의미심장하고 일정하게 말을 건다. 그럼에도 불구하고 이러한 일정한 요구가 우리의 감정을 구속하지 않으며, 우리의 인식능력 작용에서 자유의 유희 공간을 진정 올바르게 열어놓는다는 사실은 예술의 놀랍고 신비로운 점이다. 예술은 "자연으로서 관찰"[93]되어야 한다. 즉 드러내놓고 규칙을 강요함이 없이 마음에 들어야 한다고 말하는 칸트는 이 점을 단연 올바르게 인식하고 있다. 우리는 묘사된 것과 알려진 현실의 의도적 일치에는 관심이 없다. 묘사된 것이 누구와 비슷한가에 대해서는 눈여겨보지 않는다. 묘사된 것이 요구하는 의미를 이미 잘 알려진 척도에 따라 측정하지 않는다. 그와 반대로 이 척도, 즉 '개념'은 무한하게 '감성적으로 확대'된다.[94]

예술은 '사물의 아름다운 표상'이라는 칸트의 정의는 추한 것조차도 예술을 통한 묘사에서는 아름답다는 점을 고려하고 있다. 그럼에도 불구하고 예술의 본래적 본질은 자연미와의 대조에서는 잘 드러나지 않는다. 가령 어떤 사물의 개념을 그저 아름답게만 묘사한다면 그것은 다시금 '교과서에 충실한' 묘사에 지나지 않을 것이며, 모든 미의 필수 불가결한 조건을 충족시키는 일일 뿐이다. 바로 칸트에 의해서도 예술은 '사물의 아름다운 표상' 이상의 것이다. 예술은 미적 이념, 즉 모든 개념을 초월하는 그 어떤 것의 표현이다. 천재 개념은 칸트의 이러한 통찰을 표현하고자 한다.

예술가가 감성적 이념의 묘사를 통해, 주어진 개념을 무한히 확대하고 정신능력의 자유로운 유희를 활성화시킨다는 감성적 이념의 이론이 오늘날의 독자들에게 별로 환영받지 못한다는 것은 부정할 수 없는 사실이다. 왜냐하면 신성神性의 속성이 신성의 형체Gestalt에 부가되듯이 감성적 이념 또한 이미 통용되는 개념에 부가된 것처럼 보이기 때문이다. 이처럼 설명할 수 없는 감성적 표상보다 합리적 개념이 전통적으로 매우 우세하기 때문에, 칸트에게

서조차—오성이 아니라 구상력이 능력의 유희를 주도함에도 불구하고—감성적 이념보다 우월한 것처럼 보이는 개념의 잘못된 가상이 나타난다.[95] 이 밖에도 예술 이론가는, 칸트가 개념의 우위를 부득이 요구하지 않고서는 미의 구속력을 지켜주는 미의 불가사의Unbegreiflichkeit에 대한 그의 주된 통찰을 고수하기가 어렵다는 증거를 어렵지 않게 찾아낼 수 있을 것이다.

그러나 그의 사유 수행의 기본 노선은 그러한 결함을 지니고 있지 않을 뿐더러, 예술의 정초를 위한 천재 개념의 기능에서 그 정점을 이루는 논리 정연함이 깊은 인상을 준다. 이러한 '미적 이념의 표현능력'을 상세히 분석해보지 않아도, 칸트가 여기서 그의 선험철학적 문제제기로부터 이탈하거나 예술 창작의 심리학이라는 옆길로 빠져들지 않고 있음이 드러난다. 천재의 비합리성은 오히려 예술 창조자나 예술 향유자에게 두루 통용되는 생산적 규칙 창안의 한 계기를 마련해준다. 예술schöne Kunst의 경우, 작품의 일회적 형체에서만 그리고 그 어떤 언어로도 충분히 도달할 수 없는, 작품의 인상이 지닌 비밀에서만 작품의 내용을 파악할 수 있다. 따라서 천재 개념은 칸트가 감성적 취미에서 결정적인 것으로 간주하는 것, 즉 정신의 경쾌한 작용 및 생명감의 고양과 일치한다. 이 생명감의 고양은 구상력과 오성의 조화로 생겨나며, 우리를 아름다움 앞에 머무르게 한다. 천재는 이 활발한 정신의 완전한 현현顯現 양식이다. 고지식한 훈육의 경직된 규칙성에 비해 천재는 창안의 자유분방한 분출과 동시에 독창성의 표본을 보여준다.

⑤ 취미와 천재의 관계

이러한 사정에서 칸트가 취미와 천재의 상호관계를 어떻게 규정하는가 하는 문제가 제기된다. 칸트는 예술, 즉 천재의 기술Kunst des Genies도 미의 주도적 관점하에 있는 한, 취미의 원칙적 우위를 인정한다. 우리는 아마도 천재의 창안에 비해 취미를 통해 이루어지는 수정 작업은 볼품없다고 할 수도 있다. 그러나 취미는 천재에게 요구되는 필수적인 훈련이다. 이 점에서 갈등이 생길 경우, 칸트의 견해에 의하면 취미가 우위를 차지한다. 그러나 이는 결코 근본적으로 중요한 문제가 아니다. 왜냐하면 원칙적으로 취미는 천재와 동일한 바탕 위에 놓이기 때문이다. 천재 예술의 본질은 인식능력의 자유로운 유희를 전달해주는 데 있다. 이러한 작업은 천재가 창안해내는 미적 이념이 수행한다. 그러나 마음 상태, 즉 즐거움의 전달 가능성은 취미의 감성적 쾌감도 특징짓는다. 취미는 판단능력이다. 말하자면 취미는 반성의 취미다. 그러나 취미가 반성하는 대상은 단지 인식능력을 활성화하는 마음의 상태〔즉 즐거움〕로, 자연미에서뿐 아니라 예술미에서도 생긴다. 그에 반해 천재 개념의 체계적인 의미는 예술미라는 특수한 경우에 제한되며, 취미 개념의 작용 범위는 포괄적이다.

칸트가 천재 개념을 전적으로 그의 선험적 문제제기에 이용하는 한편, 경험심리학에 결코 빠져들지 않는다는 사실은 그가 천재 개념을 예술 창조에 국한시키는 것을 봐도 분명해진다. 그가 학문과 기술 분야의 위대한 발명가와 발견자에게 이 칭호〔천재〕를 붙여주지 않는 것은,[96] 경험심리학의 측면에서 보면 매우 부당하다. 학습과 방법적 작업만으로는 찾아낼 수 없는 '어떤 것에 직면할 수밖에 없는' 경우, 말하자면 창작inventio이 이루어지고 어떤 것이 방법적 계산이 아니라 영감에 기인하는 곳에서는 천부적 재능ingenium, 즉 천재가 관건이 된다. 그럼에도 불구하고 그 의미상 예술작품만이 천재를 통해 창조된다는 사실에 의해 규정된다는 칸트의 의도는 옳다. 예술가의 경우에 있어서만 그의 '창작물', 즉 작품이 그 본질상 창조하는 정신 및 판단하고 향유하는 정신과 연결된다. 이러한 창작물들만이 모방을 불허한다. 따라서 칸트가—선험적 입장에서 볼 때—예술가의 경우에만 천재를 거론하고 예술을 천재의 기술로 규정하는 것은 옳다. 다른 모든 방면의 독창적인 업적과 발명은 아무리 탁월한 독창성을 지녔다 하더라도 그 본질상 천재 개념을 통해 규정되지 않는다.

우리는 다음과 같은 사실을 확인하게 된다. 즉 칸트에게 천재 개념은 사실상 감성적 판단력에 대한 그의 관심을 '선험적 의도에서' 보완하는 것일 뿐이다. 또한 우리는 『판단력 비판』의 제2부가 전적으로 자연(그리고 목적 개념에 따른 자연에 대한 판단)을 다루고 있으며, 예술은 전혀 다루지 않는다는 것을 잊지 말아야 할 것이다. 따라서 전체의 체계적 의도를 위해서는 미적 판단력을 자연의 아름다움 및 숭고함에 적용시키는 일이 예술의 선험적 토대를 세우는 일보다 중요하다. 우리가 살펴본 바와 같이 (예술이 아닌) 자연미에서만 나타날 수 있는 '우리의 인식능력에 대한 자연의 합목적성'은 미적 판단력의 선험적 원칙임과 동시에 오성으로 하여금 목적 개념을 자연에 적용하도록 준비시키는 의미를 지닌다.[97] 따라서 취미의 비판, 즉 미학은 목적론에 대한 준비다. 『순수이성 비판』은 자연의 인식을 위해 목적론의 구성적 요구를 물리친 바 있는데, 바로 이러한 목적론을 판단력의 한 원리로 정당화하는 것이 칸트의 철학적 의도이다. 이러한 의도가 비로소 그의 철학 전반을 체계적으로 완결시킨다. 판단력은 오성과 이성 간의 교량 역할을 한다. 취미가 지시하는 예지계das Intelligible, 즉 인간의 초감각적 기체基體는 자연 개념과 자유 개념을 동시에 매개해준다.[98] 이것이 칸트에게는 자연미의 문제가 지니는 체계적 의미다. 자연미가 목적론의 중심적 위치를 정초한다. 예술이 아닌 자연미만이 자연의 평가를 위한 목적 개념의 정당화에 도움을 준다. 이러한 체계적인 근거로 인해 '순수' 취미 판단은 제3비판〔판단력 비판〕의 필수적인 토대가 된다.

그러나 감성적 판단력 비판에서도 천재의 입장이 취미의 입장을 끝내 몰아낸다고는 언급되어 있지 않다. 이 점은 칸트가 천재에 대해 다음과 같이 기술하는 것만 보아도 알 수 있다. 즉 천재는—마치 자연미가 자연의 은사恩賜로 생각되는 것과 유사하게—자연의 총아이다. 〔여기서는〕 예술이 자연으로 간주되고 있음에 틀림없다. 말하자면 자연이 천재를 통해 예술에게 규칙을 부여하는 것이다. 이 모든 어법[99]에서 자연 개념은 이론의 여지가 없는 척도가 된다.

따라서 천재 개념은 예술의 생산품을 자연미와 미적으로 동등한 위치에 놓는 작업을 수행할 뿐이다. 예술 또한 미적으로 관찰된다. 다시 말해 예술 또한 반성적 판단력의 한 사례이다. 의도적으로, 따라서 목적에 맞게 만들어졌으나 개념에 관계되지 않고, 자연미와 마찬가지로 단순한 평가에서 쾌감을 불러일으킨다. "예술은 천재의 기술이다"라는 말은 바로 다음과 같은 의미를 지닌다. 즉 예술의 아름다움에 대해서도 인식능력의 유희 속에 깃들인 자유의 감정을 위한 합목적성의 원리 외에는 다른 어떠한 판단 원리도 없으며, 개념과 인식의 어떠한 척도도 없다. 자연 혹은[100] 예술의 아름다움은 전적으로 주관성 속에 깃들인 동일한 경험독립적 원리의 지배를 받는다. 감성적 판단력의 자기 자율성Heautonomie은 아름다운 대상의 자율적인 타당성의 영역을 결코 정초하지 않는다. 판단력의 경험독립성에 대한 칸트의 선험적 반성은 감성적 판단의 요구를 정당화하기는 하지만, 그렇다고 예술철학적 의미에서 철학적 미학을 근본적으로 허용하지는 않는다.(여기서 어떠한 이설理說이나 형이상학도 결코 비판과 상응하지 않는다고 칸트 자신은 말한다.)[101]

2) 천재 미학과 체험 개념

① 천재 개념의 부각

감성적 판단력을 주관성의 경험독립성a priori에 정초하는 것은, 칸트의 후계자들에게서 선험철학적 반성의 의미가 변경되었을 때, 전적으로 새로운 의미를 획득하지 않을 수 없었다. 칸트에게서 자연미의 우위를 정초하고 천재 개념을 자연에 결부시킨 형이상학적 배경이 더이상 존속하지 않는다면, 예술의 문제는 새로운 의미에서 제기된다. 실러Shiller가 칸트의 『판단력 비판』을 수용하고, '미적 교육'의 사상을 위해 자신의 도덕적·교육적 열정을 다 쏟았던 방식은 취미와 판단력에 대한 칸트의 입장에 비해 예술의 입장을 부각시켜주었다.

예술의 입장에서 볼 때, 이제 칸트의 취미 개념과 천재 개념의 관계는 근본적으로 뒤바뀌게 된다. 즉 천재 개념이 보다 포괄적인 개념이 되고, 거꾸로 취미의 현상은 가치절하되지 않을 수 없었다.

칸트 자신에게도 그러한 가치전도의 연결 가능성이 없었던 것은 아니다. 칸트의 견해에 따라 보더라도 예술schöne Kunst은 천재의 솜씨Kunst des Genies라는 것이 취미의 평가 능력에 있어서 무관하지는 않다. 취미는 예술작품에 정신이 깃들어 있는지 없는지도 함께 평가한다. 칸트는 예술미에 관하여, "그와 같은 대상을 평가하는 경우에 역시 고려되어야 할"[102] 것은 예술미의 가능성, 곧 그 안에 깃들어 있는 천재성이라고 말한다. 그런가 하면 다른 곳에서는 아주 분명하게, 예술뿐 아니라 이것을 평가하는 특유의 올바른 취미 역시 천재성 없이는 불가능하다고 말한다.[103] 따라서 취미가 자신의 가장 고귀한 대상, 즉 아름다운 예술에서 작용하는 한, 취미의 입장은 저절로 천재의 입장으로 이행한다. 이해의 천재성이 창조의 천재성에 부응한다. 칸트는 이와 같이 표현하지 않지만, 그가 여기에서[104] 사용하는 정신이라는 개념은 이 두 경우〔창조와 이해〕에 같은 방식으로 통용된다. 이것은 나중에 전개될 내용의 기반이다.

예술 현상이 전면에 나타나면 취미 개념이 그 의미를 상실하게 된다는 것은 사실 명백하다. 취미의 입장은 예술작품에 대해서는 부차적이다. 취미의 본성인 선별력은 천재적 예술작품의 독창성에 비해서 종종 균일화의 기능을 지닌다. 즉 취미는 기이하고 엄청난 것을 피한다. 취미는 표층에 대한 감각이며, 예술적 창작물의 독창적인 것에 관여하지 않는다. 이미 10세기에 천재 개념의 대두를 통해 우리는 취미 개념에 대한 반론이 첨예화되고 있음을 보게 된다. 예를 들어 레싱과 같은 사람들이 프랑스 고전주의가 이상으로 삼는 취미에 대항해서 셰익스피어Shakespeare의 가치를 인정하기를 요구함으로써 천재 개념은 고전주의 미학에 대해 반기를 들었다. 취미 개념은 '질풍노도 시대'의 영향 아래에서 격렬하게 배척되었을 뿐 아니라, 또 격심하게 손상될 대로 손상되었다. 이러한 취미 개념을 칸트가 선험적 의도에서 붙잡고 놓지 않는 한, 그는 시류에 따르지 못하고 중재자적 지위를 지니게 된다.

그러나 칸트가 이 일반적 정초로부터 예술철학의 특수한 문제들로 이행할 경우에는 그 스스로 취미의 입장을 넘어선다. 그 경우에 그는 취미의 완성[105]이라는 이념에 대해 언급한다. 그러나 취미의 완성이란 무엇인가? 취미의 규범적 성격은 취미를 형성해서 완전하게 할 가능성을 포함한다. 그 기초 설립이 중요한 완성된 취미는 칸트에 의하면 일정한 불변의 형식을 취할 것이다. 이것은 비록 우리의 귀에는 허무맹랑하게 들린다 해도 아주 논리정연하게 사려된 것이다. 왜냐하면 취미가 그 요구에 따라 좋은 취미라면, 이 요구의 실현은 사실상 미적 회의주의가 근거하는 취미의 상대주의 전체를 종식시킬 것이 틀림없기 때문이다. 취미는 '양질'의 모든 예술작품들, 즉 천재성에 의해 생산된 모든 예술작품들을 아주 확실하게 포괄할 것이다.

이렇게 해서 우리는 칸트가 논의하는 완성된 취미의 이념이 실질적으로는 천재 개념을 통해 좀더 잘 정의되리라는 것을 알게 된다. 완성된 취미 이념 일반을 자연미의 영역에 적용하는 것은 분명 곤란할 것이다. 조경술造景術에서는 그러한 것이 통용될 수 있을지 모른다. 그러나 칸트는 조경술을 시종일관 예술미에 귀속시켰다.[106] 그러나 자연의 아름다움, 예를 들어 풍경의 아름다움에서는 완성된 취미의 이념이 전혀 적절하지 못하다. 완성된 취미의 본질은 자연의 모든 아름다운 것을 적절하게 평가하는 데 있는가? 여기에 어떤 선별이 있을 수 있는가? 여기에 어떤 서열이 있는가? 햇빛이 비치는 풍경이 빗속의 풍경보다 더 아름다운가? 도대체 자연에 추한 것이 있는가? 아니면 오로지 기분에 따라 매력적인 것이 변하고, 취미가 달라서 마음에 드는 것이 달라지는 것일까? 만일 칸트가 도대체 자연이 누군가의 마음에 들 수 있는가 없는가를 도덕적으로 중요하다고 생각한다면, 그는 아마도 옳을 것이다. 그러나 자연을 두고 좋은 취미와 나쁜 취미를 구별하는 것이 의미가 있는가? 반대로 그러한 구별이 아주 명백한 곳, 즉 예술과 인공적인 것의 경우에 취미는 알다시피 미를 제한하는 조건일 뿐이며 자신의 고유한 원리를 가지지 못한다. 따라서 자연과 예술에 있어서 완성된 취미의 이념이란 의심스러운 것이 되고 만다. 만일 우리가 취미에서 그 가변성을 허용하지 않는다면 우리는 취미의 개념을 왜곡하는 셈이 된다. 만일 취미가 어떤 의미를 지닌 것이라면, 그것은 모든 인간적인 것의 가변성과 모든 인간적 가치의 상대성에 대한 증거이다.

칸트가 미학을 취미 개념에서 정초하려는 것은 위의 사실에 미루어볼 때 전혀 만족스러울 수 없다. 칸트가 예술미의 선험적 원리로서 전개한 천재 개념을 보편적인 미적 원리로 이용하는 것이 훨씬 더 적절한 것 같다. 시대의 변화에 대해 불변적이어야 한다는 요구를 천재 개념이 취미 개념보다 훨씬 더 잘 충족시켜준다. 예술의 경이, 즉 성공적인 예술 창작물에 깃든 신비스러운 완전성은 모든 시대를 넘어서 나타난다. 취미 개념을 예술의 선험적 정초에 종속시키고, 취미를 예술의 천재적인 면에 대한 확실한 감각으로 이해하는 것은 가능한 것처럼 보인다. 그럴 경우에 "예술은 천재의 솜씨"라고 한 칸트의 명제는 미학 일반의 선험적 기본 명제가 된다. 미학은 결국 예술의 철학으로서만 가능하다.

이러한 귀결을 끌어낸 것은 독일 관념론이었다. 피히테Fichte와 셸링Schelling은 선험적 구상력에 관한 칸트의 이론을, 다른 곳에서와 마찬가지로 미학에서도 새롭게 사용했다. 이렇게 해서 칸트와는 달리 예술의 입장, 즉 무의식적인 천재적 창조의 입장은 포괄적인 것이 되었고, 또한 정신의 산물로 이해되는 자연을 포괄하게 되었다.[107]

그러나 이렇게 해서 미학의 기반에 변화가 왔다. 취미의 개념과 마찬가지로 자연미의 개념도 그 가치가 떨어지거나 달리 이해되었다. 칸트가 그렇게 열광적으로 서술했던, 자연의 아름다움에 대한 도덕적 관심은 이제 인간이 예술작품에서 자기 자신을 만난다는 것에 의해 뒤로 밀려난다. 헤겔의 웅대한 미학에서 자연미는 '정신의 반영'으로서만 나타난다. 자연미란 근본적으로 더이상 미학의 체계적 전체 안에서 자립적 계기가 되지 못한다.[108]

아름다운 자연은 해석하고 이해하는 정신에 명백히 비규정적으로 나타나며, 이러한 비규정성은 아름다운 자연이란 "본질상 정신 안에 포함되어 있다"[109]는 헤겔의 말을 정당화시켜준다. 미학적으로 볼 때, 여기서 헤겔은 전적으로 올바른 결론을 끌어내는데, 이는 앞에서 우리가 취미의 이념을 자연에 적용하는 것이 곤란하다고 언급했을 때 이미 시사한 바 있다. 풍경의 아름다움에 대한 판단이 한 시대의 예술적 취미에 의존함은 부인할 수 없다. 예를 들어 알프스의 풍경을 추하다고 묘사한 18세기의 서술을 생각해보자. 그것은 분명히 절대주의의 세기를 지배하는 인위적 대칭성對稱性의 정신이 반영된 것이다. 이와 같이 헤겔의 미학은 철저히 예술의 입장에 서 있다. 즉 예술에서 인간이 자기 자신을 만나게 되고, 정신이 정신을 만나게 된다는 것이다.

근대 미학의 발전에 결정적인 것은, 체계적인 철학 전체에서처럼 미학에서도 사변적 관념론이 인정받은 타당성을 훨씬 넘어서는 영향력을 행사했다는 사실이다. 주지하는 바와 같이 19세기 중엽 헤겔학파의 독단적 도식주의에 대한 기피 현상은 '칸트에게로 돌아가라'는 구호 아래 비판주의의 부활을 요구하는 데로 나아갔다. 그것은 미학에서도 마찬가지였다. 비록 헤겔이 그의 미학에서 세계관의 역사를 위해 예술에 부여했던 평가가 아무리 대단하다 하더라도, 헤겔학파(로젠크란츠Rosenkranz, 샤슬러Schasler 등)에서 많이 사용된 경험독립적 역사 구성의 방법은 급속히 신뢰를 잃었다. 그에 반대하여 제기된 '칸트로의 복귀'라는 요구는 그러나 실제적인 복귀를 의미하지는 않으며, 또 칸트의 비판서들을 포괄하는 지평의 재획득을 의미할 수는 없었다. 오히려 예술 현상과 천재 개념이 미학의 중심에 서게 되는 반면, 자연미의 문제와 취미 개념은 더욱더 가장자리에 놓이게 되었다

이러한 현상은 언어 사용에서도 나타난다. 칸트가 천재 개념을 예술가에 한정했다는 것은 이미 앞에서 다루었는데, 이제 그러한 한정은 통하지 않았다. 그와 반대로 19세기에는 천재 개념이 보편적인 가치 개념으로 부상하고, 창조적인 것이라는 개념과 하나가 되어 실제로 신격화되었다. 이러한 발전을 가져왔으며 쇼펜하우어Schopenhauer와 무의식의 철학을 통해 상당히 폭넓은 영향력을 가지게 된 것은, 무의식적 생산이라고 하는 낭만주의적·관념론적 개념이었다. 우리는 취미 개념에 비하여 천재 개념을 체계적으로 우위에 두는 것이 결코 칸트의 미학은 아니라는 것을 보여주었다. 칸트의 본질적인 관심사는 개념의 척도로부터 독립된 미학의 토대를 자율적으로 구축하는 것이었다. 진리에 관한 물음을 예술 일반의 영역에서 제기하는 것이 아니라, 미적 판단을 생生의 감정Lebensgefühl의 주관적 경험독립성, 즉 '인식 일반'에 대한 능력의 조화(이것은 취미와 천재의 공통된 본질이다) 위에 정초하려는 것이었다. 그의 이러한 관심사는 19세기의 비합리주의와 천재 숭배에 부합했다. 특히 피히테가 천재 및 천재적 생산의 관점을 보편적인 선험적 관점으로 고양시킨 후, 감성적 쾌감에서 생기는 '생의 감정의 고양高揚'에 관한 칸트의 이론은 '천재' 개념이 포괄적인 생의 개념으로 발전되는 것을 촉진시켰다. 그리하여 신칸트주의는 모든 대상의 타당성을 선험적 주관성으로부터 도출하려고 시도하면서, 체험의 개념을 의식의 본래적 사실로 특징지었다.[110]

② '체험'이라는 낱말의 역사에 관하여

놀랍게도 'Erlebnis(체험)'이라는 낱말은 독일어 문헌에서 'Erleben(체험함)'과는 달리 1870년대에 와서야 비로소 통용되었다.* 18세기에는 아직 '체험'이라는 말이 나타나지 않으며, 실러와 괴테 역시 이 말을 알지 못했다. 이 낱말에 대한 최초의 전거典據[111]는 헤겔의 편지[112]인 듯하다. 그러나 지금까지 내가 알기로는, 1830~40년대에도 이 낱말은 아주 산발적으로, 예를 들어 티크Tieck, 알렉시스Alexis와 구츠코브Gutzkow에게서 나타날 뿐이다. 이 낱말은 1850~60년대에도 드물게 나타나다가, 1870년대에 와서 갑자기 빈번하게 등장한다.[113] 이 낱말이 일반적인 언어 사용에 보편적으로 도입된 것은 전기傳記 문학에 사용된 것과 연관이 있다고 여겨진다.

여기서 문제가 되는 것은. 이미 오래전부터 사용되었고 괴테 시대에 많이 나타나는 'erleben(체험하다)'이라는 말에서 파생되어 이차적으로 형성된 Erlebnis이므로, 우리는 'erleben'의 의미를 분석하여 이 새로운 조어造語의 동기를 밝혀내야 한다. 'erleben'이란 우선 "어떤 무엇이 일어난다면, 아직 살아 있다noch am Leben sein, wenn etwas geschieht"는 것을 뜻한다. 이로부터 'erleben'은 어떤 현실적인 것이 포착되는 직접성의 어조를 지니게 된다. 이것은 우리가 안다고 생각은 하지만 자신의 체험을 통한 확증이 결여된 것, 말하자면 다른 사람에게서 받아들이거나 전문傳聞을 통해서 내려온 것, 추론, 추측 혹은 상상된 것들과는 반대가 된다. 체험된 것이란 항상 자기가 체험한 것das Selbsterlebte이다.

* 'Erlebnis'와 'Erleben' 사이에 어떤 고정된 경계를 짓기는 어렵다. 그러나 이 양자 사이의 구별을 시도한다면, 'Erleben'은 어떤 것을 직접적으로 파악하는 방식을 지칭하고, 'Erlebnis'는 파악된 내용의 측면을 지칭한다고 할 수 있다. 이러한 점을 고려해서, 'Erleben'을 '체험함'으로 번역한다. 그리고 곧이어 보게 될 'erirben'은 동사의 의미 그대로 '체험하다'로 번역한다. 그러나 'Erlebnis'와 'Erleben'이라는 두 측면이 하나의 통일성을 이룬다는 사실, 말하자면 여기서 '파악하는 것'과 '파악되는 것'이 의식 안에서 하나라는 사실에 유의해야 한다. 따라서 독일어에서 'Erlebnis'는 철학의 전문적 술어에서뿐 아니라 일상어에서도 위의 두 측면을 포함하는 말로 사용된다.

그러나 동시에 '체험된 것das Erlebte'이라는 표현 형식은 다음과 같은 의미에서 사용된다. 즉 〔지금〕 여기에서 체험되는 것의 고정된 내용은 바로 이 표현 형식을 통해서 표현된다는 것이다. 이 내용은 체험함의 일시적인 것으로부터 지속성, 무게와 함축성을 얻게 된 성과Errag 또는 결과Ergebnis와 같은 것이다. 다음과 같은 의미의 두 가지 방향이 명백히 'Erlebnis'라는 조어의 근간을 형성한다. 즉 하나는 모든 해석, 이론적 작업 혹은 매개에 선행해서, 오로지 해석의 발판과 구성의 소재를 제공해주는 직접성이며, 다른 하나는 이 직접성으로부터 확정된 성과, 즉 직접성의 고정된 결과이다.

전기 문학에서 'Erlebnis'라는 말이 처음으로 채용된다는 사실은 'erleben'이라는 말이 가지는 의미의 이중적 방향과 일치한다. 전기의 본질, 특히 19세기 예술가와 시인의 전기가 지닌 본질은, 생애를 통해 작품을 이해하려는 것이다. 전기의 성취는 우리가 '체험'에서 구별한 두 가지 의미 방향을 매개하거나 이 두 방향을 하나의 생산적 연관성으로 인식하는 데 있다. 무언가 체험되었다는 것은, 그것이 체험되었을 뿐 아니라 그 체험되었음이 자신에게 지속적인 의미를 부여하는 특별한 역점力點을 가졌을 경우이다. '체험'이 무엇인가 하는 문제는 이러한 방식으로 예술의 표현에서 전혀 새로운 존재의 지위를 획득한다. 딜타이의 유명한 책 『체험과 문학*Das Erlebnis und die Dichtung*』의 제목은 이러한 연관성을 인상 깊게 형식화해준다. 이 〔체험이라는〕 낱말에 처음으로 개념적 기능을 부여한 사람은 사실상 딜타이였다. 이 낱말은 곧바로 인기 있는 유행어로, 그리고 많은 유럽 언어들이 그것을 외래어로 수용할 만큼 명백한 가치 개념을 지닌 명칭으로 부상했다. 그러나 딜타이에게서 이 낱말이 보여주는 용어상의 강조점에는 언어 생활 자체에서 원래 일어난 것이 침전되어 있을 뿐이라고 가정해도 될 것이다.

그러나 '체험'이라는 낱말의 언어적이며 개념적인, 새로운 형성에 작용하는 동기들이 딜타이에게는 적절한 방식으로 분리될 수 있다. 『체험과 문학』이라는 표제는 나중에(1905년) 붙여진 것이다.* 딜타이는 1877년에 발표한, 이 책 안에 포함된 괴테에 관한 논문 초고에서 '체험'이라는 낱말을 이미 사용하고 있다. 그러나 나중에 용어적으로 고정된 개념의 의미는 전혀 보이지 않는다. 나중에 개념적으로 확정된 체험의 의미가 그 이전에는 어떤 형태였는지를 더 상세하게 연구하는 것은 가치 있는 일이다. 괴테 전기(그리고 이 전기에 대한 논문)에서 체험이라는 낱말이 갑자기 자주 보이는 것은 우연만은 아닌 듯하다. 괴테의 작품들은 그가 체험한 것으로부터 새롭게 이해될 수 있기 때문에, 다른 사람들과는 달리 우리를 이 낱말의 형성으로 유도한다. 그는 스스로 자신의 모든 작품이 중대한 고백의 성격을 띠고 있다고 말한 적이 있다.[114] 헤르만 그림Hermann Grimm은 그의 괴테 전기에서 이 명제를 마치 방법적 원리처럼 준수하여 'Erlebnisse(체험들)'이라는 말을 자주 사용한다.

딜타이의 괴테 논문은 1877년의 초고[115]와 나중에 개정되어 『체험과 문학』(1905)에 실은 판본이 있기 때문에 '체험'이라는 낱말이 아직 의식적으로 사용되지 않던 선행 역사를 돌아보게 해준다. 딜타이는 이 논문에서 괴테를 루소와 비교하며, 루소의 새로운 창작을 루소 자신의 내적 경험 세계로부터 기술하기 위해서 '체험함Erleben'이라는 표현을 사용했다. 즉 루소의 한 구절을 의역한 곳에서 "젊은 날의 체험들die Erlebnisse früherer Tage"[116]이라는 말이 발견된다.

그러나 초기 딜타이에게조차 체험이라는 낱말의 의미는 아직 어느 정도 불확실하다. 이러한 사실은 특히 딜타이가 나중에 나온 판版에서 체험이라는 낱말을 삭제해버린 다음 부분이 잘 보여준다. "그가 체험했으며, 세계에 대해 무지한 탓으로 체험이라고 뭉뚱그려 상상했던 것에 상응하여…."[117] 딜타이는 여기서 다시 루소에 관

* 딜타이는 문학사 연구에 관한 논문들을 묶어서 1905년 『체험과 문학』을 발간했다. 이 책은 그의 생전에 가장 주목을 끈 책이다.

해 언급한다. 그러나 뭉뚱그려 상상된 체험이란 'erleben' 이라는 낱말의 본래 의미에 꼭 들어맞지 않고, 또 체험이 바로 모든 공상적 구성의 궁극적인 소재가 되는 직접적인 소여所與를 의미하는, 딜타이의 후기 학문적 언어 사용에도 들어맞지 않는다.[118] 'Erlebnis' 라는 조어는 분명히 계몽 시대의 합리주의에 대한 비판을 불러일으켰는데, 이 비판은 루소로부터 출발해서 생生Leben의 개념을 강조했던 것이다. 'Erlebtsein(체험되어 있음)'을 척도로 도입함으로써 'Erlebnis'라는 조어를 가능하게 한 것은 아마도 독일 고전주의에 끼친 루소의 영향이었을 것이다.[119] 그러나 생의 개념은 또한 독일 관념론의 사변적 사유를 지탱해주는 형이상학적 배경을 이루며, 피히테와 헤겔뿐 아니라 슐라이어마허Schleiermacher에 있어서도 기본적인 역할을 한다. 오성의 추상화 및 감각이나 표상의 개별성에 반대해서 이 생의 개념은 전체성, 무한성과의 결합을 포함한다. 이러한 사실은 체험이라는 낱말이 오늘날까지 갖는 어조에서 명백하게 인지될 수 있다.

슐라이어마허가 계몽의 냉철한 합리주의에 반대하여 살아 있는 감정에 호소하고, 실러가 사회의 기계적 구조에 대항해서 미적인 자유를 환기시키며, 헤겔이 '실정성實定性Positivität'*에 생生(나중에 정신)을 대립시킨 것은 근대 산업사회에 대한 저항의 전조였다. 이 저항은 금세기 초에는 체험과 체험함이라는 말을 거의 종교적 어조를 띤 구호로 상승시켰다. 시민적 교양과 그 생활양식에 반대한 청년 운동의 저항은 이러한 기치 아래에 있었다. 니체와 베르그송의 영향은 이러한 방향으로 작용했다. 그뿐 아니라 슈테판 게오르게Stefan George를 중심으로 한 '정신적 운동', 특히 지진계와 같

*'실정성'이란 주체적 요소가 죽어버린 단순한 객체적인 것을 의미한다. '실정적'이라는 말은 행위, 도덕의 원천이 행위자의 외부에 있기 때문에 자유와 존엄성이 박탈되었다는 것을 뜻한다. 따라서 실정성은 헤겔의 경우 언제나 부정적인 의미를 갖는다. 독일어 Positivität는 원래 실증성實證性이라고 번역하지만 헤겔의 용어인 경우 '실정성'으로 번역한다.

은 섬세함—이것으로써 게오르크 짐멜Georg Simmel의 철학적 사유가 그러한 과정에 반응했다—은 역시 동일한 것을 증언해준다. 그리하여 우리 시대의 생철학生哲學은 낭만주의적 선구자들과 연계된다. 현대 대중사회에서 생의 기계화를 막으려는 입장은 체험이라는 낱말을 현재에도 여전히 너무나 당연하게 강조하므로, 그 낱말에 함축된 개념내용이 철저히 은폐되어 있다.[120]

이렇게 우리는 딜타이의 체험 개념의 형성을 그 낱말의 낭만주의적 선행 역사로부터 이해해야 할 것이며, 딜타이가 슐라이어마허의 전기 작가였다는 사실을 기억해야 할 것이다. 사실 우리는 슐라이어마허에게서 체험이라는 낱말, 심지어 '체험함'이라는 낱말조차 발견하지 못한다. 그러나 체험의 의미영역을 가지는 동의어가 없는 것은 아니고,[121] 여기에는 언제나 범신론적 배경이 뚜렷이 보인다. 모든 활동은 생의 한 계기로서 그 활동에서 드러나는 생의 무한성과 결부되어 있다. 유한한 모든 것은 무한한 것의 표현이며 서술이다.

실제로 딜타이가 슐라이어마허 전기에서 종교적 직관을 기술할 때 'Erlebnis'라는 낱말이 아주 적중하게 사용되는데, 그 낱말의 사용은 이미 그것이 가지는 개념상의 내용을 암시해준다. 즉 "그 자체로 존립하는 그〔슐라이어마허〕의 각각의 체험들은 설명하는 문맥에서 끄집어낸, 따로 분리된, 우주의 상像이다."[122]

③ 체험의 개념

체험이라는 낱말의 역사에 이어서 이제 '체험'의 개념사를 조사해 본다면, 우리는 앞에서 언급한 내용으로부터 다음의 사실을 끌어낼 수 있다. 즉 딜타이의 체험 개념은 범신론적 계기와 그보다 더한 실증주의적 계기, 다시 말해 체험과 그보다 더한 체험의 결과라는 두 계기를 포함하고 있음이 명백하다. 이것은 확실히 우연이 아니라, 그 자신의 입장이 사변철학과 경험주의의 중간에 위치하게 된 결과인데, 이에 대해서는 나중에 고찰할 것이다. 딜타이에게는 정신과학의 연구과제를 인식론적으로 정당화하는 것이 중요하기 때문에, 도처에서 그를 지배하는 것은 참된 소여라고 하는 동기다. 딜타이의 개념 형성에 동기를 부여하고, 이미 우리가 추적한 체험이라는 낱말의 언어적 발전과정에 일치하는 것은 인식론적 동기, 또는 더 적절히 표현하자면, 인식론 그 자체의 동기다. 산업혁명을 통해 변모된 문명의 복잡한 기구에 시달린 나머지 체험의 결핍과 체험의 갈망이 '체험'이라는 낱말을 일반적인 언어사용에서 부상시키듯이, 역사적 의식이 전승傳承에 대해 취하는 새로운 거리는 체험의 개념에 인식론적 기능을 부여한다. 19세기 정신과학의 발전이 지닌 특성은 외면적으로 자연과학을 모범으로 인정할 뿐 아니라, 근대 자연과학과 동일한 존립 근거로부터 출발해서 경험과 연구에 대해 자연과학이 지녔던 것과 동일한 열정을 발휘한다는 것이다. 기계론의 시대가 자연적 세계로서 자연에 대해 느껴야 했던 이질성이 자기의식Selbstbewußtsein의 개념에서, 그리고 하나의 방법으로 전개된 '명석하고 판명한 지각'이라는 확실성의 규칙 개념에서 인식론적으로 표현되었다면, 19세기의 정신과학은 역사적 세계에 대해서 이와 유사한 이질성을 느꼈다. 즉 과거의 정신적 창조물인 예술과 역사는 더 이상 현재의 자명한 내용에 속하는 것이 아니라, 연구에 부과된 대상이며 과거가 현재화될 수 있는 소여이다. 소여의 개념은 이렇게 딜타이의 체험 개념 형성에도 영향을 미쳤다.

정신과학의 영역에서 소여는 독특한 성격을 지닌다. 딜타이는 이를 '체험' 개념을 통해 표현하려고 한다. 데카르트의 사유하는 존재res cogitans라는 표현과 연계해서, 그는 체험 개념을 〔자기의식으로의〕 재귀성再歸性Reflexivität, 곧 내재적 의식화Innesein*를 통해 규정하며,

*체험은 마치 지각된 사물이나 표상된 사물처럼 나에게 대립해 있는 것이 아니다. 달리 표현하자면, 체험은 나무나 돌의 경우처럼 파악하는 주체에게 하나의 객체로서 마주 서 있는 것이 아니다. 오히려 나는 체험을 나 자신에게

이 독특한 소여 방식으로부터 역사적 세계의 인식을 인식론적으로 정당화하려고 한다. 역사적 대상의 해석이 소급하는 일차적 소여는 실험과 측정의 데이터가 아니라, 의미의 통일체다. 체험의 개념이 말하고자 하는 것은 이러하다. 즉 우리가 정신과학에서 만나게 되는 의미 형성체는, 아무리 낯설고 불명료하게 우리와 대립한다 해도 의식 내의 소여라는 궁극적인 통일체로 환원될 수 있고, 이 통일체란 이제 그 자체로 더이상 낯선 것도, 대립해 있는 것도, 또 더이상 해석을 필요로 하는 것도 아니라는 것이다. 체험의 통일체는 그 자체가 의미의 통일체다.

칸트주의 철학에서, 그리고 에른스트 마흐Ernst Mach에 이르는 19세기의 실증주의적 인식론에서 자명하게 인식의 궁극적인 단위로 보았던 감각sensation 대신, 딜타이가 '체험'을 언급한다는 점이 그의 사유에서 얼마나 중요한 의미를 지니는가를 우리는 보게 될 것이다. 이로써 딜타이는 감각의 원자들로부터 인식을 구축하는 구성적 이상理想을 제한하고, 이러한 이상에 대항해서 소여라는 보다 엄밀한 개념의 틀을 제시한다. 소여의 참된 통일성이란 (분석될 수 있는 심적 요소들이 아니라) 체험의 통일성을 말한다. 그리하여 기계론적 모델을 제한하는 생의 개념이 정신과학의 인식론에 등장한다.

이 생의 개념은 목적론적으로 고려되고 있다. 즉 딜타이에게 있어서 생은 생산성 그 자체다. 생이 의미 형성체에서 객관화되기 때문에 의미에 대한 모든 이해란 "생의 객관화를, 이것이 유래하게 된 정신적 생동성으로 다시 옮기는 작업"이다. 따라서 체험의 개념은 객관적인 것에 대한 모든 인식의 인식론적 기반이 된다.

속하는 것으로서 직접적으로 가지고 있다. 체험과 이 체험 안에서 나에게 현전하는 것, 이 두 측면은 나에게 있어서 구분되고 분리될 수 있는 것이 아니다. 구분과 분리는 이미 주체와 객체의 분열을 전제한다. 이러한 분열을 전제하는 파악 방식들, 예컨대 지각, 표상과 구별해서 딜타이는 체험의 영역에서의 인지, 각지, 의식적 앎 등등의 파악 방식을 'Innesein(의식하다)' 'Innewerden(의식하게 되다)' 'Gewahren(인지·각지하다)'으로 표현한다.

후설의 현상학에서 체험 개념이 가지는 인식론적 기능도 마찬가지로 보편적이다. 『논리 연구』의 제5연구(제2장)에서 현상학의 체험 개념은 통속적인 체험 개념과 명확하게 구별된다. 체험 통일체는 자아의 실재적 체험류體驗流의 한 부분이 아니라 지향적 관계로 이해된다. '체험'이라는 의미 통일체는 여기서도 목적론적 의미 통일체다. 후설은 비지향적 체험도 인정하나 이것은 소재적 계기로서 지향적 체험의 의미 통일체에 포함되어 있다.* 이 점에서 후설의 체험 개념은 그 본질이 지향성인 의식의 모든 행위를 지칭하는 포괄적 명칭이다.[123]

이와 같이 딜타이와 후설에서, 즉 생철학이나 현상학에서 체험 개념은 순전히 인식론적 개념으로 나타난다. 그들에게 이 체험 개념은 목적론적 의미에서 사용되며 개념적으로 규정된 것이 아니다. 체험에서 명백히 표명되는 것이 생이라는 것은 우리가 되돌아갈 궁극적인 것이 생이라는 것을 말하려고 할 뿐이다. 이 〔체험이라는〕 개념의 형성이 〔체험의〕 수행작용에서 비롯되는 것에 대해서는 이 낱말의 역사가 어느 정도 정당한 근거를 제공했다. 왜냐하면 우리는 '체험'이라는 조어가 압축하고 강화하는 어떤 의미를 가지고 있다는 것을 보았기 때문이다. 만일 어떤 것이 체험이라고 불리거나 혹은 체험으로 가치 있다고 인정된다면, 그것은 그 자체의 의미를 통해서 의미 전체의 통일체와 결합되어 있는 것이다. 체험으로 여겨

*후설이 '모든 체험은 지향적 체험'이라고 말하는 것은 체험은 그 본질상 '어떤 무엇에 관한 의식Bewußtsein von etwas'이라는 의미다. 체험은 '어떤 무엇 Etwas'에 지향적으로 관계되어 있다. 그런데 모든 지향적 체험은 그 자체에 이미 두 가지 구성요소를 가지고 있다. 하나는 '감각적 질료'이고 다른 하나는 '지향적 형식'이다. 전자는 감각 재료를 포괄하는 감성적인 층이며, 이 체험은 '어떤 무엇에 관한 의식'이 아니라는 점에서 지향성이 없는 체험이다. 이에 반해 지향적 형식은 의미 부여를 본질적으로 내포하는, 의미를 부여하는 층을 말한다. 체험 의식의 본질이 의미를 부여하는 기능에 있다고 한다면 그 본질은 바로 이 지향적 형식의 층에 있다. 이때 지향성을 지니고 있지 않은 감성적 질료는 의미를 부여하는 층에 대해 없어서는 안 될 감성적 재료로 기능한다.

지는 것은, 아무것도 체험되지 않는 그 밖의 생의 경과와 구별되는 것과 마찬가지로, 다른 것이 체험되는 다른 체험들과 뚜렷이 구별된다. 체험으로 여겨지는 것은 이제 더이상 의식의 삶의 흐름 안에서 단지 덧없이 흘러지나가는 것이 아니다. 그것은 통일체로서 사념되고, 그렇게 하여 하나가 되는 새로운 방식을 획득한다. 이 점에서 체험이라는 낱말이 전기 문학에서 나타나고, 결국 자서전적인 용법에서 유래한다는 사실이 충분히 이해된다. 체험이라고 불릴 수 있는 것은 회상 속에서 구성된다. 이로써 우리가 말하려는 것은 체험을 한 사람에게는 어떤 경험이 지속적인 내용으로서 소유하고 있는 의미 내용이다. 바로 이것이 지향적 체험에 관한, 그리고 의식이 갖는 목적론적 구조에 관한 언급을 정당화해준다. 그러나 다른 한편, 체험 개념은 개념에 대한 생의 대립 또한 포함한다. 체험은 확실한 직접성을 지니고 있으며, 이러한 직접성은 체험의 의미에 대한 모든 사념 작용에서 벗어난다. 체험된 모든 것은 자기가 체험한 것Selbsterlebtes이며, 체험된 것의 의미에는 다음의 사실이 포함되어 있다. 즉 체험된 것은 바로 이 자기Selbst의 통일체에 속하며, 따라서 이 하나의 생 전체와 뒤바꿀 수 없고 대체할 수 없는 관계를 맺고 있다는 사실이다. 이 점에서 체험된 것은 그것에 의해 매개될 수 있고, 또 그것의 의미로 확정될 수 있는 것에서는 본질적으로 드러나지 않는다. 자서전적 혹은 전기적 반성에서 체험된 것의 의미 내용이 규정되는데, 이때 이러한 반성은 생의 운동 전체 속으로 용해되어, 끊임없이 생의 운동을 동반한다. 우리가 체험을 마음대로 할 수 없을 정도로 규정력이 있다는 것이 바로 체험의 존재방식이다. 니체는 말한다. "심원한 인간에게는 모든 체험이 오랫동안 지속된다."[124] 이로써 그가 말하고자 하는 바는, 체험들이란 빨리 망각되지 않는다는 것이다. 체험의 형성과정은 긴 과정이다. 체험의 본래 존재와 의미는 바로 여기에 있으며, 원천적으로 경험된 내용 그 자체에만 있는 것이 아니다. 그러므로 우리가 강조하여 체험이라고 부르는 것은 망각할 수 없고 대체할 수 없는 어떤 것을 뜻하는데, 이러한 것은 체험의 의미에 대한 개념적 규정의 관점에서 보면 원칙적으로 무진장하다.[125]

철학적으로 볼 때, 우리가 체험 개념에서 제시한 양면성은, 이 개념이 모든 인식의 궁극적인 소여이며 토대라는, 체험에 부과된 역할로서는 다 설명되지 않는다는 것을 의미한다. '체험'이라는 개념에는 인정을 요구하며 해결되지 않는 문제 영역을 보여주는, 전적으로 다른 어떤 것이 아직도 있는데, 그것은 생에 대한 체험의 내적 관계이다.[126]

특히 생과 체험의 연관성에 관계되는 보다 넓은 범위의 주제를 제기한 두 개의 단초가 있었다. 우리는 나중에 딜타이, 특히 후설이 이 당면한 문제 영역에 어떻게 빠져드는가를 고찰할 것이다. 그 첫째 단초는, 모든 영혼 실체설에 대한 칸트의 비판, 이 실체설과 구별되는 자기의식의 선험적 통일성, 통각統覺의 종합적 통일성 등이 지니는 근본적 의미이다. 합리주의적 심리학에 대한 이러한 비판에 이어 비판적 방법에 의한 심리학 이념이 나타나는데, 파울 나토르프Paul Natorp[127]가 이미 1888년에 이것을 시도했으며, 그후에 리하르트 회니히스발트Richard Hönigswald가 이 이념에 사유 심리학 개념을 기초지었다.[128] 나토르프는 체험함Erleben의 직접성을 나타내는 의식성Bewußtheit의 개념을 통해 비판적 심리학의 대상을 특징짓고, 재구성적 심리학의 연구방법으로서 보편적 주관화의 방법을 발전시켰다. 후에 나토르프는 동시대의 심리학 연구 개념 형성에 대한 상세한 비판을 통해 자신의 근본적 단초를 뒷받침하고 또 계속 발전시켰다. 그러나 원체험原體驗Urerlebnis의 구체성, 즉 의식의 전체성이란 분리되지 않은 어떤 통일성을 의미하고, 이 통일성은 인식의 객관화 방법을 통해서 비로소 분절화되고 규정된다는 그의 근본 사상은 이미 1888년에 확립되었다. "그러나 의식은 삶, 즉 일관된 상호관계를 의미한다." 이것은 특히 의식과 시간의 관계에서 나타난다.

"의식이 시간 안에서 경과하는 것으로서 주어져 있는 것이 아니라, 시간이 의식의 형식으로서 주어져 있다."[129]

나토르프가 이와 같이 당시의 지배적인 심리학에 맞섰던 1888년에 앙리 베르그송의 첫 저서인 『의식에 직접적으로 주어진 것에 관한 시론試論*Essai sur les données immédiates de la conscience*』이 출간되었다. 이 저서는 당시의 정신 물리학에 대한 비판적인 공격으로서, 나토르프와 마찬가지로 심리학의 개념 형성을 객관화하고 특히 공간화하는 경향에 반대하여 생의 개념을 단호하게 보여준 것이었다. 이 저서에는 '의식'과 그 분할될 수 없는 구체성에 관해 나토르프와 매우 유사한 진술들이 보인다. 베르그송은 이를 위해 심적인 것의 절대적 연속성을 나타내는 지속durée이라는 유명한 표현을 만들어 냈다. 베르그송은 이 절대적 연속성을 유기화organisation로 파악한다. 즉 그는 그것을 살아 있는 것의 존재방식(살아 있는 존재être vivant)으로부터 규정하며, 이 살아 있는 것 안에서 개개의 요소는 '전체를 대표représentatif du tout'한다. 의식 안에 있는 모든 요소들이 내적으로 관통하는 현상을 그는 멜로디를 들을 때 모든 음이 관통하는 방식과 비교한다. 베르그송에게도 그가 객관화하는 과학에 대항해서 옹호하려는 것은 생生 개념의 반反데카르트주의적 계기다.[130]

여기에서 생이란 무엇인가, 그리고 생의 그 무엇이 체험의 개념에 작용하는가에 대해 보다 정확한 규정을 검토해보면, 생과 체험의 관계가 보편과 특수의 관계가 아니라는 사실이 나타난다. 그 지향적 내용을 통해 규정되는 체험의 통일성은 오히려 생의 전체, 즉 생의 총체성과 직접적인 관계에 있다. 베르그송은 전체의 대표représentation에 관해 언급하고 있으며, 마찬가지로 나토르프가 사용한 상호관계라는 개념은 여기에서 나타나는 부분과 전체의 '유기적' 관계에 대한 표현이다. 이러한 측면에서 생의 개념을 "생이 자기 자신을 넘어서 나아가는 것"〔생의 자기 초월〕[131]으로 분석한 사람은 특히 게오르크 짐멜이었다.

순간적 체험에서 전체를 대표한다는 것은 명백히 체험이 그 대상을 통해 규정된다는 사실을 훨씬 넘어선다. 슐라이어마허의 말에 따르면, 모든 개개의 체험은 "무한한 생의 한 계기"[132]다. '체험'이라는 낱말을 유행어로 등장시키는 데 이바지했을 뿐 아니라 거기에 대해 상당한 책임이 있는 게오르크 짐멜은 체험이라는 개념의 탁월한 점을 바로 다음의 사실에서 본다. 즉 〔체험에서〕 "객체는 인식하는 경우에서와 같이 상像 Bild과 표상이 될 뿐 아니라, 생의 과정 자체의 계기가 된다"[133]는 것이다. 그는 모든 개개의 체험은 어느 정도 모험의 특성을 가진다고 시사하기도 한다.[134] 그러나 모험이란 무엇인가? 모험은 결코 에피소드만은 아니다. 에피소드들은 어떠한 내적 연관성도 없고 다만 에피소드일 뿐이기 때문에 어떠한 지속적인 의미도 없는, 나란히 열지어 놓은 개체들이다. 그 반면에 모험은 사실 〔에피소드와〕 마찬가지로 사물의 일상적 진행을 중단시키지만, 그러나 자신이 중단시킨 연관성에 적극적으로 의미심장하게 관여한다. 이렇게 모험은 생 전체를 넓고 강하게 느낄 수 있게 해준다. 여기에 모험의 매력이 있다. 모험은 일상적 삶이 얽매여 있는 제약과 구속을 떨쳐버린다. 모험은 불확실한 것에 용감하게 도전한다.

그러나 동시에 모험은 그 자체에 고유한 예외적 성격을 잘 알고 있으며, 자신이 그 안으로 흡수될 수 없는 일상적인 것으로의 복귀에 계속 관련되어 있다. 그 때문에 모험은 우리가 풍부하고 성숙해져 헤쳐나오게 되는 일종의 시련처럼, 그리고 시험으로서 '통과된다.'

사실 모든 체험에는 모험적인 요소가 있다. 개개의 체험은 생의 연속성에서 돌출해서 나타나며, 동시에 고유한 생 전체에 관계된다. 체험은 고유한 생의 의식Lobensbewußtsein의 연관성에 아직 완전히 통합되지 않은 한에서만 체험으로서 살아 있다는 것만이 아니다. 또한 체험이 자신의 〔통합〕 작업을 통해 생의 의식 전체에서 '지양되는' 방식도, 우리 스스로 알고 있다고 생각하는, 모든 개개의 〔체험의〕 '의미'를 기본적으로 초월한다. 체험 그 자체가 생의 전체 안에 있으며 동시에 전체는 또한 체험 안에 현전한다.

'체험'에 대한 우리의 개념적 분석의 마지막에서, 체험 일반의 구조와 미적인 것의 존재양식 사이에 어떠한 근친 관계가 있는지가 명백해진다. 미적 체험은 다른 체험들과 나란히 있는 일종의 체험일 뿐 아니라, 체험 일반의 본질적 양식을 대표한다. 예술작품 그 자체가 하나의 독립적인 세계이듯이, 미적으로 체험된 것 역시 체험으로서 모든 현실의 연관에서 벗어나 있다. 미적 체험으로 되는 것이 곧 예술작품의 규정인 듯하다. 다시 말해, 예술작품의 힘을 통해 체험하는 사람을 일거에 그의 삶의 연관성에서 분리함과 동시에 그를 자신의 삶 전체로 되돌려 연관시키는 것처럼 보인다. 예술체험에는 특유한 내용이나 대상에만 속하는 것이 아니라 오히려 생의 의미 전체를 대표하는 일종의 충만한 의미가 있다. 미적 체험은 언제나 어떤 무한한 전체의 경험을 내포한다. 미적 체험이 다른 체험들과 결합하여 하나의 열린 경험 진행의 통일체가 되는 것이 아니라, 전체를 직접적으로 대표하기 때문에 미적 체험의 의미는 무한한 것이다.

앞에서 말했듯이, 미적 체험이 '체험'이라는 개념을 본보기로 보여주는 한, 체험 개념이 예술의 입장을 정초하는 데 결정적이라는 것은 이해될 수 있다. 예술작품은 생의 상징적 표현의 완성으로 이해되며, 모든 개개의 체험은 말하자면 이미 그러한 완성을 향해 가고 있다. 그 때문에 예술작품 자체가 미적 체험의 대상으로 특별히 취급된다. 이러한 사실은 미학에서 이른바 체험 예술이 진정한 예술로 나타나는 결과를 가져온다.

3) 체험 예술의 한계, 알레고리의 권리 회복

체험 예술의 개념은 독특한 두 가지 뜻을 지닌다. 체험 예술이 원래 의미하는 것은 분명히 예술이 체험으로부터 나오며, 따라서 체험의 표현이라는 것이다. 그러나 파생적 의미에서 체험 예술 개념은 미적 체험을 의도하는 예술에 대해서도 사용된다. 이 두 가지 의미는 명백히 서로 연관성을 갖는다. 이 개념의 존재 규정은 체험의 표현이라는 데 있으며, 그 의미는 체험을 통해서만 파악될 수 있다.

'체험 예술'이란 개념은, 그 같은 경우에 항상 그렇듯이, 개념의 요구에 설정된 한계를 경험함으로써 의미가 형성된다. 예술작품이 체험의 변환임이 더이상 자명하지 않을 때에만, 그리고 그러한 변환이 몽유병자의 〔본능적〕 확실성에서—감상자에게 그 나름으로 체험이 되는—예술작품을 창작하는 천재적 영감의 체험에 힘입고 있음이 더이상 자명하지 않을 때에만, 비로소 체험 예술이라는 개념의 윤곽이 뚜렷해진다. 괴테의 세기는 이러한 전제들이 자명한 것으로 받아들여진 시대이며, 하나의 시대 전체, 즉 에포크époque이다. 그 시대가 완결되어 있으며, 우리가 그 시대의 한계를 넘어서 내다볼 수 있다는 바로 그 이유로, 우리는 그 시대를 그 한계에서 볼 수 있고, 그 시대에 대하여 하나의 개념을 얻을 수 있다.

이 시대가 예술과 문학의 역사 전체에서는 다만 하나의 에피소드에 지나지 않는다는 사실이 서서히 우리에게 의식된다. 쿠르티우스Curtius가 집약한 중세 문예 미학에 관한 위대한 연구들은 이에 대하여 적절한 이해를 갖게 한다.[135] 체험 예술의 한계를 넘어서 내다보기 시작하여 다른 척도를 적용시킨다면, 체험성의 척도와는 전혀 다른 가치 척도가 지배했던 고대로부터 바로크 시대에 이르기까지의 서양 예술 내에서 새롭고 넓은 공간이 열릴 것이며, 동시에 아주 다른 예술 세계에 대한 시야가 전개될 것이다.

물론 그 모든 것이 우리에게는 '체험'이 될 수 있다. 이러한 미적 자기이해는 언제라도 가능하다. 그러나 그와 같이 우리에게 체험되는 예술작품 자체가 그러한 이해를 목표로 했던 것이 아님을 잘 알아야 한다. 천재나 체험성과 같은 우리의 가치 개념들은 여기에 적합하지 않다. 또한 우리는 아주 다른 척도들을 상기하고 이렇게 말할 수 있을 것이다. 즉 예술작품을 〔진정한〕 예술작품으로 만들어주는 것은 체험의 진정함이나 그 표현의 강도가 아니라, 확고한 형식과 표현방식의 정교한 구성이다. 척도들의 이 대립은 모든 예술 유형에 다 해당되나 언어예술에서는 특히 잘 드러난다.[136] 18세기에는 여전히 현대의 의식으로 볼 때는 놀라운 방식으로 문학과 수사학이 공존한다. 칸트는 이 양자에서 "구상력의 자유로운 유희와 오성의 작업"을 본다.[137] '작업'이라는 말이 들어 있기는 해도 문학과 수사학은 둘 다 칸트에게 순수예술을 의미한다. 그리고 두 가지 인식능력인 감성과 오성의 조화가 문학과 수사학에서 의도하지 않은 채 성취되는 한 '자유롭다'고 한다. 이 전통에 반대하여 체험성과 천재적 영감의 척도가 '자유로운' 예술의 아주 다른 개념을 도입했음에 틀림없으며, 오직 문학만이 이 개념에 들어맞는다. 왜냐하면 문학에서는 모든 기회적인 것Gelegentliches*이 배제되고, 수사학은 그 개념에서 완전히 벗어나기 때문이다.

따라서 19세기에 수사학의 가치가 전락한 것은 천재의 무의식적 창작에 관한 이론을 적용한 필연적 결과이다. 우리는 그것을 상징과 알레고리의 개념사라는 특정한 예에서 추적할 것이다. 두 개념의 내적 관계는 근대의 과정에서 변화한다.

우리에게 자명하게 보이는 알레고리와 상징의 예술적 대립은 불과 지난 두 세기에 걸친 철학적 발전의 결과이다. 그 발전의 초기에는 그러한 대립을 거의 예상할 수 없었고 그러한 구별과 대비가 왜 필요한가라고 물을 정도였다. 낱말의 역사에 관심을 가진 연

* 하나의 음악작품에 대하여 그 연주는 '기회적인 것'이다. 이 개념에 대하여 가다머는 'Okasionalität(기회성)'라는 용어로 이 책 II.2의 2)에서 설명한다.

구가들마저도 이 사실들을 충분히 주목하지 못했다. 여기서 간과할 수 없는 것은 근대의 미학과 역사철학에 중대한 영향을 미쳤던 빙켈만이 두 개념을 동의어로 사용했다는 것이다. 이러한 사실은 18세기의 미학 문헌 전반에 적용된다. 두 낱말의 의미에는 사실 공통점이 있다. 두 낱말의 의미는 다른 것의 나타남, 외관, 말소리가 아니라 이것들을 넘어선 다른 것을 지칭한다. 이런 식으로 하나가 다른 것을 대신한다는 것이 두 낱말의 공통점을 이룬다. 이렇게 비감각적인 것을 감각적으로 만드는 의미 있는 연관성은 문학과 조형예술뿐 아니라 종교의식의 영역에서도 발견된다.

상징과 알레고리라는 말의 고전적 사용이 그후에 나타난—우리에게 친숙한—대립을 이미 어느 정도로 예비했는가 하는 것은 보다 면밀한 연구에 맡기고, 여기서는 다만 몇 가지 기본 노선만을 확정하기로 하자. 우선 두 개념이 서로 아무런 관계가 없다는 것은 자명하다. 알레고리는 원래 담화나 '로고스'의 영역에 속하며, 따라서 수사학적 혹은 해석학적 어법이다. 〔여기서는〕 원래 의미하고자 하는 바 대신 다른 것, 보다 구체적인 것을 말한다. 그럼에도 불구하고 후자가 전자를 이해하게 만들도록 그렇게 말한다.[138] 그에 반해 상징은 '로고스'의 영역에 한정되지 않는다. 왜냐하면 상징은 그 의미로써 다른 의미에 관계하는 것이 아니라, 감각적으로 분명한 그 고유의 존재가 '의미'를 지니기 때문이다. 그것은 직접 보여주는 것으로서, 우리는 거기서 어떤 다른 것을 인식한다. 정표情表tessera hospitalis*와 같은 것이 그러하다. 상징이라고 부르는 것은 그 내용 때문만이 아니라 직접 보여줄 수 있음으로써 유효한 것이다. 말하자면 한 공동체의 구성원들이 그것을 통하여 서로 알아보는 증빙자료라 할 수 있다.[139] 그것이 종교적 상징이든 혹은 세속적 의미를 지니고 나타나든, 아니면 하나의 부호나 증명 또는 암호로서 나타나든 간에 상

*tessera hospitalis는 친구가 훗날 서로 알아보기 위하여 둘로 쪼갠 조그만 주사위를 말한다.

징Symbolon의 의미는 그 현현顯現에 근거하며, 보이고 말해지는 것의 현존에 의하여 비로소 그 대표적 기능을 얻게 된다.

알레고리와 상징의 두 개념이 상이한 영역에 속하면서도 의미상 가까운 이유는 어떤 것이 다른 것에 의하여 대표된다는 구조의 공통점뿐 아니라, 양자가 다 종교적 영역에서 애용되기 때문이다. 알레고리는—원래 호메로스Homeros에게서 그렇듯이—종교적 전승에서 불경스러운 것은 물리치고 배후에 숨은 타당한 진리들을 인식하려는 신학적 필요에서 생겨난다. 수사적 사용에서도 알레고리는 둘러서 표현하고 간접적으로 말하는 것이 더 적절하게 보이는 곳에서는 어디서나 〔종교적 영역에서와〕 동일한 기능을 갖게 된다. 이제 상징 개념 역시, 특히 신플라톤주의의 기독교적 변형에 의해 수사학적·해석학적 알레고리 개념에 근접하게 된다.(상징 개념은 크리시포스Chrysippos[140]*가 맨 처음 알레고리의 의미로 사용한 것으로 보인다.) 위僞디오니시우스Pseudo-dionysius†는 그의 주저主著 도입부에서 신의 초감각적 존재는 감각적인 것에 익숙한 우리의 정신에 적합하지 않기 때문에 그것을 상징적으로symbolikōs 처리할 필요성을 논증한다. 이와 같이 여기서는 상징symbolon이 일종의 신성한 기능을 지닌다.[141] 알레고리적 담화 방식이 보다 높은 의미에 이르도록 하는 것과 마찬가지로 상징은 여기서 〔우리를〕 신적인 것의 인식으로 상승시킨다. 해석의 알레고리적 처리 방법과 인식의 상징적 처리 방법은 신적인 것을 감각적인 것 이외의 다른 것으로부터 인식하는 것이 불가능하다는 동일한 필연적 근거를 갖는다.

상징의 개념에는 알레고리의 수사적 사용에서는 전혀 볼 수 없는 형이상학적 배경이 감지된다. 여기서는 감각적인 것에서 신적

*기원전 약 281~208. 스토아학파의 두번째 기초자로 알려진 인물.

†Pseudo-dionysius는 디오니시우스 아레오파기타Dionysius Areopagita(5세기경)의 저서로 알려졌으나 나중에 아닌 것으로 판명된 저서를 쓴 익명의 저자를 가리키는 이름이다.

인 것으로 고양되는 것이 가능하다. 왜냐하면 감각적인 것은 단순한 무無나 암흑이 아니라, 참된 것의 유출流出이며 반영이기 때문이다. 근대의 상징 개념은 이러한 그노시스적* 기능과 이 기능의 형이상학적 배경 없이는 전혀 이해될 수 없다. '상징'이란 낱말이 증빙자료, 인증, 증명이라는 원래의 용법에서 비밀스러운 기호의 철학적 개념으로 고양되고, 그와 동시에 성직자만이 풀 수 있는 상형문자에 가까운 것으로 될 수 있는 이유는 상징이 제멋대로 기호를 취하거나 만든 것이 아니라, 볼 수 있는 것과 볼 수 없는 것의 형이상학적 연관성을 전제하기 때문이다. 볼 수 있는 직관〔대상〕과 볼 수 없는 의미의 불가분성, 두 영역의 이 '합치'는 종교의식의 모든 형식의 기초가 된다. 마찬가지로 미학적인 것으로의 전용轉用도 쉽게 이해된다. 졸거Solger[142]에 의하면, 상징적인 것은 "이념이 그 안에서 어떤 방식으로 인식되는 존재"를 나타낸다. 즉 예술작품 특유의, 이상과 현상의 내적 통일을 나타낸다는 것이다. 그에 반해 알레고리적인 것은 오직 다른 것을 암시함으로써 그러한 의미 깊은 통일성을 형성한다.

그러나 알레고리의 개념은, 알레고리가 말의 어법이나 해석의 의미(알레고리적 의미sensus allegoricus)를 나타낼 뿐 아니라 예술에서 추상적 개념을 이 개념에 적합하게 구상적으로 묘사함으로써 그 나름으로 독특하게 〔의미가〕 확대되었다. 여기서 수사학과 문학의 개념들이 조형예술 영역의 미학적 개념 형성을 위해서도 모범이 되고 있음이 분명하다.[143] 알레고리 개념의 의미 발전에서는 수사학과의 관계가 중요하다. 왜냐하면 알레고리가 원래 상징이 요구하는 것처럼 형이상학적인 근원적 근친성을 전제하는 것이 아니라, 관습과 교의적 고착에 의해 형성되고, 상像이 없는 것을 구상적으로 묘사할 수 있게 해주는 부가된 의미를 전제하기 때문이다.

* 그노시스gnosis는 라틴어로 '인식'을 뜻하지만 중세에는 특히 신의 존재에 대한 인식을 의미했다. 여기서 사용된 '그노시스적gnostisch'이란 표현도 역시 중세의 의미에 따라 사용한 것이다.

18세기 말, 내적·본질적으로 의미 있는 것인 상징과 상징적인 것에 알레고리의 외적 인위적 의미를 대립시키는 데 이르게 한 언어적 의미의 경향들은 아마도 다음과 같이 요약할 수 있을 것이다. 상징은 감각적인 것과 비감각적인 것의 합치이며, 알레고리는 비감각적인 것에 대한 감각적인 것의 의미 있는 연관이다.

이제 천재 개념과 '표현'의 주관화에 영향을 받아 의미들의 이러한 구별은 하나의 가치 대립이 된다. 상징은 모호하기 때문에 남김 없이 다 해석될 수 없는 것으로서, 보다 구체적인 의미 관계에 있으므로 예술과 비예술의 대립처럼 그 의미를 다 드러내는 알레고리와 배타적으로 대립하여 나타난다. 계몽 시대의 합리주의적 미학이 비판철학과 천재 미학에 굴복했을 때, 상징적인 것이라는 말과 개념의 지위를 성공적으로 상승시킨 것은 바로 상징이 지닌 의미의 미규정성未規定性이다. 이러한 연관성은 상세하게 고찰해볼 만한 가치가 있다.

결정적으로 중요한 것은 칸트가 바로 이 점을 명확히 밝혀주는 상징 개념의 논리적 분석을 『판단력 비판』 §59에서 행했다는 것이다. 상징적 표현은 칸트에 의해 도식적 표현과 뚜렷이 대비되었다. 상징적 표현은 (이른바 기호 논리학에서처럼 단순한 기호화가 아니라) 하나의 표현이긴 하지만, (선험적 도식론에서 칸트가 행한 것처럼) 하나의 개념을 직접 표현하는 것이 아니라 간접적으로 표현한다. "이로써 표현은 개념에 대한 원래의 도식이 아니라, 단지 반성에 대한 상징만을 포함한다." 이와 같은 상징적 표현이라는 개념은 칸트 사상의 가장 훌륭한 성과 중 하나이다. 이로써 칸트는 존재의 유비Analogia entis라는 사상에서 스콜라 철학의 형태를 지닌 신학적 진리를 적절하게 처리할 수 있었으며, 인간적 개념을 신에게서 분리시켰다. 그는 〔상징과 도식을 구별하는〕 이 "일"이 "더 깊이 연구할 만하다"고 명백히 지적하면서, 나아가 언어의 상징적 작용방식(언어의 지속적 은유기법)을 발견하고, 마침내 유비 개념을 도덕적인 것과 미적인 것의 관계를 기술하기 위해 사용한다. 여기서 이 양자의 관계는 종속관계도, 대등관계도 아니다. "아름다움은 도덕적 선의 상징이다." 이 신중하고 간명하게 정식화한 표현에서 칸트는 감성적 판단력의 완전한 반성의 자유에 대한 요구를 감성적 판단력의 인간적 의미와 일치시키는데, 이는 역사적으로 가장 큰 영향을 미친 사상 중 하나이다. 실러가 바로 이러한 사상의 후계자였다.[144] 실러는 인류의 미적 교육 이념을 칸트가 정식화한 미와 도덕의 유비에 근거지음으로써, 다음과 같은 칸트의 명백한 지시를 따를 수 있었다. "취미는 말하자면 너무 무리한 도약을 하지 않고 감각적 자극으로부터 지속적인 도덕적 관심으로의 이행을 가능하게 한다."[145]

이제 문제는 그렇게 이해된 상징 개념이 어떻게 알레고리의 반대개념으로 우리에게 익숙해졌는가 하는 것이다. 실러가 비록 클롭슈토크, 레싱, 젊은 괴테, 카를 필리프 모리츠Karl Philipp Moritz 및 그 밖의 다른 사람들이 당시에 빙켈만에 반대하여 행한 비판, 즉 냉담하고 인위적인 알레고리에 대한 비판에 가담하긴 하나, 처음에는 그에게서 이 문제에 관한 아무런 언급도 발견되지 않는다.[146] 상징 개념의 새로운 의미 형성은 실러와 괴테의 서신 교환에서 비로소 시작된다. 1797년 8월 17일의 유명한 편지에서 괴테는 프랑크푸르트에 대한 인상으로 인해 빠져든 감상적 기분을 묘사한다. 그리고 그러한 효과를 불러일으킨 대상들에 관해 다음과 같이 말한다. "그것들은 원래 상징적이다. 즉 내가 구태여 말할 필요도 없이, 그것들은 특징적인 다양성을 지니면서 많은 다른 것들의 대표들로서 그 어떤 총체성을 자체 내에 포함하는 탁월한 경우들이다." 그는 이 경험을 특별히 강조한다. 왜냐하면 이것이 "수없이 많은 경험의 히드라Hydra"로부터 벗어나도록 도와주기 때문이다. 그 점에서 실러는 괴테를 강력히 지지하고 이 감상적 감각 방식이 전적으로 "우리가 그것에 관하여 함께 확정했던" 것과 일치함을 알았다. 그러나 괴테에게 있어서 그것은 명백히 미적 경험이라기보다 일종의 현실 경험이며, 이 경험을 위하여 그는 상징 개념을 초기 프로테스탄티즘의 언어 사용에서 끌어오는 것처럼 보인다.

실러는 현실의 상징성에 관한 그러한 이해에 반대하여 관념론적 이의를 제기하고, 이로써 상징의 의미를 미적인 것의 방향으로 전환시킨다. 마찬가지로 괴테의 예술 친구인 마이어Meyer도 상징 개념을 이와 같이 미학적으로 사용하면서 알레고리와 참된 예술작품을 구별한다. 그러나 괴테 자신에게는 여전히 상징과 알레고리의 예술이론적 대립은 그가 모든 현상에서 추구하는, 의미 있는 것을 향한 일반적 방향 중에서 하나의 특수한 현상에 지나지 않는다. 그러므로 그는 예를 들어 상징 개념을 색채에 적용한다. 왜냐하면 거기서도 "참된 관계가 동시에 의미를 표현할 것이기" 때문이다. 여기서는 알레고리allegorice, 상징symbolice, 신화mystice라는 전통적인 해석학적 도식에 의존하고 있음이 분명히 드러나며,[147] 마침내 괴테는 그의 특징적인 말을 쓸 수 있게 된다. "발생하는 모든 것은 상징이며, 그것은 그 자체를 완전히 표현함으로써 그 밖의 다른 것을 지시한다."[148]

철학적 미학에서는 이 언어사용이 무엇보다도 그리스의 '예술종교'로 넘어가는 과정에서 익숙해졌을 것이다. 셸링이 신화론으로부터 예술철학을 발전시킨 것이 그것을 분명하게 보여준다. 여기서 셸링이 의존하는 모리츠는 그의 『제신론*Götterlehre*』에서 〔신화를〕 신화문학을 위해 '단순한 알레고리로 해소하는 것'을 이미 거부하고 있기는 하나, 이 '상상의 언어'에 대해 아직 상징이라는 표현을 사용하지는 않았다. 그에 반해 셸링은 이렇게 쓰고 있다.

> 신화 일반, 특히 신화에 관한 모든 문학은 도식적으로도, 알레고리적으로도 파악되어서는 안 되며, 상징적으로 파악되어야 한다. 왜냐하면 절대적 예술 표현이 요구하는 것

> 은 완전히 차별 없이 표현하는 것이기 때문이다. 즉 보편자는 특수자를 의미하는 것이 아니라 전적으로 특수자이며, 동시에 특수자는 보편자를 의미하는 것이 아니라 완전한 보편자이다.[149]

셸링은 이런 식으로(하이네Heyne의 호메로스 이해에 대한 비판에서) 신화와 알레고리의 참된 관계를 만들어냄으로써, 예술철학 내에서 상징 개념에 중요한 지위를 부여한다. 이와 유사하게 우리는 졸거에게서도 모든 예술은 상징적이라는 문장을 발견한다.[150] 졸거가 말하고자 하는 바는 예술작품이란 '이념' 자체의 현존이라는 것이지, '원래의 예술작품 밖에서 찾아낸 이념'이 예술작품의 의미라는 뜻은 아니다. 그 의미란 현상 자체에 있으며 제멋대로 현상에 집어넣은 것이 아니라는 것, 바로 그것이 예술작품에, 천재의 창작에 특징적인 것이다. 셸링은 상징을 '의미상意味像Sinnbild'이라는 독일어로 바꿀 것을 주장한다. "상Bild처럼 그 자신과 똑같이 구체적이며, 개념처럼 보편적이고 풍부한 의미sinnvoll를 지닌다."[151] 사실상 괴테에 있어서 상징이란 명칭에는 현존성이 부여된 이념 자체라는 중요한 어조가 이미 들어 있다. 상징과 상징되는 것의 내적 통일성이 내포되어 있다는 그 이유 때문에 상징 개념은 보편적인 미학적 근본개념으로 상승할 수 있었다. 상징이란 감각적 현상과 초감각적 의미의 합일을 뜻한다. 이 합일이란 그리스어 Symbolon이 지닌 원래의 의미처럼, 그리고 이 의미가 기독교 교파의 용어에서 계속 사용되어왔듯이, 기호를 부여하는 경우와 같이 나중에 부가한 것이 아니라 함께 속하는 것들의 통일이다. "성직자들이 보다 신성한 지식을 반영"하도록 해주는 모든 상징적 표현은 오히려 신과 인간의 '최초의 결합'에 근거한다고 프리드리히 크로이처Friedrich Creuzer[152]는 말한다. 그의 『상징론*Symbolik*』은 선사시대의 수수께끼 같은 상징 표현을 말로 설명하려는, 논의의 여지가 많은 과제를 제기했다.

물론 상징 개념이 미적 보편 원리로 확대되는 데 장애가 없었던 것은 아니었다. 왜냐하면 상징을 형성하는 상像과 의미의 내적 통일은 완전한 통일이 아니기 때문이다. 상징은 이념세계와 감각세계 사이의 불일치를 쉽게 지양하지 못한다. 또한 상징은 형식과 본질, 표현과 내용 간의 적절치 못한 관계를 생각하게 한다. 특히 상징의 종교적 기능은 이 불일치에 의존한다. 이 불일치에 근거하여 종교 의식에서 무한한 것과 현상의 일시적·전체적 합일이 가능해진다. 이것은 상징을 의미로 채우는, 유한한 것과 무한한 것의 내적 공속성共屬性을 전제한다. 따라서 상징의 종교적 형식은, 하나를 나누고 나누어진 것을 다시 통합한다는 Symbolon(상징)의 근원적 규정에 정확히 들어맞는다.

상징이 그 의미를 통해 감각적으로 분명한 것을 넘어서 지시하는 한, 형식과 본질의 부조화는 여전히 남는다. 상징에 고유한, 형식과 본질 사이의 부동성浮動性, 미결정성의 성격은 그러한 부조화에서 나온다. 상징이 명확하지 않고 의미가 깊을수록 그 불일치는 더욱 심해지고, 의미가 형식에 더 잘 배어들수록 불일치는 적어짐이 분명하다. 이것이 크로이처가 추구했던 생각이다.[153] 헤겔이 상징적인 것의 사용을 동양의 상징 예술에 국한시키는 것은 근본적으로 상像과 의미의 적절치 못한 관계에 근거를 두고 있다. 사념된 의미의 과잉은 특수한 예술 형태를 특징짓는다. 이 예술 형태는, 고전적 예술이 그러한 적절치 못한 관계를 초월한다는 점에서 고전적 예술과 구별된다는 것이다.[154] 헤겔의 그러한 제한은 상징 개념을 의식적으로 고정하고 인위적으로 축소하는 것임이 분명하다. 그러나 우리가 이미 보았듯이 이 개념은 상과 의미의 긴장관계가 아니라, 그 합일을 표현하고자 하는 것이다. 그러나 또한 인정해야 할 것은 상징적인 것의 개념에 대한 헤겔의 제한은 (그것에 동조하는 후계자가 많음에도 불구하고) 근대 미학의 경향에 역행한다는 것이다. 근대 미학의 경향은 셸링 이래 현상과 의미의 통일성이 상징적인 것의 개념에 들어 있다고 여겼다. 바로 상과 의미의 통일성을 통해, 개념의 요구에 대항하는 미적 자율성을 정당화하려 했던 것이다.[155]

이제 우리는 이러한 사태 발전에 상응하는 알레고리의 평가절하를 추적해보자. 여기서는 처음부터 레싱과 헤르더 이래 프랑스 고전주의에 대한 독일 미학의 방어가 한 역할을 했을 것이다.[156] 적어도 졸거는 매우 고매한 의미를 지닌 알레고리적인 것의 표현이 기독교 예술 전체에 나타난다고 본다. 프리드리히 슐레겔Friedrich Schlegel은 한 걸음 더 나아가 모든 미美는 알레고리라고 말한다.(『시에 관한 대화*Gespräch über Poesie*』) 헤겔이 사용하는 상징적이라는 개념도 (크로이처의 사용과 마찬가지로) 알레고리적인 것의 이러한 개념에 여전히 매우 근접해 있다. 그러나 언어와 말할 수 없는 것의 관계에 대한 낭만주의적 이념과 '동방'의 알레고리 문학의 발견을 토대로 삼는 철학자들의 이러한 언어사용을 19세기 교양 인본주의는 더이상 고수하지 않았다. 우리는 바이마르 고전주의를 그 증거로 삼을 수 있으며, 사실상 알레고리의 평가절하는 독일 고전주의의 지배적인 관심사였다. 이러한 관심사는 합리주의의 질곡으로부터 예술이 해방되면서, 그리고 천재 개념의 탁월성으로부터 필연적으로 야기되었던 것이다. 알레고리는 확실히 천재의 일에만 속한 것은 아니다. 알레고리는 확고한 전통에 근거하고 있으며, 언제나 개념을 통한 오성적 파악에 결코 거슬리지 않는 진술 가능한 일정한 의미를 지니고 있다. 그와 반대로 알레고리의 개념과 본질은 교의학敎義學과 확고히 결부되어 있다. 즉 (그리스의 계몽 시대에 그랬듯이) 신비적인 것의 합리화와 결부되거나, 아니면 (교부 신학에서처럼) 한 교리의 통일성을 목표로 삼는 성서의 기독교적 해석과 결부되어 결국 기독교 전승과 고대 교양의 화해와 확고히 결부되어 있다. 그리고 이 화해는 근대 예술과 문학의 토대가 되었으며, 그 최후의 세계적 형태가 바로크 예술이었다. 이 전통의 단절과 함께 알레고리 역시 끝이 났다. 왜냐하면 예술의 본질이 모든 교의적 속박에서 벗어나 천재의 무의식적 창작에 의하여 정의될 수 있게 된 순간 알레고리는 미적으로 의문스러워졌기 때문이다.

이와 같이 우리는 괴테의 예술론적 노력이 야기한 강력한 영향이 상징적인 것을 긍정적 개념으로, 알레고리적인 것을 부정적인 예술적 개념으로 낙인찍는 결과를 가져왔음을 보게 된다. 사람들이 괴테의 문학에서 삶의 고백, 따라서 체험의 문학적 형성을 보는 한, 괴테 자신의 문학이 특히 그런 결과를 초래했다. 그가 스스로 세운 체험성의 척도는 19세기에 주도적 가치 개념이 되었다. 괴테의 작품에서 이 척도에 맞지 않는 것은—괴테 노년의 문학이 그런 것처럼—그 시대의 리얼리즘적 정신에 따라 알레고리적으로 '과잉된' 것이라고 무시되었다.

이것은 결국 철학적 미학의 발전에도 영향을 주었다. 철학적 미학은 괴테식 의미에서 보편적 상징 개념을 채택하긴 했으나 전적으로 현실과 예술의 대립에 근거하는, 즉 '예술의 입장'과 19세기의 미학적 교양 종교의 입장에서 생각하는 미학이다. 이에 대해서는 피셔Vischer가 특기할 만하다. 그는 헤겔을 넘어서 나아갈수록 헤겔의 상징 개념을 더욱더 확대하여 상징을 주관성의 근본적인 성과들의 하나로 본다. '마음의 어두운 상징성'은 그 자체로는 혼이 없는 것들(자연이나 감각적 현상)에게 심혼과 의미를 부여한다. 미적 의식은 신화적-종교적 의식에 비하여 그 자체가 자유롭다는 것을 알고 있으므로 그것이 모든 것에 부여하는 상징성도 '자유롭다.' 다의적 미규정성이 아무리 상징에 적합하게 남아 있다 하더라도 상징과 개념의 관계는 더이상 결성적 관계로 특징지어지지 않는다. 상징은 오히려 인간 정신의 창조물로서 고유한 실증성을 지닌다. 셸링이 말하는 것처럼 상징 개념에서 강조되는 것은 현상과 이념의 완전한 일치인 반면, 알레고리 및 신화적 의식에는 불일치가 존속한다는 것이다.[157] 카시러Cassirer도 이와 유사한 의미에서, 미적 상징에서는 상像과 의미의 긴장관계가 균형을 이루기 때문에 신화적 상징성에 비하여 미적 상징성이 뛰어나다고 말한다. 이것은 '예술 종교'의 고전주의적 개념의 마지막 반향이다.[158]

상징과 알레고리란 말의 역사에 관한 조망으로부터 이제 실제적인 결론을 이끌어내보자. '유기적으로' 발전한 상징과 차가운 오성적 알레고리라는 개념 대립의 엄연한 현존은, 그것이 천재 미학과 체험 미학에 연계되어 있음을 인식하고 나면 구속력을 상실한다. 이미 바로크 예술의 재발견(골동품 시장에서 분명히 알아볼 수 있는 사태), 특히 지난 수십 년에 걸쳐 이루어진 바로크 문학의 재발견과 최근의 예술학적 연구가 알레고리에 일종의 명예회복을 가져왔다면, 이제 그러한 사태 발전의 이론적 근거 제시 또한 가능해진다. 19세기 미학의 토대는 상징화하는 정신활동의 자유였다. 그러나 그것이 확고한 토대인가? 상징화하는 활동은 사실 오늘날도 여전히 존속하는 신화적 알레고리의 전통에 의해 제한되는 것은 아닌가? 만일 이것을 인정한다면 체험 미학의 편견에 의해 절대적 대립으로 보였던 상징과 알레고리의 대립은 다시금 상대화되는 것임에 틀림없다. 마찬가지로 미적 의식을 신화적 의식으로부터 구별하는 것도 거의 절대적인 것으로 간주될 수는 없다.

이러한 문제제기는 미학적 기본개념의 근본적인 수정을 포함한다는 것을 의식해야 한다. 왜냐하면 여기서는 취미와 미적 평가의 거듭되는 변화 이상의 것이 문제가 되기 때문이다. 오히려 미적 의식의 개념 자체가 의문스러워지며 동시에 그것이 속한 예술의 입장이 의문스러워진다. 미적 태도 일반이 예술작품에 대하여 적절한 태도인가? 아니면 우리가 '미적 의식'이라고 부르는 것이 하나의 추상인가? 앞에서 살펴본 알레고리의 새로운 평가는 사실상 미적 의식에서도 일종의 교의적 요소가 그 타당성을 주장하고 있음을 지적하고 있다. 신화적 의식과 미적 의식 간의 차이가 결코 절대적 차이가 아니라고 한다면, 우리가 보았듯이 미적 의식의 창조인 예술의 개념 자체가 의문스러워지지 않는가? 어떤 경우든 의심할 수 없는 사실은, 예술의 역사에서 모든 위대한 시대에는 미적 의식이나 우리가 말한 '예술'의 개념이 없어도 사람들이 조형물에 둘러싸여 있었으며, 이 조형물들의 종교적 또는 세속적 삶의 기능이 모두에게 이해될 수 있었고, 어느 누구에게도 오로지 미적으로만 즐거운 것은 아니었다는 것이다. 조형물들의 그런 참된 존재를 축소하지 않고도 미적 체험의 개념 일반을 조형물들에 적용할 수 있겠는가?

3 다시 제기한 예술의 진리에 대한 물음

1) 미적 교양의 문제점

앞에서 제기한 물음의 파괴력을 바르게 가늠하기 위해 우선 '미적 의식'의 개념을 역사적으로 고찰해보자. 이 고찰에서는 미적 의식의 개념이 역사적으로 각인된 특수한 의미에서 규정될 것이다. 오늘날 우리가 사용하는 '미적ästhetisch'이라는 말은 분명히 칸트가 이 말과 결부시켰던 내용을 더이상 의미하지 않는다. 칸트는 시간과 공간에 관한 이론을 '선험적 감성론transzendentale Ästhetik'이라 말하고, 자연과 예술의 아름다움과 숭고에 관한 이론을 '감성적 판단력 비판Kritik der ästhetischen Urteilskraft'으로 이해했다. 이러한 〔의미의〕 전환점은 실러에게 있는 듯하다. 실러는 취미에 관한 선험적 사유를 도덕적 요구로 전환했으며, 그것을 "미적 태도를 취하라!"라는 명법으로 표현했다.[159] 칸트는 취미 판단과 그 판단의 보편 타당성에 대한 요구를 철저한 주관화를 통해 선험적으로 정당화했으나, 실러는 그의 미학에 관한 저술에서 이 철저한 주관화를 방법적 전제에서 내용적 전제로 변화시켰다.

실러는 칸트가 이미 취미에 감각적 향유에서 도덕적 감정으로 이행하는 의미가 있다는 것을 인정했다는 점에서, 자신을 칸트에게 연결시킬 수도 있었다.[160] 그러나 실러는 예술이 일종의 자유의 연습이라고 선언함으로써 칸트보다는 피히테를 따랐다. 칸트가 취미와 천재의 경험독립성의 근거로 삼은 인식능력의 자유로운 유희를, 실러는 피히테의 충동이론을 토대로 인간학적으로 이해했다. 실러는 유희충동이 형상충동과 질료충동 사이의 조화를 가져온다고 주장했으며, 이러한 충동을 도야하는 것이 미적 교육의 목적이다.

이에 따른 결과는 광범위한 영향을 미친다. 이제 예술은 아름다운 가상의 예술로서 실제적인 현실에 대립되고, 이러한 대립의 관점에서 이해되기 때문이다. 종래에는 긍정적 보완관계가 예술과 자연의 관계를 규정했는데, 이제는 가상과 현실의 대립으로 대체된 것이다. 전통적인 규정에서는 자연이 남겨놓은 여지 내에서 자연을 보충하며 충족시키는 활동을 수행하는 것이 '예술Kunst'이며,[161] 여기에는 인간의 용도에 따라 자연에 가하는 모든 의식적 변형까지도 포함된다. 그러한 지평에서 살핀다면 '순수예술die schöne Kunst'은 현실을 완전하게 하는 것이지, 현실을 가상으로 은폐 또는 위장하거나 미화하는 것이 아니다. 그러나 현실과 가상의 대립이 예술의 개념을 각인하는 경우, 자연을 형성하는 포괄적인 틀이 깨진다. 예술은 그 자신의 관점을 갖게 되고, 자신의 자율적인 지배권을 확고히 한다.

예술이 지배하는 곳에는 미의 법칙이 효력을 발휘하고, 현실의 한계가 극복된다. 모든 제한, 나아가서는 국가와 사회에 의한 도덕적 후견에 반대해서도 보호되어야 하는 것이 '이상의 왕국der Ideale Reich'이다. 실러의 『인간의 미적 교육에 관한 서한』에 들어 있는 거창한 단초가 실행과정에서 변화된 것 또한 실러 미학의 존재론적 토대가 내적으로 변경된 것과 연관되어 있다. 주지하다시피 예술에 의한 교육에서 예술을 위한 교육이 나온다. 예술이 마련해줄 것이라던 진정한 인륜적·정치적 자유 대신에 '미적 국가ästhetischer Staat', 즉 예술에 관심 있는 교양사회가 형성된다.[162] 그러나 이로써 감각세계와 도덕세계라는 칸트의 이원론에 대한 극복(이것은 미적 유희의 자유와 예술작품의 조화에 의해서 표현되었는데) 또한 불가피하게 새로운 대립을 낳게 된다. 예술에 의한 이상과 생의 화해는 단지 부분적 화해이다. 아름다움과 예술은 현실에 단지 일시적인 미화美化의 빛을 줄 뿐이다. 미와 예술이 고양시키는 마음의 자유는 단적으로 미의 국가에서의 자유이지 현실에서의 자유는 아니다. 칸트의 존재와 당위라는 이원론의 미적 화해의 밑바닥에는 보다 깊고 해결되지 않는 이원론이 놓여 있다. 미적 화해의 문학Poesie이 고유한 자기의식을 추구하기 위해서는 소외된 산문적 현실에 대항하지 않으면 안 된다.

실러가 문학과 대립시킨 현실 개념은 분명 더이상 칸트적인 것이 아니다. 왜냐하면 칸트는, 우리가 보았듯이, 언제나 자연미에서 출발하기 때문이다. 그러나 칸트가 독단적 형이상학을 비판하기 위해 인식 개념을 오로지 '순수 자연과학'의 가능성으로 한정했고, 그렇게 함으로써 유명론적 현실 개념에 논의의 여지가 없는 타당성을 부여했다는 점에서, 결국 19세기 미학이 빠져든 존재론적 곤경은 칸트로 거슬러올라간다. 유명론적 편견이 지배할 때에는 미적 존재란 단지 불충분하고 잘못 이해될 수밖에 없다.

미적 존재에 대한 적절한 이해를 가로막는 개념들로부터의 해방은 근본적으로 19세기 심리학과 인식론에 대한 현상학적 비판에 힘입었다. 현상학적 비판은, 미적인 것의 존재양식을 현실경험으로부터 생각하며 현실경험의 한 변양으로 파악하는 모든 시도는 오류에 빠진다는 것을 보여주었다.[163] 모방, 가상, 탈현실화, 환상, 마법, 꿈과 같은 모든 개념들은 미적 존재와는 구별되는 본래적인 존재와의 관계를 전제한다. 그러나 미적 경험으로의 현상학적 소급은 이제 미적 경험을 그러한 관계로부터 생각해서는 안 되며, 오히려 미적으로 경험한 것에서 본래적인 진리를 보아야 한다고 가르친다. 따라서 본질적으로 본래적인 현실경험이 미적 경험을 실망시킬 수 없다. 반면에 앞에서 언급한 현실경험의 모든 변양의 특징은 이 변양들에 실망의 경험이 필연적으로 상응한다는 데 있다. 가상에 지나지 않는 것은 그 가상의 탈을 벗고, 탈현실화되었던 것은 현실로

돌아오며, 마법은 그 마법의 힘을 잃고, 환상이었던 것은 환상으로 드러나며, 꿈이었다면 우리는 꿈에서 깨어나게 된다. 미적이라는 것이 그러한 의미에서 가상이라면, 그 타당성은 꿈의 공포처럼, 나타난 것의 현실에 대해서 의심하지 않는 한에서만 유지될 뿐이고, 깨어나면 그 진리를 상실할 것이다.

미적인 것의 존재론적 규정을 미적 가상의 개념으로 몰아붙이는 이론적 근거는, 자연과학적 인식 모델의 지배가 이러한 새로운 방법론에 속하지 않는 모든 인식의 가능성을 '허구'라고 불신하도록 만드는 데 있다.

우리가 논의의 출발점으로 삼았던 잘 알려진 구절에서 헬름홀츠가 정신과학의 연구가 자연과학과 구별되는 계기를 다름 아닌 '예술적'이라는 수식어로 특징짓고 있다는 사실을 떠올려보자. 우리가 '미적 의식'이라고 부를 수 있는 것이 바로 이러한 이론적 관계에 긍정적으로 상응한다. 미적 의식은 실러가 최초로 정초했던 '예술의 입장'과 더불어 주어졌다. 왜냐하면 '아름다운 가상'의 예술이 현실에 대립되는 것처럼, 미적 의식은 현실로부터의 소외를 포함하기 때문이다. 미적 의식은 헤겔이 교양이라고 인식하는 '소외된 정신'의 한 형태다. 미적 태도를 취할 수 있다는 것은 교양 있는 의식의 한 계기다.[164] 왜냐하면 이 미적 의식에서 우리는 보편성으로의 고양, 직접적인 수용이나 거절에서 발견되는 개별성과의 거리 두기, 자신의 기대 또는 선호에 맞지 않는 것에 타당성을 인정하기 등 교양 있는 의식을 나타내는 특징들을 발견하기 때문이다.

우리는 앞에서 취미 개념의 의미를 이러한 연관에서 설명했다. 그러나 한 사회를 특징짓고 결합하는 취미 이상Geschmacksideal의 통일은 미적 교양의 형태를 만드는 것과는 성격상 다르다. 취미는 여전히 내용적 척도를 따른다. 무엇이 한 사회에서 타당한가, 어떤 취미가 그 사회를 지배하는가 하는 것이 사회적 삶의 공통성을 형성한다. 그러한 사회는 자신의 일부를 이루는 것과 그렇지 않은 것을 선택하며 알고 있다. 그러한 사회에서는 예술적 관심을 갖는 것도 임의적이지 못하고 이념에 따라 보편적이지도 못하다. 예술가가 창조하고 사회가 인정하는 것이 삶의 양식과 취미 이상의 통일에 함께 속해 있다.

이에 반해 우리가 실러에게서 이끌어낸 미적 교양의 이념은 더이상 어떠한 내용적 척도도 타당하다고 보지 않고, 예술작품과 그것이 속한 세계와의 일체성을 해체시키는 데 그 특징이 있다. 이것은 미적 교양을 갖춘 의식이 자신의 것으로 주장하는 소유의 보편적 확대를 표현하는 것이다. 미적 의식이 '질質'이 있다〔아름답다〕고 인정하는 모든 것은 미적 의식 자신의 것이다. 미적 의식은 자신의 것에서 더이상 선택하지 않는다. 왜냐하면 미적 의식 그 자체는 스스로 선택을 할 수 있는 것도 아니며, 또 그러기를 원하지도 않기 때문이다. 미적 의식은 규정하고, 규정된 모든 취미로부터 반성되어 나왔으나 그 자체는 어떠한 규정성도 내포하지 않는다. 미적 의식에게는 예술작품이 자신의 세계에 속한다는 것이 더이상 중요하지 않고, 반대로 미적 의식이 체험의 중심이며 여기서부터 예술로 여겨지는 모든 것들이 평가된다.

우리가 예술작품이라 부르고 미적으로 체험하는 것은 추상작용의 성과에 기초한다. 한 작품이 근원적인 삶의 연관으로 뿌리내리는 모든 것, 그리고 그 작품이 생성되고 의미를 획득하게 된 종교적이거나 세속적인 모든 기능을 도외시하면, 우리는 그 작품을 '순수 예술작품'으로 볼 수 있다. 그러한 점에서 미적 의식의 추상작용은 미적 의식 자체에 긍정적인 역할을 수행하는 것이다. 추상작용은 '순수한 예술작품'을 볼 수 있게 하고 그 자체로 존재하게 한다. 나는 이러한 미적 의식의 성과를 '미적 구별'이라고 부른다.

미적 구별이란—내용적으로 채워지고 규정된 취미가 선택과 배척에서 수행하는 구별과는 달리—미적 성질 자체만을 목표로 하여 선택하는 추상작용을 말한다. 추상작용은 '미적 체험'의 자기의식에서 수행된다. '미적 체험'이 지향하는 것은 본래적인 작품이며, 도외시하는 것은 목적, 기능, 내용의 의미와 같이 작품에 부속된 미의 외적外的 계기들이다. 이러한 계기들은 작품을 그 자신의 세계에 편입시킴으로써, 그 작품이 원래 가지고 있는 전체의 풍요로운 의미를 결정한다는 점에서 큰 의의가 있을 수도 있다. 그러나 작품의 예술적 본질은 그 모든 것들과 구별되어야 한다. 미적 의식을 정의하는 것은 바로 미적으로 의미된 것을 미 외적인 모든 것으로부터 구별하는 것이다. 미적 의식은 작품을 우리에게 드러나게 하는 모든 접근 조건을 도외시한다. 그것은 그 자체가 일종의 특유한 미적 구별이다. 그것은 우리를 내용적, 도덕적 또는 종교적 입장으로 규정하는 모든 내용적 계기들로부터 작품의 미적 성질을 구별하여, 작품의 미적 존재만을 생각한다. 이 구별은 재현 예술의 경우에도 마찬가지여서 원작(희곡, 작곡)을 그 공연으로부터 구별한다. 그래서 재현에 반대되는 원작이나, 원작 또는 다른 가능한 해석과 구별되는 재현 자체도 미적으로 의미 있는 것일 수 있다. 도처에서 그러한 미적 구별을 수행하고 모든 것을 '미적으로' 볼 수 있도록 하는 것이 미적 의식의 독립적 주권이다.

따라서 미적 의식은 동시성Simultaneität의 성격을 갖는다. 예술적 가치를 지닌 것은 모두 자신에게 모일 것을 요구하기 때문이다. 그러므로 미적 의식이 미적인 것으로 활동하는 반성 형식은 단순히 현재적인 것만이 아니다. 왜냐하면 미적 의식은 타당하게 여겨지는 것은 모두 자기 내부에서 동시성으로 고양함으로써 그 자신을 동시에 역사적 의식으로 규정하기 때문이다. 미적 의식은 역사적 지식을 포함하고 그것을 미적 의식의 징표로 사용한다.[165] 그뿐 아니라 내용적으로 규정된 모든 취미의 해소, 즉 미적 의식에 고유한 해소가 역사적인 것으로 전환하는 예술가의 창작활동에서 명백히 드러난다. 당대의 표현 요구가 아니라 역사적 회고에서 나온 재현에 그 기원이 있는 역사화歷史畵, 역사소설, 그리고 특히 19세기 건축술이 끊임없이 양식을 복고復古하는 과정에서 빠져든 역사화하는 형식들*이 교양의식에 들어 있는 미적 계기와 역사적 계기의 내적 공속성을 보여준다.

우리는 동시성이 미적 구별에 의해 처음으로 나타나는 것이 아니라, 예로부터 이어져온 역사적 삶의 통합에 의한 산물이라고 반론을 제기할 수 있을 것이다. 적어도 위대한 건축작품은 과거의 살아 있는 증인으로서 현재의 삶 속에 들어와 있으며, 관례나 풍습, 상像과 장식에 보존된 모든 전래의 것들도 그것들이 보다 예전의 것을 현재의 삶에 매개하는 한에서 동일한 일을 한다. 그러나 미적 교양의식만은 그와 다르다. 미적 교양 의식은 자신을 그런 시대의 통합으로 이해하지 않고, 미적 의식의 고유한 동시성은 그에게 의식되어 있는 취미의 역사적 상대성에 기초한다. 자신의 '좋은' 취미에 맞지 않는 취미를 단순히 나쁜 취미로 여기지 않는 근본적인 자세가 갖추어져 있을 때 비로소 사실적 공시성共時性faktische Gleichzeitigkeit이 원칙적 동시성prinzipielle Simultaneität이 된다. 이제 취미의 통일 대신에 유연한 질적 감정이 나온다.[166]

미적 의식으로서 이 감정이 수행하는 '미적 구별'은 그 자신의 외적 존재도 창조한다. 미적 구별은 동시성에 장소를 마련하면서 자신의 생산성을 증명한다. 즉 문헌의 영역에서 '일반 도서관', 미술관, 상설 극장, 연주회장 등등. 우리들은 옛것과 현재 등장하는 것의 차이를 아주 분명하게 안다. 예를 들어 미술관은 단지 공적으로 마련된 수집관만은 아니다. (도시나 궁정의) 옛 수집관은 오히려 특정한 취미의 선택을 반영했고, 모범으로 여겨진 동일한 '유파'의 작품을 주로 전시했다. 이에 비해 미술관은 그러한 수집품들의 수집관이며, 전체를 역사적으로 다시 배열하거나, 가능한 한 포괄

*18세기 말과 19세기 말 사이에 서구 건축에서는 영국을 중심으로 부활 양식이 전개되었다. 18세기 말에는 고전 양식, 19세기 초에는 고딕 양식, 19세기 중엽에는 르네상스 양식, 그 이후에는 다시 바로크 양식이 유행했다.

적인 것으로 보충함으로써, 자신이 그러한 수집품에서 생겨났음을 완벽하게 감춘다. 비슷하게 우리는 지난 세기에 상설 극장이나 연주회장에서 어떻게 공연계획이 점점 더 동시대의 작품들에서 멀어져, 이러한 시설을 이끌고 있는 교양사회의 특징인 자기확인의 욕구에 적응했는지를 볼 수 있다. 건축예술과 같이 예술체험의 동시성에 모순되는 것처럼 보이는 예술형태까지도, 건물과 회화를 그림책자로 옮겨놓는 현대의 복제기술에 의해서든, 여행을 사진집의 책장을 넘기는 것으로 변화시킨 현대의 관광에 의해서든, 이러한 동시성으로 끌려들어간다.[167]

이와 같이 작품은 '미적 구별'을 통해 자신의 장소와 미적 의식에 속함으로써 자신이 속하는 세계를 잃게 된다. 다른 한편, 이에 상응해서 예술가도 세계 내에서 자신의 장소를 잃는다. 이러한 현상은 주문예술Auftragskunst이라고 불리는 것을 신용하지 않는 데서 나타난다. 체험 예술이 지배하던 공공의식의 시대에는, 주문이나 미리 주어진 테마와 주어진 기회 없이 자유로운 영감으로 창작한다는 것은 예술창작에서는 예외적인 경우였다는 사실을 분명히 기억해 둘 필요가 있다. 반면에 오늘날 우리가 건축가를 독특한sui generis 현상으로 느끼는 것은, 시인, 화가 또는 음악가와는 달리 건축가는 자신의 작품활동에서 주문과 기회로부터 독립적이지 못하기 때문이다. 자유로운 예술가는 주문 없이 창작한다. 완전히 독립적인 창작이 그의 특징이며, 따라서 사회적으로도 삶의 형식에 일반적 관습의 기준이 적용되지 않는 국외자의 특징을 갖게 되는 것 같다. 19세기에 생긴 보헤미안이라는 개념은 이러한 경위를 반영한다. 유랑민의 고향이 예술가의 생활양식을 나타내는 유類 개념이 되었다.

그러나 동시에 '새와 물고기처럼 자유로운' 예술가에게는 자신을 이중적 인물로 만드는 사명이 부과된다. 왜냐하면 종교적 전통에서 떨어져나온 교양사회는 '예술의 입장'에 서 있는 미적 의식에 상응하는 것보다 더 많은 것을 예술에서 기대하기 때문이다. 새로운 신화에 대한 낭만주의적 요구는 프리드리히 슐레겔, 셸링, 횔덜린Hölderlin 그리고 청년 헤겔이 표명했으며,[168] 화가 룽게Runge*의 예술적 시도나 반성에도 전형적으로 나타나듯이, 예술가와 세계 내 예술가의 과제에 새로운 성직聖職의 의식意識을 부여한다. 예술가는 자신의 창조물을 통해, 구원 없는 세계가 소망하는 속죄를 소규모로 수행해야 하는 '세속의 구세주'(임머만Immermann†)와 같은 존재가 된 것이다. 그후 이러한 요구는 세계 내에서의 예술가에게 비극을 가져온다. 왜냐하면 이 요구는 늘 개별적으로만 실행되기 때문이다. 그러나 이것은 사실 요구의 거부이다. 새로운 상징이나 모든 것을 결합하는 새로운 '전설'에 대한 실험적인 추구를 통해 관객을 모아 하나의 공동체를 만들 수도 있을 것이다. 그러나 모든 예술가가 그렇게 자신의 공동체를 발견하기 때문에 그러한 공동체 형성의 개별화는 단지 붕괴가 일어나고 있음을 증언할 뿐이다. 모든 사람들을 하나로 묶는 것은 미적 교양의 보편적 형태뿐이다.

여기서 본래적 교양, 즉 보편성으로의 고양 과정은, 말하자면 자기 자신 속으로 함몰된다. "일반성에서 움직이고 모든 임의의 내용을 이미 제시된 관점에 따라 생각하고 그것에 사상의 옷을 입히는, 사유하는 반성의 숙련"은 헤겔에 따르면 사상의 참된 내용에 관계하는 방식이 아니다. 임머만은 정신의 그러한 자유로운 자기주입을 '향락에 빠진 것'[169]이라고 불렀다. 그는 이 말로 괴테 시대의 고전문학과 철학에 의해 산출된 상황을 묘사했다. 이 상황에서 에피고넨epigonen〔모방자〕‡들은 정신의 모든 형태들이 이미 만들어져 눈

* 1777~1810. 독일 낭만파 화가. 그는 고전 신화와 기독교 신화를 혼합해서 신적인 것을 표현하고자 했다. 1803년작 〈아침〉에는 그리스 신화와 기독교가 함께 전개된다.

† 1796~1840. 독일의 작가. 대표작으로는 『에피고넨*Epigonen*』이 있다.

‡ '에피고넨'은 위대한 시대의 정신적 유산을 물려받은 후예들을 일컫는 말이다. 그들은 거의 모든 정신적인 것이 이루어진 다음에 태어났기 때문에 새로운 것을 발견하기보다는 이미 이루어져 있는 것을 향락하는 데 몰두하며, 여기서 정신적인 질병이 발생한다.

앞에 있는 것으로 보았으며, 따라서 교양 본연의 업무, 즉 낯설고 조야한 것의 절차탁마를 그러한 것의 향유로 바꿔버렸다. 좋은 시 한 편을 만드는 것은 쉬운 일이었으나, 바로 그 때문에 시인이 되기는 어려웠다.

2) 미적 의식의 추상작용에 대한 비판

우리는 앞에서 미적 구별 개념의 형성 형태에 관해 기술한 바 있다. 이제 우리는 미적 구별의 개념에 주목하여 미적인 것의 개념이 지니는 이론상의 난점들을 밝혀보기로 하자. '순수 미적인 것'을 추상해낼 경우 순수 미적인 것 자체가 지양된다. 이러한 사실은 리하르트 하만Richard Hamann*이 칸트의 구별에서 출발하여 체계적 미학을 발전시키기 위해 행한 수미일관한 시도에서 분명하게 드러나는 것 같다.[170] 하만의 시도는 그가 실제로 칸트의 선험적 의도로 되돌아가서, 체험 예술의 일면적 척도를 제거한다는 점에서 그 특징을 찾아볼 수 있다. 그는 미적 계기가 나타나 있는 곳이면 어디서든 미적 계기를 한결같이 밝혀냄으로써 기념예술 및 포스터 예술과 같이 목적과 연결된 특수한 형식들에도 미적 권리를 부여해준다. 그러나 여기서도 하만은 미적 구별의 과제는 고수한다. 왜냐하면 그는 여기서 미적인 것이 깃든 미의 외적 연관들로부터 미적인 것을 구별해내기 때문이다. 마찬가지로 우리는 예술경험을 하지 않고도 어떤 사람이 미적 태도를 취하는 것에 관해 말할 수 있다. 여기서 다시금 미학의 문제가 전 영역에 걸쳐 개진되며, 예술의 입장이 버렸던, 그

* 1879~1961. 미술사가, 미술품 수집가. 마르부르크 대학 교수, 독일 학술원 회원. 저서로 『미학*Ästhetik*』, 『중세의 독일과 프랑스 예술*Deutsche und französische Kunst im Mittelalter*』(1923), 『고대 기독교 시대에서 현대까지의 예술사*Geschichte der Kunst von der altchristlichen Zeit bis zur Gegenwart*』(1935) 등이 있다.

리고 예술의 입장이 미적 가상과 조야한 현실을 구분함으로써 내팽개쳤던 선험적 문제가 다시금 제기된다. 미적 체험은 그 대상이 현실적인가 아닌가, 장면이 연극무대에서 펼쳐지는가 혹은 삶에서 펼쳐지는가 하는 점에 대해서는 개의치 않는다. 미적 의식은 모든 것에 대해 무제한적 주권을 행사한다.

그러나 하만의 시도는 그 반대 지점, 즉 예술의 개념에서 무산된다. 그는 예술의 개념을 미적 영역에서 철저하게 몰아냄으로써, 이 개념이 기교의 완벽성과 일치하도록 만든다.[171] 여기서 '미적 구별'은 그 극단으로 치달아 마침내 예술마저 도외시하게 된다.

하만이 출발점으로 삼는 미학의 근본 개념은 '지각의 자기 함의含意'이다. 이 개념이 의미하는 것은 분명 우리의 인식능력 일반의 상태와의 합목적적 일치라는 칸트의 이론*이 의미하는 것과 동일하다. 이로써 칸트뿐 아니라 하만의 경우에도 인식에서 중요한 개념과 의미의 척도가 그 기능을 상실하게 된다. 언어상 '함의Bedeutsamkeit'는 의미Bedeutung로부터 이차적으로 형성된 말로서 특정한 의미와의 연관을 의미상 불특정한 것으로 이전시킨다. '함의적'이라 함은 곧 (언표되지 않은 혹은) 인식되지 않았다는 의미다. 그러나 '자기 함의'는 여기서 한 단계 더 나아간다. 타자 함의적인 것과 달리 자기 함의적인 것은 그 의미가 규정되는 근거와의 연관을 전적으로 단절시킨다. 이러한 개념이 미학을 위한 적절한 토대를 마련할 수 있겠는가? 우리는 지각에 관하여 '자기 함의성'이란 개념을 사용할 수 있는가? 우리는 미적 '체험'이란 개념에도 지각활동에 속하는 것, 즉 참된 것을 인지하는 기능, 이를테면 그것이 인식과 연결되어 있다는 점을 인정해주어야 하지 않겠는가?

* 칸트의 취미 판단에서는 구상력과 오성이 합목적적으로 일치한다. 취미 판단은 규정적 판단이 아니기 때문에 구상력의 다양한 것들이 오성의 범주에 포섭되지 않으며, 구상력에 지각된 대상의 형식들이 오성의 비규정적 개념에 일치한다. 이것은 오성의 비규정적 개념이 미리 전제되었던 것처럼 보이기 때문에 합목적적 일치(또는 자유로운 유희)라고 불리며, 이것이 즐거움과 감탄의 근거가 된다.

여기서 아리스토텔레스를 상기하는 것이 좋을 듯하다. 그는 비록 모든 감관이 각기 그 특정 영역을 지니고 있고, 따라서 이 감관에 직접적으로 주어진 것은 보편적이지 않다는 사실에도 불구하고 모든 감각 지각aisthēsis은 보편적인 것을 지향한다는 점을 보여준 바 있다. 감각 소여의 특정한 지각 그 자체가 일종의 추상이다. 사실상 우리는 개별화되어 감각적으로 우리에게 주어진 것을 항상 보편적인 것과 연관해서 바라본다. 예컨대 우리는 하얀 현상을 어떤 인간으로 인식한다.[172]

한편 '미적으로' 보기의 명료한 특징은, 보이는 대상을 서둘러 보편적인 것, 즉 의식된 의미나 계획된 목적 혹은 그와 유사한 것에 연결시키지 않고 미적으로 보이는 대상 그 자체에 머문다는 점이다. 그렇다고 우리가 그 때문에 보는 행위에서 그런 식으로 연관시키는 것, 예를 들어 우리가 미적으로 경탄하는 이 하얀 현상을 인간으로 보는 것을 중단하지는 않는다. 우리의 지각작용은 결코 감관들에 주어진 것의 단순한 반영이 아니다.

오히려 현대 심리학, 특히 셸러M. Scheler나 쾰러W. Koehler, 슈트라우스E. Strauß, 베르트하이머M. Wertheimer 등이 순수한 '자극 상관적' 지각의 개념에 가한 날카로운 비판[173]은 이 개념이 인식론적 독단론에서 나왔음을 알려준다. 이 개념의 참된 의미는 단지 규범적 의미에 지나지 않는다. 왜냐하면 자극 상관성은 모든 충동상상Trieb-phantasie을 제거한 이상적 최종 결과로 제기되기 때문이다. 이 개념은 충동상상에 의해 표상된 허구 대신에 현존하는 것의 궁극적 인지를 가능케 해주는 위대한 냉철함을 인간이 소유할 수 있을 때에만 참된 의미를 지닌다. 다시 말해 자극의 상관성 개념을 통해 정의된 순수한 지각은 단지 관념상의 극단적 경우에나 가능하다.

그러나 문제는 또 있다. 자극에 상응한다고 생각되는 지각도 결코 현존하는 것의 단순한 반영은 아닐 것이다. 왜냐하면 이 경우의 지각은 〔어떤 것을〕 그 무엇으로서 파악하는 작업이 될 것이기 때문이다. '……으로서' 파악하는 모든 작업은 어떤 것은 간과하며, 어떤 것은 주시하고, '……으로서' 함께 봄으로써 현존하는 것을 표현한다. 그리고 이 모든 것은 다시금 주시注視의 중심에 놓일 수도 있고, 아니면 주시의 주변이나 배후에서 단순히 '부수적으로 보일' 수도 있다. 따라서 본다는 것은 현존하는 것을 선별적으로 읽는 것으로, 이를테면 현존하는 많은 것을 간과함으로써 많은 것이 보는 작업에 더이상 존재하지 않게 된다는 사실은 의심의 여지가 없다. 마찬가지로 보는 작업은 기대에 인도되어서, 전혀 현존하지 않는 것을 '들여다보게' 되기도 한다. 보는 것 자체에 작용하는 불변의 경향도 생각해볼 수 있다. 이 경우 우리는 사물을 항상 가급적이면 〔이전과〕 동일한 눈으로 보려고 한다.

순수한 지각이론에 관한 이러한 비판은 실용주의적 경험의 입장에서 수행되었으나 하이데거에 의해 근본적인 것으로 그 방향이 전환되었다. 여기서는 보는 행위가 보이는 대상을 단순히 '넘어서지' 않고, 예를 들어 어떤 것을 위한 일반적 필요성에 주목하지 않고, 보이는 대상 그 자체에 머물게 된다. 그럼에도 불구하고 순수한 지각이론에 관한 비판은 미적 의식에도 적용된다. 머물면서 보는 것과 듣는 것은 대상 그 자체를 단순히 바라보는 행위가 아니라, 그 자체가 〔대상을〕 ……으로서 파악하는 작업이다. '미적으로' 지각된 것의 존재방식은 〔단순한 지각대상으로서의〕 존재적 성격을 지니지는 않는다. 의미를 담고 있는 표현을 다룰 경우, 예를 들어 조형예술 작품의 경우, 그것이 비대상적이며 추상적인 것이 아닌 한, 이 대상을 읽어내는 데는 분명 담겨진 의미가 주도적 역할을 한다. 우리는 표현된 것을 '인식'할 때만 어떤 상像을 '읽어'낼 수 있다. 아니, 그렇게 할 때에만 그것은 근본적으로 하나의 상이 된다. 본다는 것은 분류한다는 뜻이다. 우리가 아직 가변적인 분류 형태들을 시험하고 있거나 숨은그림찾기를 할 때처럼 그림들 사이에서 동요하는 한, 우리는 존재하는 것을 보지 못한다. 숨은그림찾기는 말하자면 그러한 동요의 인위적 영속화로서, 보는 것의 '고통'이다. 언어예술 작품의 경우도 이와 유사하다. 우리가 어떤 텍스트를 이해해야만, 그러니까 적어도 그 텍스트에 사용된 언어를 잘 구사할 수 있을 때만 그 텍스트는 우리에게 언어예술 작품이 될 수 있다. 설사 절대음악을 듣는다 해도 우리는 그 음악을 '이해'해야 한다. 우리가 그것을 이해할 때에만, 다시 말해 그것이 우리에게 '명료해'질 때에만 그것은 우리에게 예술적 형성체로 존재하게 된다. 그러니까 비록 절대음악이 그 자체로서 하나의 순수한 형식 운동이요, 소리 나는 수학이라 하더라도, 그리고 음악에서 지각되는 구체적으로 의미 있는 내용이 결코 존재하지 않는다 하더라도, 이해는 의미 있는 것과 연관을 맺게 된다. 이러한 연관의 미규정성이 바로 절대음악의 특수한 의미연관이다.[174]

단순히 보는 것과 단순히 듣는 것은 현상들을 인위적으로 단순화시키는 독단적 추상이다. 지각은 항상 의미를 파악한다. 따라서 미적 형성체의 통일성을 그 내용과 대립해서 오로지 형식에서 찾는 것은 전도된 형식주의로서 결코 칸트에 근거를 둔 것이 아니다. 칸트는 형식의 개념을 전혀 다르게 생각했다. 그의 경우, 형식 개념은 예술작품의 의미 있는 내용이 아니라, 소재적인 것의 단순히 감각적 자극에 대항해서 미적 형성체가 구성된다.[175] 이른바 대상적 내용은, 추후에 형성되기를 기다리는 소재가 아니라 예술작품 속에 이미 형식과 의미의 통일로 묶여 있다.

화가의 언어에서 흔히 사용되는 '모티프'라는 표현이 이를 잘 설명해줄 수 있다. 모티프는 구상적일 수도 있고 추상적일 수도 있다. 모티프는 어쨌건 모티프로서 존재론적으로 볼 때 비소재적aneu hylēs이다. 그렇다고 모티프가 내용이 없다는 말은 아니다. 오히려 어떤 것이 모티프가 될 수 있기 위해서는 확고한 통일성을 지니고, 예술가는 이러한 통일성을 의미의 통일성으로서 수행하며, 마찬가지로 수용자도 이 통일성을 통일성으로 이해해야 한다. 주지하다시피 칸트는 이와 연관하여 '이름 붙일 수 없는 많은 것'을 더불어 생각하게 해주는 '감성적 이념'에 관해 말한다.[176] 감성적인 것의 선험적 순수성을 넘어서서 예술의 존재방식을 인정하는 것이 칸트의 방식이다. 앞에서 우리가 밝힌 바 있듯이 칸트는 결코 순수한 감성적 쾌감 그 자체의 '지성화'를 기피하지는 않는다. 당초무늬는 결코 그의 미적 이상이 아니라 다만 방법상 그가 선호하는 한 예에 불과하다. 예술을 올바르게 평가하려면 미학은 자기 자신을 넘어서서 미적인 것의 '순수성'[177]을 포기해야 한다. 그러나 그렇게 해서 미학이 진정 확고한 위치를 찾을 수 있겠는가? 칸트에게는 천재 개념이 선험적 기능을 지니며, 예술 개념 또한 이 기능을 통해 정초된다. 우리는 이 천재 개념이 그의 후계자들에 의해 어떻게 미학의 보편적 토대로 확장되는가를 본 바 있다. 그러나 천재 개념이 진정 그러한 보편적 토대가 되기에 적합한 것인가?

오늘날 예술가의 의식은 분명 이에 대립되는 듯하다. 이른바 천재들의 황혼이 시작된 것이다. 천재가 몽유병자적 무의식을 가지고 창작한다는 생각은 자신의 문학 창작 방법에 관한 괴테의 글을 통해 정당화되기는 하지만, 이는 오늘날 우리에게는 잘못된 낭만주의로 여겨진다. 이러한 생각에 대하여 폴 발레리Paul Valéry 같은 시인은 레오나르도 다 빈치같이 예술가이자 동시에 엔지니어인 척도를 제시했다. 다 빈치의 탁월한 재능 속에는 수공예와 기계의 발명, 그리고 예술가적 천재성이 구별할 수 없게 한데 얽혀 있었다.[178] 이에 반해 일반적인 의식은 오늘날까지도 18세기의 천재 숭배에 영향을 받으며, 우리가 19세기 시민사회의 특징으로 파악했던 예술가의 신성화에 의해 규정된다. 이러한 사실은 천재 개념이 근본적으로 관찰자의 입장에서 구상되었다는 데서 확인된다. 이 고전적 개념은 분명 창작자의 정신이 아니라 평가자의 정신에 설득력 있는 것으로 나타난다. 관찰자에게는 이해할 수 없는—즉 사람이 어떻게 그런 것을 해낼 수 있을까라는 생각을 불러일으키는—기적으로 보이는 것이 천재적 영감에 의한 창작의 경이로움으로 나타난다. 이쯤

되면 창작자들도 자기 자신을 관찰할 때 관찰자와 같은 이해방식을 사용할 수 있을 것이다. 이렇게 볼 때 18세기의 천재 숭배 사상은 분명 창작자들에 의해서도 배양되었음에 틀림없다.[179] 그러나 이들 창작자들은 시민사회가 생각하는 것만큼 그렇게 자신을 과도하게 신격화하지는 않았다. 창작자의 자기이해는 훨씬 더 냉철하다. 창작자는 관찰자가 〔작품 속에서〕 착상과 비밀, 보다 깊은 의미를 찾는 경우에도, 제작 및 능력의 가능성과 '기교'의 문제를 생각한다.[180]

천재의 무의식적 창조성 이론에 대한 이러한 비판을 고려하고자 할 때, 우리는 칸트가 천재 개념에 부여한 선험적 기능을 통해 해결한 문제에 다시금 부딪히게 된다. 예술작품이란 무엇인가? 그것은 수공업작품 내지 '조잡한 작품', 즉 미적으로 가치가 별로 없는 작품과 어떻게 구별되는가? 칸트나 관념론의 입장에서 보면 예술작품은 천재의 작품이라고 정의된다. 성공적으로 완성된 것, 모범적인 것이라는 예술작품의 탁월성은, 〔작품에〕 머물면서 해석할 수 있는 고갈되지 않는 대상을 향유자와 관찰자에게 제공해준다는 사실에서 입증된다. 창작의 천재성이 향유의 천재성과 일치한다는 사실은 이미 칸트의 취미론과 천재론에 나타나 있으며, 이러한 사실은 모리츠나 괴테가 한층 더 분명하게 가르쳐준 바 있다.

그럼 이제 천재 개념 없이 예술 향유의 본질 및 수공업 제품과 예술 창작품 간의 차이를 생각해볼 수 있는 방법은 무엇인가?

그리고 또 예술작품의 완전성 내지 완성도는 어떻게 측정되어야 할 것인가? 예술작품이 아닌 제작물이나 생산물은 목적에 따라 완성의 기준이 마련된다. 다시 말해 그 용도에 따라 결정된다. 여기서는 소기의 목적에 부합되면 제작활동이 끝나고 제작물이 완성된다.[181] 그러면 예술작품의 완성을 위한 기준은 어떻게 정해야 할 것인가? 그런 식으로 합리적이고 냉철한 눈으로 예술적 '생산'을 관찰할 수도 있다. 그러나 우리가 예술작품이라고 부르는 많은 것들은 결코 사용하기 위해 만들어진 것이 아니다. 따라서 예술작품은 어떤 것이든 그러한 목적에 따른 완성의 척도를 지니지 않는다. 그렇다면 예술작품의 존재는 오로지 잠재적으로 그 존재를 초월하는 형성작업의 중단과 같은 것으로만 나타나는가? 예술작품은 도대체 그 자체로는 결코 완성될 수 없는 것인가?

폴 발레리야말로 그러한 견해를 가지고 있었다. 그도 역시 예술작품을 대하고 그것을 이해하려고 시도하는 사람이 갖게 되는 이런 식의 결론〔예술작품의 미완성적 성격〕을 부정하지 않았다. 예술작품이 그 자체 내에서 완성될 수 없다는 이와 같은 견해를 타당한 것으로 받아들여야 한다면, 〔예술작품의〕 수용과 이해의 적절성은 어떤 척도에 맞춰 측정해야 할 것인가? 그러나 형성작업의 우연적이며 자의적인 중단은 어떤 구속력도 지닐 수 없다.[182] 따라서 작품을 대하고 그것으로부터 나름대로 무엇을 만들어내느냐 하는 문제는 전적으로 수용자에게 맡겨야 한다는 결론이 나온다. 이렇게 볼 때 어떤 형성체를 이해하는 방식은 그것이 어떤 것이든 각기 그 나름대로 정당성을 지니게 된다. 다시 말해 적절성을 재는 기준은 존재하지 않는다. 작가 자신도 그러한 기준을 지니고 있지 않다는 견해에는 천재미학도 동조하리라 생각된다. 새로 창작된 예술 생산품의 지위와 권리는 오히려 그때그때 작품과의 만남에 의해 좌우된다. 그러나 이러한 견해가 내게는 논거가 박약한 해석학적 허무주의로 생각된다. 발레리는 천재의 무의식적 생산의 신화에서 벗어나기 위해 자신의 작품에 대해 가끔 그러한 결론을 도출해내곤 했는데,[183] 내가 보기에는 이때 본격적으로 그러한 신화에 빠져든 것 같다. 왜냐하면 이렇게 함으로써 그는 자신이 행사하고 싶지 않은 절대적 창작의 전권을 독자와 해석자에게 넘겨주기 때문이다. 이해의 천재성은 실제로 창작의 천재성보다 결코 더 나은 정보를 제공하지 않는다.

천재 개념 대신에 미적 체험 개념에서 출발한다 해도 이와 똑같은 곤경에 빠지게 된다. 이 점에 관해서는 이미 루카치Lukács가 그의 중요한 논문 「미학에 있어서의 주객 관계Die Subjekt-Objekt-Beziehung in der Ästhetik」에서 문제점을 파헤친 바 있다.[184] 그는 미학의 영역이 헤라클레이토스적 구조를 지니고 있다고 말한다. 여기서 그가 말하고자 하는 것은 미적 대상의 통일성이 결코 사실적 소여가 아니라는 것이다. 예술작품은 단지 빈 형식, 즉 다수의 가능한 미적 체험들의 단순한 합류점일 뿐이다.(미적 대상은 이 미적 체험들 속에서만 존재한다.) 우리가 알다시피 절대적 불연속성, 즉 미적 대상의 통일성이 다양한 체험으로 해체되는 것은 체험 미학의 필연적인 결과이다. 루카치의 견해를 따르면서 오스카르 베커Oskar Becker는 바로 다음과 같이 언급한다. "시간적으로 보면 작품은 단지 순간(즉 지금)에 존재할 뿐이다. 그것은 '지금' 이 작품으로 존재하며, 앞으로 더이상 이 작품으로 존재하지 않는다!"[185] 이 말은 정말 일관된 논리를 지니고 있다. 미학을 체험에 정초시킬 경우 미학은 절대적 순간성Punktualität으로 인도된다. 이 순간성은 예술작품의 통일성을 해체시킬 뿐 아니라, 예술가의 정체성 및 이해자나 향유자의 정체성도 파괴한다.[186]

내가 보기에는 키르케고르Kierkegaard가 이미 이러한 입장이 갖는 논거의 박약성을 증명한 것 같다. 그는 주관주의의 파괴적인 결과를 인식했으며, 미적 직접성의 자기 파괴에 관해 최초로 기술했다. 실존의 미적 단계에 관한 그의 이론은, 순수한 직접성과 불연속성 속에서는 실존이 구제 불능이며 유지 불능임을 통찰한 윤리학자의 입장에서 구상되었다. 그의 비판적 시도는 근본적인 중요성을 지닌다. 왜냐하면 여기서 제기된 미적 의식에 대한 비판이 미적 실존의 내적 모순을 파헤침으로써, 미적 실존으로 하여금 그 자신을 초월하지 않을 수 없게 만들기 때문이다. 이렇듯 실존의 미적 단계가 그 자체로서는 지탱하기 어렵다는 사실이 증명됨으로써, 예술현상이 실존에 피할 수 없는 과제를 제기한다는 사실이 인정된다. 피할 수 없는 과제란 그때그때의 미적 인상이 순간순간 제시하는 집요하고 감동적인 현재에 직면해서도 자기이해의 연속성은 획득

되어야 한다는 것이다. 자기이해의 연속성만이 인간의 현존재를 받쳐줄 수 있기 때문이다.[187]

그럼에도 불구하고 인간 실존의 해석학적 연속성 밖에서 미적 현존재를 구성하는 존재규정이 시도된다면, 이는 내가 보기에 키르케고르가 행한 비판의 정당함을 오해한 소치다. 자연적인 것이 보여주는 한계와 유사한, 현존재의 역사적 자기이해의 한계들이 미적 현상에서 드러난다는 것은 인정할 수 있다. 자연적인 것은 정신 속에 정신의 조건으로서 함께 정립된 채 여러 가지 형식, 즉 신화나 꿈, 의식적 삶의 무의식적 전형성前形成 Präformation으로서 정신적인 것 속으로 침투한다. 그럼에도 불구하고 우리를 그렇게 제한하고 조건짓는 것을 그 자체로부터 보는 일과, 그렇게 제한되고 조건지어진 존재인 우리를 외부로부터 보는 일을 우리에게 허용하는 입장은 주어져 있지 않다. 우리의 이해에서 벗어난 것 또한 우리 자신을 제한하는 것으로서 경험되며, 그로써 우리의 이해에서 벗어난 것이 인간 현존재의 활동을 가능하게 해주는 자기이해의 연속성에 속하게 된다. 사실 "아름다운 것의 나약성Hinfälligkeit과 예술가의 모험성"에 대한 인식과 더불어 현존재의 '해석학적 현상학' 밖에서 하나의 존재구조가 드러나는 것이 아니다. 오히려 미적 존재와 미적 경험의 이러한 불연속성 앞에서, 우리의 존재를 형성하는 해석학적 연속성을 견지하는 과제가 제기되는 것이다.[188]

예술의 신전神殿에는 순수한 미적 의식에 나타나는 무시간적 현재가 아니라, 역사적으로 모여들어 집합하는 정신의 활동이 깃들어 있다. 미적 경험 또한 자기이해의 한 방식이다. 그러나 모든 자기이해는 이해되는 다른 어떤 것을 대상으로 해서 이루어지며, 그 대상의 통일성과 동일성을 포함한다. 우리가 세계 안에서 예술작품을 만나고 개개의 예술작품 속에서 세계를 만나는 한, 예술작품은 우리가 잠시 마술에 걸려 빠져드는 낯선 세계가 아니다. 오히려 우리는 그 속에서 우리 자신을 이해하는 법을 배운다. 다시 말해 체험의 불연속성과 순간성을 우리 현존재의 연속성 속에서 지양하게 된다. 그 때문에 아름다운 것과 예술을 대할 경우 직접성을 요구하는 대신 인간의 역사적 현실에 상응하는 입장을 취하는 것이 중요하다. 직접성 및 순간성을 띤 천재성, 또는 '체험'의 중요성을 근거로 삼는 것은 연속성과 자기이해의 통일성에 대한 인간 실존의 요구 앞에서 힘을 잃는다. 예술의 경험이 미적 의식의 무구속성으로 내몰려서는 안 된다.

〔미적 의식에 대한〕 이러한 부정적 통찰은 긍정적 의미를 지닌다. 다시 말해 예술은 인식〔의 대상〕이며, 예술작품을 경험함으로써 우리는 이러한 인식에 도달하게 된다.

이와 더불어 미적 경험의 진리를 어떻게 올바르게 평가할 수 있으며, 칸트의 '감성적 판단력 비판'으로 시작된 미적인 것의 철저한 주관화를 어떻게 극복할 수 있는가 하는 문제가 제기된다. 아주 특정한 선험적 정초를 수행할 목적으로 한 방법적 추상이, 칸트로 하여금 감성적 판단력을 전적으로 주체의 상태와 연관시키도록 했다는 사실을 우리는 밝힌 바 있다. 그러나 이러한 미적 추상이 그 후 내용적으로 이해되고, 예술을 '순수하게 미적으로' 이해하도록 요구하는 쪽으로 변화된 현 시점에서, 우리는 이러한 추상의 요구가 예술의 현실적인 경험과 어떻게 해결될 수 없는 모순에 빠지는가를 목격하게 된다.

예술에는 어떠한 인식도 없다는 것인가? 예술의 경험에는 과학의 진리 요구와 분명히 구별되면서 또 분명 그것에 예속되지 않는 진리 요구가 깃들어 있지 않은가? 미학의 과제는 바로 예술의 경험이 독자적 인식 방법이라는 사실을 근거짓는 데 있는 것이 아닐까? 이러한 인식은 과학으로 하여금 자연의 인식을 정초시키는 궁극적인 자료들을 과학에게 매개해주는 감각 인식과는 물론 다르며, 또한 모든 윤리적 이성 인식 및 모든 개념적 인식과도 다르다. 그렇지만 이것 역시 인식, 즉 진리의 매개임에는 틀림없지 않을까?

이러한 사실은 칸트처럼 인식의 진리를 과학의 인식 개념 및 자연과학의 현실 개념이란 잣대로 측정할 경우 인정받기가 어려워진다. 따라서 경험의 개념을 칸트의 경우보다 확대하여 예술작품의 경험도 하나의 경험으로서 이해될 수 있게 할 필요가 있다. 이 과제를 위해 우리는 헤겔의 경탄스러운 미학 강의를 원용할 수 있다. 여기서는 모든 예술경험 속에 깃들어 있는 진리내용이 훌륭한 방식으로 인정을 받는 동시에 역사적 의식과도 매개되어 있다. 이로써 미학은 세계관들의 역사, 다시 말해 예술의 거울에서 드러나는 진리의 역사가 되는 것이다. 그와 동시에 예술경험 자체에서 진리의 인식을 정당화시키고자 하는 우리의 과제가 기본적으로 인정받게 된다.

우리에게 친숙한 개념인 '세계관'은, 칸트와 피히테가 인륜적 근본경험을 통해 도덕적 세계질서를 요청적으로 보충한 것을 특징적으로 나타내기 위해 헤겔이 『정신 현상학』[189]에서 처음 언급한 것이지만, 그 개념의 고유한 의미는 『미학*Aesthetik*』에서 비로소 획득된다. '세계관'이란 개념이 우리에게 친숙하게 들리도록 만든 것은 세계관의 다양성과 그 변화 가능성이다.[190] 우리는 그 대표적인 예를 예술사에서 찾아볼 수 있다. 왜냐하면 예술의 역사적 다양성은 참된 예술을 발전 목표로 하는 통일성으로 지양될 수 없기 때문이다. 물론 헤겔은 철학의 포괄적 앎이 예술의 진리를 능가한다고 보았고, 세계사나 철학사 같은 세계관의 역사를 현재의 완성된 자기의식으로부터 구성함으로써만 예술의 진리를 인정할 수 있었다. 여기서도 우리는 헤겔이 빗나가고 있음을 보게 된다. 왜냐하면 이렇게 함으로써 그는 주관적 정신의 영역을 멀리 벗어나기 때문이다.* 이러한 영역 초월에는 헤겔적 사고의 변함없는 진리계기가 깃들어 있다. 물론 이런 방법을 통해 개념의 진리는 막강한 힘을 얻게 되고

* 헤겔의 경우 예술은 절대정신에 속한다. 그러나 절대정신의 최종 단계는 철학적 앎이기 때문에 예술의 진리는 철학의 앎으로 지양되어야 한다.

모든 경험을 개념의 진리 속으로 지양시키기는 하지만, 그 때문에 헤겔의 철학은 예술의 경험에서 인식한 진리의 길을 다시금 거부하게 된다. 이 진리의 길이 지닌 고유한 권리를 옹호하려 한다면, 우리는 여기서 의미하는 진리가 무엇인지를 기본적으로 규명해봐야 할 것이다. 이 물음에 대한 대답은 다름 아닌 정신과학 일반에서 찾아야 할 것이다. 왜냐하면 정신과학은 미적 의식 혹은 역사적 의식의 다양성이든 종교적 의식 혹은 정치적 의식의 다양성이든 간에 모든 경험의 다양성을 능가하려 하지 않고 이해하려 한다. 즉 진리를 있는 그대로 평가하려 한다. 우리는 역사학파가 기술하는 정신과학의 자기이해와 헤겔이 서로 어떤 관계에 놓여 있으며, 어떻게 서로 양쪽으로 나누어지고, 또 무엇이 정신과학에서 의미하는 진리에 대한 올바른 이해를 가능하게 하는지 상세하게 논의해야 할 것이다. 우리는 미적 의식으로부터가 아니라, 이러한 보다 광범위한 테두리 안에서만 예술의 문제를 올바르게 다룰 수 있다.

우리는 미적 의식의 자체 해석을 바로잡고, 미적 경험이 증명하는 예술의 진리에 관한 문제를 새롭게 제기함으로써, 이제 이러한 방향으로 겨우 한 걸음을 내딛었다. 따라서 우리에게는 이제 예술의 경험이 하나의 경험으로 이해되도록 고찰하는 일이 중요한 과제가 되었다. 예술의 경험이 미적 교양의 소유물로 날조됨으로써 그 고유한 권리가 무력화되는 일이 있어서는 결코 안 될 것이다. 광범위한 해석학적 논리 귀결은 바로 이러한 문제의 해결과 연결되어 있음을 우리는 보게 될 것이다. 왜냐하면 예술언어와의 모든 만남은 완결되지 않은 사건Geschehen과의 만남이며, 만남 그 자체가 이러한 사건의 한 부분이기 때문이다. 이것이야말로 미적 의식과 그것이 자행하는 진리 문제의 무력화에 맞서서 우리가 그 타당성을 획득해야 할 문제다.

사변적 관념론이 무한지無限知의 입장으로 자신을 고양시킴으로써 칸트에 정초된 미적 주관주의와 불가지론을 극복하려고 시도했다면, 우리가 보았듯이, 그노시스적으로 유한성을 스스로 구제하는 것은 예술을 철학 자체로 지양시키는 행위이다. 이러한 시도 대신에 우리는 유한성의 입장을 고수해야 할 것이다. 근대의 주관주의에 대한 하이데거의 비판이 지닌 생산적인 점은, 내가 보기에, 존재를 시간적으로 해석함으로써 유한성의 입장을 고수하기 위한 그 나름의 독특한 가능성을 열어놓았다는 것이다. 시간의 지평에서 존재를 해석한다는 것은, 사람들이 늘 잘못 알듯이, 현존재를 더이상 항존적 존재자Immerseiendes, 영원한 것으로 여기지 않고, 전적으로 그 자체의 시간과 미래와 연관해서 이해하도록 철저하게 시간화하는 것을 의미하지는 않는다. 만일 하이데거의 견해가 그런 것이라면, 이는 주관주의에 대한 비판이나 극복이 아니라 오히려 그 '실존주의적' 극단화가 될 것이다. 우리는 이러한 실존주의적 극단화가 미래에는 분명히 집단주의가 될 것이라고 예견한다. 그러나 여기서 〔하이데거가〕 다루는 철학의 문제는 바로 주관주의의 그 자체를 지향한다. 주관주의가 극단으로 내몰려서 의심을 받게 되는 이유도 바로 여기에 있다. 〔하이데거가 제기하는〕 철학의 물음은 자기이해의 존재가 무엇인가 하는 것이다. 이와 더불어 그 철학의 물음은 자기이해의 지평을 근본적으로 뛰어넘는다. 그 물음은 자기이해의 지평에 숨겨진 근거인 시간을 발견함으로써, 허무주의적 절망의 소산인 맹목적 앙가주망engagement을 설교하는 것이 아니라 이제까지 닫혔던, 주관주의적 사고를 뛰어넘는 경험에게 자신을 개방한다. 하이데거는 이 경험을 존재라고 부른다.

예술의 경험을 올바르게 다루기 위해 우리는 미적 의식에 대한 비판에서 시작했다. 예술의 경험은 자신이 경험한 것의 완전한 진리를 완결된 인식에서는 결코 포착할 수 없다는 사실을 스스로 인정한다. 여기에는 완전한 진보란 없으며, 예술작품 속에 담겨 있는 것을 남김없이 퍼내는 일도 가능하지 않다. 예술의 경험에서 이러한 사실은 저절로 드러난다. 그렇다 하더라도 미적 의식이 경험으로 간주한 것을 미적 의식으로부터 단순하게 받아들여서는 안 된다. 왜냐하면 우리가 본 바와 같이 미적 의식은 자신의 경험을 궁극적으로 체험의 불연속성으로 간주하기 때문이다. 그러나 이러한 결과를 우리는 받아들일 수 없는 것으로 인식했다.

그 대신에 우리는 예술의 경험에서 예술의 경험이 자신을 무엇으로 생각하는가를 묻지 않고, 실제로 예술의 경험이 무엇인가 그리고 예술경험의 진리가 무엇인가를 묻는다. 물론 예술의 경험 그 자체는 자신이 무엇인지 모르고, 또 자신이 알고 있는 것을 말할 수도 없다. 마찬가지로 하이데거도 형이상학이 그 자체를 무엇으로 간주하는가를 묻지 않고, 형이상학이 무엇인가를 물었다. 우리는 예술을 경험할 때 작품에서 진정한 경험을 만나게 된다. 이 경험은 경험하는 사람을 변화시키지 않고는 못 배긴다. 그래서 우리는 이런 식으로 경험하는 것의 존재양식이 무엇인가를 묻는다. 그럼으로써 우리는 여기서 만나는 진리가 어떤 종류의 진리인가를 보다 잘 이해할 수 있기를 기대한다.

동시에 우리는 정신과학이 수행하는 '이해'에서 진리에 대한 문제가 새로이 제기되는 차원이 열림을 보게 될 것이다.[191]

정신과학에서 진리가 무엇인지 알고자 한다면, 우리는 하이데거가 형이상학을 향해 제기했으며, 또 우리가 미적 의식을 향해 제기하는 것과 같은 의미에서 철학의 물음을 정신과학적 방법 전반에 걸쳐 제기해야 할 것이다. 우리는 정신과학의 자기이해가 들려주는 대답을 그대로 받아들여서는 안 되고, 정신과학에서 의미하는 이해가 진정 무엇인지를 물어야 할 것이다. 예술의 진리에 관한 물음이 이러한 폭넓은 물음의 준비에 기여할 수 있을 것이다. 왜냐하면 예술작품의 경험은 이해를 포함하기 때문이다. 다시 말해 해석학적 현상을 표현하기 때문이다. 이것은 확실히 과학적 방법이 의미하는 것과는 다르다. 오히려 이해란 예술작품 자체와의 만남에 속하므로 이러한 귀속은 오직 예술작품의 존재방식으로부터 밝혀질 수 있다.

II 예술작품의 존재론과 그 해석학적 의미

1
놀이: 존재론적 설명의 실마리

1) 놀이 개념

첫 출발점으로 미학에서 큰 역할을 한 개념, 즉 놀이Spiel 개념을 선택해보자. 그러나 우리에게 중요한 것은, 칸트와 실러에게서 볼 수 있었고, 또 근대의 미학과 인간학 전반을 지배한 주관적 의미로부터 이 놀이 개념을 분리하는 것이다. 우리가 예술경험과 연관해서 언급하는 놀이는 창작자 내지 향유자의 태도나 마음 상태가 아니다. 또한 놀이는 결코 놀이에서 작용하는 주관성의 자유가 아니라, 예술작품 자체의 존재방식을 의미한다. 우리는 미적 의식을 분석하면서 미적 의식과 그 대상과의 대립관계는 우리의 문제상황을 적절하게 다룰 수 없다는 사실을 알게 되었다. 바로 그 때문에 놀이 개념이 우리에게 중요하다.

주관성을 띤 다른 태도들과 마찬가지로 놀이하는 사람의 태도는 확실히 놀이 자체로부터 구별될 수 있다. 따라서 놀이하는 사람에게 놀이란 진지한 일이 아니며, 바로 그렇기 때문에 논다고 말할 수 있다. 우리는 이러한 관점에서 놀이 개념을 규정할 수 있다. 단순히 놀이인 것은 진지한 것이 아니다. 놀이함das Spielen은 진지한 것에 대해 일종의 독특한 본질적 관계를 가진다. 놀이함은 놀이에만 그 '목적'이 있는 것이 아니다. 놀이함은, 아리스토텔레스가 말하듯이, "기분전환을 위한" 것이다.[192] 보다 중요한 것은 놀이함 그 자체에는 어떤 독특한, 아니 어떤 신성한 진지성이 존재한다는 것이다. 그러나 행동하고 염려하는sorgend 현존재를 규정하는 모든 목적 연관들은 놀이하는 태도에서 단순히 소멸해버린 것이 아니라, 독특한 방식으로 비켜나 있다. 놀이하는 사람은 놀이가 다만 놀이일 뿐이고, 자신은 목적의 진지성에 의해 규정되는 세계 안에 있다는 것을 알고 있다. 그러나 그는 놀이하면서 이 진지성과의 관계를 스스로 계속 염두에 둔 것은 아니다. 놀이하는 사람이 놀이하는 데 전적으로 몰두할 때에만, 놀이함은 그 목적을 실현하게 된다. 놀이가 전적으로 놀이가 되게 하는 것은 놀이에서 벗어나 있는 진지성과의 관계가 아니라, 오직 놀이에서의 진지성이다. 놀이를 진지하게 받아들이지 않는 사람은 놀이를 망치는 사람이다. 놀이의 존재방식은 놀이하는 사람이 놀이를 대상처럼 대하는 것을 허용하지 않는다. 놀이하는 사람은 놀이가 무엇이라는 것, 그리고 그가 행하는 것이 '다만 놀이일 뿐' 이라는 것을 잘 안다. 그러나 그는 이때 자신이 놀이에서 '아는' 것이 무엇인지는 알지 못한다.

따라서 놀이 자체의 본질에 관한 물음은, 만일 우리가 놀이하는 사람의 주관적 반성으로부터 그 대답을 기대한다면, 어떠한 대답도 얻을 수 없다.[193] 그 대신 우리는 놀이의 존재방식 자체에 관해 묻고 있다. 우리는 미적 의식이 아니라 예술경험, 그와 더불어 예술작품의 존재방식에 관한 물음이 우리의 성찰대상이 되어야 한다는 것을 보았다. 그러나 예술작품이 대자적對自的 주체에 대립해 있는 대상이 아니라는 것은 곧 예술의 경험을 통해 알 수 있다. 따라서 우리는 이 경험을 미적 의식의 획일화에 반대해서 고수하지 않으면 안 된다. 예술작품은 오히려 그것을 경험하는 사람을 변화시키는 경험이 된다는 데서 그 고유한 존재를 갖게 된다. 예술경험의 '주체', 즉 변하지 않고 지속하는 것은 예술을 경험하는 사람의 주관성이 아니라 예술작품 자체이다. 바로 이 점에서 놀이의 존재방식이 중요하게 된다. 왜냐하면 놀이는 놀이하는 사람들의 의식으로부터 독립해 있는 독특한 본질을 가지기 때문이다. 놀이는 대자적으로 존재하는 주관성이 주제적 지평을 제한하지 않는 곳, 그리고 놀이하는 태도를 취하는 주체들이 없는 곳에서도, 아니 원래 거기에 존재한다.

놀이의 주체는 놀이하는 사람이 아니고, 놀이는 놀이하는 사람을 통해서 단지 표현될 뿐이다. 이러한 사실은 이미 이 낱말의 사용, 특히 바이텐데이크Buytendijk[194]가 주목했던 여러 가지 은유적 사용이 가르쳐준다.

은유적 용법은 언제나 그렇듯 여기서도 방법적 우위를 차지한다. 만일 한 낱말이 원래 속해 있지 않은 응용영역으로 전용되면, 그 낱말이 원래 지닌 '근원적' 의미는 대조적으로 두드러지게 드러난다. 이 경우 언어는 본래 개념적 분석의 과제인 추상작업을 앞서 수행한 것이다. 이제 사유는 이 앞선 수행작업을 이용하기만 하면 된다.

그 밖에도 이것은 어원에도 마찬가지로 적용된다. 어원은 물론 훨씬 더 믿을 수 없다. 왜냐하면 어원은 언어가 아니라 언어학에 의해 수행된 추상물로서 언어 자체, 곧 실제적인 언어사용을 통해서 완전히 검증될 수 없기 때문이다. 그러므로 어원은, 그것이 비록 옳을 경우에도, 증거물이 아니라 개념적 분석의 〔대상이 될〕 선행적 성취물이며, 어원은 이 개념적 분석에서 비로소 그 확고한 근거를 얻는다.[195]

〔놀이라는 낱말의〕 이른바 전용된 의미들을 우선적으로 다루면서 그 낱말의 용법을 고찰해보면, 우리는 빛의 놀이, 파도의 놀이, 볼베어링 내의 기계부품의 놀이, 사지四肢 상호간의 놀이, 힘의 놀이, 모기들의 놀이, 심지어 말놀이라는 말들을 하고 있음을 알게 된다. 이 경우에 언제나 일종의 왕복운동이 고려되며, 이 운동은 결코 어떤 최종 목표에 고정되어 있는 것이 아니다. 무용이라는 낱말에 들어있는 놀이의 근원적 의미 역시 이러한 사실에 상응한다. 이 근원

적 의미는 이 낱말의 다양한 형태들, 예를 들어 Spielmann〔어원적으로는 무용수라는 말〕[196]이라는 말에 아직도 살아남아 있다. 놀이는 운동이며, 이 운동은 끝나게 될 어떤 목표가 있는 것이 아니라, 끊임없는 반복을 통해 새롭게 시작되는 것이다. 왕복운동은 명백히 놀이의 본질을 규정하는 데 중심적 역할을 하며, 따라서 이 운동을 누가 혹은 무엇이 수행하는가는 중요하지 않다. 놀이의 운동 자체는 말하자면 기체基體 없이도 존재한다. 이때 수행되고 나타나는 것은 놀이이며, 여기서는 놀이하는 주체가 확정되어 있지 않다. 놀이는 운동의 수행 그 자체다. 예를 들어 우리는 색채 놀이에 관하여 말하는데, 이 경우에 개별적인 색채가 있고 이것이 다른 색채로 '변한다spielen'고 생각하지 않고, 변화하는 다양한 색채들이 나타나는 통일적인 과정이나 광경을 생각한다.

그러므로 놀이의 존재방식은, 놀이가 행해지기 위해서는 놀이하는 태도를 취하는 어떤 놀이 주체가 있어야 한다는 그런 방식이 아니다. 오히려 놀이함의 가장 근원적 의미는 중간태적* 의미다. 예를 들어 우리는 어떤 것이 어떤 곳에서 혹은 어떤 시간에 '활동한다spielen'고 말하고, 어떤 일이 '벌어진다sich abspielen', 어떤 것이 '작용한다im Spiele sein'고 말한다.[197]

이러한 언어의 고찰은 놀이함이 결코 일종의 행위Betätigung로 이해될 수 없다는 것을 간접적으로 시사하는 것 같다. 언어상으로는 분명히 놀이의 원래 주체는 다른 행위도 하면서 놀이도 하는 사람의 주관성이 아니라 놀이 그 자체다. 우리는 놀이와 같은 현상을 주관성과 그 태도 방식에 관련시키는 데 익숙해 있어서, 언어 의식의 그러한 암시를 여전히 받아들이지 않는다.

그러나 최근 인류학의 연구 역시 놀이의 테마를 아주 넓게 파악함으로써, 주관성에서 출발하는 고찰 방식에는 한계가 있음을 의

* 언어학에서 중간태Medium란 능동과 수동의 중간적인 동사, 예를 들어 독일어에서 재귀 동사와 같은 것을 말한다.

식하게 되었다. 하위징아Huizinga는 모든 문화에서 놀이의 요소를 찾아냈고, 무엇보다도 아이들과 동물의 놀이가 제식祭式의 '성스러운 놀이'와 연관성이 있음을 밝혀냈다. 이러한 연구를 통해서 그는 믿는 것과 믿지 않는 것의 구별을 전혀 불가능하게 하는 독특한 미결정성을 놀이하는 의식에서 인식하게 되었다.

> 미개인 자신은 존재하는 것Sein과 놀이함 사이의 개념적 구별에 관해 알지 못하며, 정체성, 상像이나 상징에 관해서 알지 못한다. 그 때문에 놀이함이라는 원초적인 용어를 견지함으로써 미개인의 종교적 행위에 깃들어 있는 정신상태에 가장 잘 접근해갈 수 있지 않을까 하는 것이 의문으로 남게 된다. 우리가 사용하는 놀이 개념에서는 믿음과 〔믿음의〕 가장假裝 사이에 구별이 없어진다.[198]

여기서 놀이가 놀이하는 사람의 의식에 대해 우위에 선다는 것이 원칙적으로 인정된다. 그리고 사실상 심리학자이자 인류학자인 하위징아가 기술해야 할 놀이함의 경험 또한 놀이함의 중간태적 의미에서 출발할 경우 새로이 계몽적인 빛을 얻게 된다. 놀이는 명백히 일종의 질서를 표현하며, 이 질서 안에서 놀이의 왕복운동이 그 자체에서 일어난다. 이 운동은 목적이나 의도가 없을 뿐 아니라, 또한 긴장 없이 일어난다는 것이 놀이의 본질이다. 놀이는 그 자체로부터 발생한다. 물론 놀이의 경쾌함이 실제적으로 긴장의 결여일 필요는 없고 다만 현상학적으로 볼 때 긴장이 없다는 것을 의미하는데,[199] 이러한 놀이의 경쾌함은 주관적으로는 해방으로 경험된다. 놀이의 질서구조는 놀이하는 사람으로 하여금 자신에게 전적으로 몰두하게 함으로써—현존재의 본래의 긴장을 형성하는—이니셔티브를 쥐어야 하는 부담을 그에게서 덜어준다. 이러한 사실은 놀이하는 사람에게서 일어나는, 즉흥적인 반복에의 충동에서도, 또 놀이의 형식을 특징짓는 놀이의 부단한 자기재생(예컨대 후렴)에서도 볼 수 있다.

그러나 놀이의 존재방식이 이와 같이 자연의 운동형태와 비슷하다는 사실은 중요한 방법적 귀결을 가져온다. 동물들도 놀이를 한다거나, 심지어 전용된 의미에서 물과 빛에 대해서 놀이를 한다고 말할 수 있는 것은 분명히 아니다. 오히려 반대로 우리는 인간에 대해서, 인간 역시 놀이를 한다고 말할 수 있다. 인간의 놀이함도 자연의 한 과정이다. 인간의 놀이함이 지닌 의미 역시, 인간이 자연의 한 부분이기 때문에 그리고 또 인간이 자연의 한 부분인 한, 일종의 순수한 자기표현이다. 따라서 결국 이 영역에서는 본래적인 어법과 은유적인 어법의 구별이 무의미해진다.

그러나 무엇보다도 놀이의 이 중간태적 의미로부터 비로소 예술작품의 존재에 대한 놀이의 관계가 드러난다. 자연은 목적이나 의도, 긴장이 없이, 부단히 자기를 재생하는 놀이인 한, 바로 예술의 모범으로 나타날 수 있다. 그래서 슐레겔은 다음과 같이 서술한다. "예술의 모든 성스러운 놀이는 다만 세계의 무한한 놀이, 즉 영원히 자신을 창조하는 예술작품의 먼 모조품일 뿐이다."[200]

하위징아에게서 논의되는 또다른 문제, 즉 경기競技의 놀이 특성 역시 놀이의 왕복운동의 기본적인 역할로부터 명백해진다. 경기하는 사람에게는 사실 놀이를 한다는 것이 의식되지 않는다. 그러나 승자를 출현시키고, 그렇게 함으로써 전체가 하나의 놀이가 되게 하는 긴장된 왕복운동은 경쟁을 통해서 일어난다. 왕복은 본질적으로 명백히 놀이에 속하며, 따라서 궁극적인 의미에서 〔왕복운동이 없는〕 혼자만의 놀이함이란 결코 존재하지 않는다. 놀이가 있기 위해서 다른 사람이 실제로 함께 놀이할 필요는 없지만, 그러나 놀이하는 사람이 가지고 놀 다른 것, 그리고 놀이하는 사람의 움직임에 대응해서 스스로 반응할 다른 것이 언제나 있지 않으면 안 된다. 예컨대 놀이하는 고양이가 털뭉치를 선택하는 것은 이 털뭉치가 함께 놀이를 하기 때문이다. 공놀이의 지속성은 예기치 않은 것을 저절로 야기하는 공의 자유로운 온갖 운동성에 근거한다.

놀이하는 사람에 대한 놀이의 우위성은, 놀이에서 태도를 취하는 인간의 주관성이 문제가 되는 곳에서도, 놀이하는 사람들 자신에 의해서도 독특한 방식으로 경험된다. 다시 말해 놀이의 고유한 본질에 대해 가장 풍부하게 설명해주는 것은 역시 그 낱말의 비본래적 어법이다. 예를 들어 우리는 어떤 사람에 대해서 그는 많은 가능성이나 계획을 궁리한다고 말한다. 이것이 의미하는 것은 명백하다. 즉 그 사람은 그러한 가능성을 진지한 목표로 확정하지 못한 상태에 있다는 것이다. 그는 아직 이렇게 혹은 저렇게, 이 가능성 혹은 저 가능성을 결정할 자유를 가지고 있다. 다른 한편 이 자유는 위험이 없는 것이 아니다. 오히려 놀이 그 자체가 놀이하는 사람에게는 일종의 모험이 된다. 우리는 다만 진지한 가능성을 가지고 놀이를 할 수 있다. 이것은 분명 가능성들이 우리를 제압해서 관철할 수 있는 한, 우리가 그 가능성들에 관여한다는 것을 의미한다. 놀이가 놀이하는 사람에게 주는 매력은 바로 이러한 모험에 있다. 이렇게 우리는 결정의 자유를 누리지만, 동시에 이 자유는 위태로워져 어쩔 수 없이 제한되게 마련이다. 조각그림 맞추기 놀이Geduldsspiele, 페이션스 게임Patiencen* 등을 생각해보라. 이와 같은 것은 진지한 일의 경우에도 해당된다. 자기 스스로 결정하는 자유를 향유하기 위해 긴급한 결정을 회피하는 사람, 또는 진지하게 원하는 것은 아닌 가능성들에 관계하는 사람, 바로 그 가능성들을 진지하게 원하지 않기 때문에, 그 가능성들을 선택함으로써 자신을 제한할 위험이 없는 가능성들에 관계하는 사람을 우리는 경박한 사람이라고 부른다.

위의 사실로부터 우리는 놀이의 본질이 어떻게 놀이하는 태도에 반영되는가를 보여주는 일반적인 특징을 언급할 수 있다. 모든 놀이함은 놀이됨Gespieltwerden이다. 놀이의 매력, 놀이가 주는 매혹은

*참을성을 필요로 하는 일종의 카드 놀이.

놀이가 놀이하는 사람을 지배한다는 데 그 본질이 있다. 비록 우리가 스스로 제기한 과제를 실현하려고 하는 바로 그런 놀이의 경우라 하더라도, 놀이가 '제대로 진행되는지' '성공할 것인지' 그리고 '연거푸 성공할 것인지' 하는 것은 모험이며, 이것이 놀이에 매력을 준다. 그렇게 시도하는 사람은 사실상 시도되는 사람이다. 놀이하는 사람이 단 한 사람뿐인 경우의 경험이 분명하게 보여주는 바와 같이, 놀이의 원래 주체는 놀이하는 사람이 아니라 놀이 자체이다. 놀이하는 사람을 사로잡는 것, 그를 놀이로 끌어들여 놀이에 붙잡아매는 것은 놀이이다.

이것은 놀이가 자신의 독특한 정신을 가지고 있다는 사실에서도 나타난다.[201] 이 사실은 놀이하는 사람의 기분이나 정신적 상태를 의미하는 것이 아니다. 상이한 놀이를 할 때, 또는 그러한 상이한 놀이에 대해 즐거움을 가질 때 일어나는 마음 상태의 차이는 오히려 놀이 자체의 상이성의 결과이지 원인이 아니다. 놀이들 자체는 놀이의 정신을 통해 서로 구별된다. 이것은 놀이들이 바로 그들 자신인 놀이 운동의 왕복을 그때그때 달리 예시하고 배열한다는 사실에 기인한다. 놀이 공간이 채워지는 방식을 규정하는 규칙과 질서가 놀이의 본질을 결정한다. 이러한 사실은 아주 일반적으로 말해서 놀이가 있는 곳 어디에서나 적용된다. 예를 들어 분수의 율동이나 놀이하는 동물에게도 적용된다. 놀이가 이루어지는 놀이 공간은 내부로부터 놀이 그 자체를 통해 측정된다. 이 놀이 공간은 놀이 운동이 부딪치는 것, 즉 운동을 외부로부터 제한하는, 자유로운 공간의 한계에 의해서보다는 놀이 운동을 규정하는 질서에 의해서 훨씬 더 제약을 받는다.

이러한 일반적인 규정들에 비해 이제 인간의 놀이함의 특징은 어떤 것etwas을 놀이한다는 데 있는 것 같다. 이 말의 의미는 인간의 놀이함을 지배하는 운동 질서는 놀이하는 사람이 '선택하는' 어떤 특정한 성질을 가진다는 것이다. 우선 놀이하는 사람은 그가 놀이를 하고 싶어한다는 사실을 통해 자신의 놀이하는 태도를 그 이외의 다른 태도와 명확하게 구별한다. 그러나 놀이를 할 준비가 되어 있는 상태에서도 그는 선택을 한다. 그는 어떤 놀이는 선택하고 어떤 놀이는 선택하지 않는다. 이러한 사실은 놀이 운동의 놀이 공간이 단지 놀이가 펼쳐질 자유로운 공간이 아니라, 특별히 놀이 운동을 위해 경계지어서 확보된 공간이라는 점에 상응한다. 인간의 놀이는 놀이 장소를 필요로 한다. 놀이 영역의 경계 구획은 하위징아가 올바르게 강조하듯이[202] 성스러운 영역의 경계 구획과 꼭 마찬가지로, 완결된 세계로서의 놀이 세계와 목적을 가지는 세계를 〔양자간의〕 이행 및 매개 없이 대립시킨다. 모든 놀이함이 어떤 것을 놀이함이라는 사실은, 놀이의 질서 있는 왕복운동이 하나의 태도로 규정되고 다른 종류의 태도와 구별되는 데서 비로소 타당성을 가지게 된다. 놀이의 원래 본질은, 놀이를 하는 사람이 자신의 목적에 대한 태도에서 느끼는 긴장감에서 해방된다는 사실에 있다 할지라도, 놀이하는 사람은 놀이함에서조차 여전히 어떤 태도를 취하는 사람이다. 이로써 왜 놀이함이 어떤 것을 놀이함인지가 보다 상세하게 규정된다. 모든 놀이는 그것을 행하는 사람에게 과제를 준다. 놀이하는 사람은, 말하자면 자기 태도의 목적을 놀이의 단순한 과제로 변형시키지 않고서는, 놀이를 펼치는 자유를 향유할 수 없다. 예를 들어 어린아이는 공놀이를 할 때 자신에게 과제를 부과한다. 이 경우 과제란 놀이의 과제다. 왜냐하면 놀이의 실제적인 목적은 결코 이 과제의 해결이 아니라 놀이운동 그 자체의 질서와 형상화이기 때문이다.

놀이하는 태도가 의미하는 독특한 경쾌함과 해방감은 명백히 놀이 과제의 독특한 성격에 근거하며, 그 성공적인 과제 해결로부터 생겨난다.

어떤 과제의 성공적 수행은 '그 과제를 드러내준다'고 우리는 말할 수 있다. 이 어법은 특히 놀이가 문제되는 곳에서 명백해진다.

왜냐하면 놀이의 경우에 과제의 성취는 어떠한 목적 연관을 지시하지 않기 때문이다. 놀이는 사실 자기를 표현하는 것으로 한정된다. 놀이의 존재방식은 자기표현이다. 자기표현이란 자연의 보편적인 존재양상이다. 오늘날 우리는 생물학적인 목적 개념들이 생물의 형태를 이해시키는 데 얼마나 불충분한지를 알고 있다.[203] 마찬가지로 놀이의 경우에도, 놀이가 가지는 삶의 기능과 생물학적 목적에 대한 물음은 〔놀이의 본질을 규명하기에는〕 불충분하다. 놀이는 그야말로 자기표현이다.

인간의 놀이의 자기표현은 이미 보았듯이 사실상 놀이의 가상적 목적에 결부된 태도에 근거하지만, 이 태도의 '의미'는 실제로 이러한 목적을 달성하는 데 있지 않다. 오히려 놀이 과제에 전력을 기울이는 것이 사실상 놀이가 자신을 펼치는 것이다. 놀이의 자기표현은 놀이하는 사람이 어떤 것을 놀이함으로써, 즉 그 어떤 것을 표현함으로써 그의 고유한 자기표현을 하도록 한다. 놀이함이 언제나 표현하는 것이기 때문에, 인간의 놀이는 표현하는 것 자체에서 놀이의 과제를 찾을 수 있다. 따라서 표현하는 놀이라고 불러야 할 그러한 놀이들이 있다. 즉 놀이가 암시의 일시적 의미 관계에서 표현 그 자체의 어떤 것(예를 들어 '황제, 왕, 귀족'〔놀이〕)을 지니든지, 혹은 놀이 활동이 (예를 들어 어린아이들이 자동차 놀이를 할 경우에서처럼) 어떤 것을 표현하는 데 그 본질이 있든 간에, 표현하는 놀이라고 불러야만 하는 놀이가 존재한다.

모든 표현활동은 단지 그 가능성에 따르면, 누군가를 위한 표현활동이다. 이러한 가능성 자체를 고려한다는 것은 예술의 놀이 성격에서 볼 수 있는 특성이다. 놀이 세계의 폐쇄된 공간은 여기에서 그 벽 하나를 허물어버린다.[204] 제식 놀이와 연극은 명백히, 놀이하는 아이가 표현하는 것과 같은 의미에서 표현하지는 않는다. 제식 놀이와 연극은 표현하는 것으로 다 끝나는 것이 아니라, 동시에 자신을 넘어서 자신을 관람하면서 참여하는 사람들에게로 향한다.

여기서 놀이는 더이상 어떤 질서 있는 운동의 단순한 자기표현이 아니고, 또 놀이하는 아이가 몰두하는 단순한 표현도 아니며, 그것은 '……을 위한 표현'이다. 모든 표현활동에 고유한 이러한 지시는 여기서 실행되며, 이것은 예술의 존재를 위한 본질적 조건이 된다.

일반적으로 놀이는, 아무리 그것이 본질상 표현이라 해도 또 그 안에서 놀이하는 사람이 자신을 표현한다 해도, 어떤 사람을 위해서 표현되는 것이 아니다. 즉 〔놀이에서〕 관객은 고려되어 있지 않다. 아이들은 비록 그들이 표현한다 해도 자기 자신을 위해서 놀이를 한다. 그리고 관객 앞에서 행해지는 스포츠 경기와 같은 놀이조차도 관객을 고려하지 않으며, 사실 이러한 놀이는 그것이 보여주기 위한 경기가 될 때 시합으로서의 본래적인 놀이 성격을 상실할 위험이 있다. 제식 행위의 일부분인 행렬조차 전시展示 이상의 것이다. 왜냐하면 이 행렬은 그 고유한 의미에 따라 종교적 공동체 전체를 포함하기 때문이다. 그러나 제식 행위는 실제적으로 공동체를 위한 표현이며, 연극도 마찬가지로 본질상 관객을 요구하는 놀이 과정이다. 제식에서 신의 표현, 연극에서 신화의 표현은, 〔제식과 연극에〕 참여하여 놀이하는 사람이 표현하는 놀이에 몰두해서 자신의 고양된 자기표현을 발견하는 방식의 놀이만은 아니다. 이 표현들은 그 자체로부터 놀이하는 사람이 관객을 위해서 어떤 의미 전체를 표현하는 데로 이행한다. 제4의 벽*이 없다고 해서 놀이가 전시로 변화되는 것은 결코 아니다. 〔놀이가〕 관객을 향해 열려 있음으로써 오히려 놀이의 폐쇄성〔완결성〕이 더불어 가능해진다. 관객은 놀이가 그 자체로 존재하는 것을 실행할 뿐이다.[205]

바로 여기서 중간태적 과정이라는 놀이의 규정이 중요한 의미로 드러난다. 우리는 놀이가 놀이하는 사람의 의식이나 태도에서 그 존재를 가지는 것이 아니라, 반대로 놀이가 놀이하는 사람을 놀이의 영역으로 끌어들여서 놀이의 정신으로 가득 채운다는 것을 이

*무대와 객석 사이에 있는 (가상의) 벽.

미 고찰했다. 놀이하는 사람에게 놀이는 자신을 능가하는 현실로서 경험된다. 이것은 놀이가 그러한 현실 자체로 '의미되는' 곳에서 비로소 타당하다. 그리고 놀이가 관객을 위한 표현Darstellung für den Zuschauer으로 나타나는 곳에서, 즉 놀이가 '연극Schauspiel'〔보여주는 놀이〕인 곳에서 그러하다.

연극 역시 놀이이며, 연극은 그 자체로 완결된 세계라는 놀이 구조를 가지고 있다. 그러나 종교적 혹은 세속적 연극은, 비록 그것이 표현하는 세계가 그 자체로 완결된 세계라 하더라도 관객 쪽으로 열려 있는 것이나 다름없다. 연극은 관객에게서 비로소 자신의 온전한 의미를 얻게 된다. 놀이하는 사람〔연기자〕은 모든 놀이〔연극〕에서 그러하듯이 자신의 역할을 수행한다. 놀이는 이렇게 해서 표현되지만, 놀이 그 자체는 놀이하는 사람과 관객으로 이루어진 전체다. 사실 놀이는 함께 놀이하지 않고 관람하는 사람에 의해 가장 본래적으로 경험되며, '의미된' 그대로 그에게 표현된다. 관람하는 사람에게서 놀이는 말하자면 그 이념성으로 고양된다.

이것이 연기자들에게 의미하는 것은, 연기자들은 모든 놀이에서처럼 단순히 자신의 역할을 수행하는 것이 아니라, 오히려 〔관객 앞에서〕 자신의 역할을 보여주며, 관객을 위해서 그 역할을 표현한다는 것이다. 그들이 놀이에 참여하는 방식은 이제 놀이에 전적으로 몰두한다는 점에 의해 규정되는 것이 아니라, 그들이 아닌 관객이 몰두하는 연극 전체와 관련해서, 또 이 연극 전체를 바라보는 시각에서 자신의 역할을 한다는 사실에 의해 규정된다. 놀이가 연극이 될 경우, 놀이 그 자체에는 일종의 총체적인 전환이 일어난다. 이 전환은 관객을 연기자의 입장에 세우게 된다. 연극은 관객을 위해서 그리고 관객 앞에서 행해지는 것이지, 연기자를 위해 연기자 앞에서 행해지는 것이 아니다. 그렇다고 그 전체 의미 속에서 표현하면서 자신의 역할을 하는 연기자가 그 전체 의미를 경험할 수 없다는 말은 물론 아니다. 연극이 이해되어야 할, 따라서 연기자의 태도와 분리될 수 있는 의미 내용을 담지하고 있다는 것이 명백하다면, 연극은 관객을 위해 존재하며, 이 점에서 관객은 다만 방법상의 우위를 지닌다. 근본적으로 여기서 연기자와 관객의 구별은 지양된다. 연극 자체를 그 의미 내용에서 고려해야 한다는 요구는 양자에게 동일한 요구이다.

이러한 사실은 심지어 놀이 공동체가 모든 관객에 대해 그 공동체 자체를 봉쇄할 때에도 절대적이다. 이러한 봉쇄의 이유는, 예를 들어 놀이 공동체가 관객을 위해서가 아니라 놀이하는 사람들 자신을 위해서 만들어짐으로써, 보다 본래적인 의미의 연주이기를 바라는 이른바 가정 연주회에서처럼, 예술적 삶의 사회적 제도화에 맞서 싸우기 때문이다. 그러나 이러한 방식으로 음악을 하는 사람은 사실 음악이 잘 '흘러나오기를', 즉 그 음악을 들을 〔가상의〕 사람에게 올바르게 표현되기를 열망한다. 예술의 표현은 비록 듣거나 보는 사람이 아무도 없다 할지라도, 그 본질상 누군가를 위해 존재한다.

2) 형성체로의 변화와 총체적 매개

인간의 놀이가 예술이라는 진정한 완성을 이루게 되는 이 전환을 나는 형성체形成體Gebilde로의 변화라 부르고자 한다. 이 전환에 의하여 비로소 놀이는 이념성을 획득하며, 따라서 그 자체로 의미되고 이해될 수 있다. 이제 비로소 놀이는 놀이하는 사람들이 표현하는 행위와 분리된 것처럼 보이고, 놀이하는 사람들이 놀이하는 것의 순수한 현상에서 놀이의 본질을 찾을 수 있게 된다. 순수한 현상으로서의 놀이는, 예측할 수 없는 즉흥극의 의외적인 것 역시, 원칙적으로 반복 가능하며, 이 점에서 지속적인 것이다. 놀이는 단지 현실태現實態 energeia의 성격뿐 아니라, 작품의 성격, 즉 '에르곤Ergon'의 성격도 지닌다.[206] 이러한 의미에서 나는 놀이를 일종의 형성체라고 부른다.

그러나 놀이는, 놀이하는 사람들의 표현하는 행위로부터 그와 같이 분리될 수 있음에도 불구하고 표현에 의존되어 있다. 이 의존성은 놀이가 그때그때 표현하는 사람, 즉 연주자와 관중에 의해 그 의미 규정을 획득한다거나 또는 이 작품의 원저자로서 원래의 창작자라고 부를 수 있는 사람, 즉 예술가로부터 비로소 그 의미 규정을 획득한다는 의미의 의존성을 뜻하지는 않는다. 오히려 놀이는 그들 모두에 대하여 일종의 절대적 자율성을 지니며, 바로 이것이 변화Verwandlung의 개념에 의하여 드러나게 될 것이다.

만일 우리가 변화의 의미를 진지하게 받아들일 경우, 예술의 존재규정에 대하여 언급해야 할 것이 무엇인지 드러난다. 변화란 〔단순한〕 변경Veränderung이 아니라, 이를테면 대폭적인 변경이다. 변경이란 말을 할 때 우리가 늘 생각하는 것은 오히려, 변경되는 것은 동시에 동일한 것으로 계속 존속하며, 고정되어 유지된다는 것이다. 변경되는 것이 아무리 총체적으로 변경된다 하더라도 그 안의 어떤 것이 변경된다. 범주적으로 말하면, 모든 변경alloiōsis은 성질의 영역, 즉 실체의 우연적 계기Akzidens의 영역에 속한다. 그에 반해, 변화란 어떤 것이 한꺼번에 전체적으로 다른 것이 되어서, 변화된 바로 이것이 참된 존재임에 반해 그 이전의 존재는 아무것도 아님을 의미한다. 만일 우리가 어떤 사람이 변화된 것처럼 생각한다면, 이 변화가 의미하는 것은, 그가 말하자면 다른 사람이 되었다는 것이다. 여기서는 어떤 것에서 다른 것으로 이행하는 점진적 변경의 과정이란 있을 수 없다. 왜냐하면 하나는 다른 것의 부정이기 때문이다. 이와 같이 형성체로의 변화란 이전에 있던 것이 더이상 없다는 것을 뜻한다. 또한 형성체로의 변화란 지금 존재하는 것, 예술의 놀이에서 표현되는 것이 지속적으로 참된 것이라는 뜻이기도 하다.

무엇보다도 우선 여기서 명백한 것은 주관성에서 출발하는 것이 얼마나 사실에 부합하지 않는가 하는 것이다. 더이상 존재하지 않는 것은 작가나 작곡가도 포함하여 바로 놀이하는 사람들이다.

모든 놀이하는 사람들은 그들의 놀이 활동이 '다만 놀이를 할 뿐' 이라는 것을 뜻하는 한에서 그들이 고수하는 고유한 독자적 존재를 지니고 있지 않다. 놀이 활동이 무엇인가를 놀이하는 사람의 측면에서 기술한다면, 놀이는 분명히 변화가 아니라 변장이다. 변장하는 자는 정체가 드러나기를 원하지 않고, 다른 사람으로 나타나기를, 다른 사람으로 여겨지기를 원한다. 다른 사람의 눈에 더이상 그 자신이 아니라 다른 사람으로 여겨지길 바란다. 따라서 그는 사람들이 자기를 알아채거나 인식하기를 원하지 않는다. 그는 우리가 실제의 교제에서 어떤 연기를 하듯이, 즉 사칭하고 위장하며, 외견상 그렇게 보이도록 하는 것과 같이 다른 사람의 역할을 한다. 이런 식으로 놀이를 하는 사람은 외견상 그 자신과의 연속성을 거부한다. 그러나 사실 이것은, 그가 이 연속성을 혼자서 고수하여 다만 놀이를 대하는 다른 사람들에게 감추고 보여주지 않는다는 것을 뜻한다.

우리가 놀이의 본질에 관하여 확정한 모든 것에 따르면, 〔놀이하는 사람이〕 놀이와 그 자신을 구별하는 주관적 구별에는 보여주는 놀이만 있을 뿐이며, 그 구별을 통해서는 놀이의 참된 존재가 나타나지 않는다. 놀이 그 자체는 오히려 놀이하는 사람의 동일성이 어느 누구에게도 존속하지 않을 정도의 변화이다. 각자는 다만 거기서 '의미된' 것이 무엇인가를 물을 뿐이다. 놀이하는 사람들(또는 작가들)은 더이상 존재하지 않으며, 그들에 의하여 놀이된 것만 존재할 뿐이다.

그러나 더이상 존재하지 않는 것은 무엇보다도 우리의 것으로서 우리가 그 안에 살고 있는 이 세계이다. 형성체로의 변화란 단순히 다른 세계로 옮겨가는 것이 아니다. 형성체란 확실히 그 속에서 놀이가 행해지는 하나의 완결된 세계이다. 그러나 그것이 형성체인 한, 그것의 척도를 자체 내에서 발견하기 때문에 밖에 있는 어떤 것을 기준으로 해서는 측정되지 않는다. 이와 같이 연극의 행위는—이 점에서 제식행위와 아주 흡사한데—전적으로 자체 내에 근거를 둔 어떤 것이다. 연극의 행위는 모사模寫하여 만든 모든 유사한 것의 숨겨진 척도인 현실과의 어떠한 비교도 허용하지 않는다. 연극의 행위는 그러한 모든 비교를 초월해 있다. 그와 동시에 그 모든 것이 실제로 그러한가 하는 물음 또한 초월해 있다. 왜냐하면 연극의 행위는 〔현실보다〕 우월한 진리를 말하기 때문이다. 철학사에서 예술의 존재 지위에 대한 가장 철저한 비판가인 플라톤마저도 때로는 삶의 희극과 비극을 무대에서의 그것과 구별하지 않고 말한다.[207] 왜냐하면 자신 앞에서 행해지는 놀이의 의미를 인지할 줄 아는 사람에게는 이 차이가 지양되기 때문이다. 우리 앞에서 전개되고 보여지는 놀이에서 얻는 기쁨은 삶에서든 무대에서든 같은 것이며, 그것은 인식의 기쁨이다.

이로써 우리가 형성체로의 변화라고 불렀던 것이 비로소 그 완전한 의미를 얻게 된다. 이 변화란 참된 것으로의 변화이다. 이 변화는 마법에 걸린 것을 원래대로 풀어주는 구원의 주문을 기다리는 의미에서의 마법이 아니라, 그 자체가 참된 존재로의 구원이며, 원래대로의 복귀이다. 놀이는 그 표현에서 본질적인 것이 나타난다. 표현되지 않으면 계속 숨겨진 채 은폐될 것이 표현을 통해 끌어내져 밝게 드러난다. 삶의 희비극을 감지할 줄 아는 사람은 우리와 함께 행해지는 놀이를 에워싸는 목적의 암시로부터 벗어날 줄도 안다.

'현실'은 소망스럽든 두렵든 간에 언제나 결정되지 않은 미래의 지평 위에 서 있다. 따라서 서로 모순되는 기대들이 일어나므로 이 기대들이 전부 다 실현될 수는 없다. 현실은 언제나 그러하다. 미래의 미결정성이 그러한 기대들의 과잉을 허용하므로 현실은 필연적으로 기대를 다 채울 수 없다. 만일 특수한 경우에 하나의 의미연관이 현실적인 것에서 완결되고 실현되어서 의미의 가닥들이 공허하게 종결되는 식으로 해소된다면, 그러한 현실은 그 자체가 하나의 연극과 같다. 마찬가지로 현실 전체를 모든 것이 실현된 하나의 완결된 의미영역으로 볼 수 있는 사람은 삶 자체의 희비극에 관하여 말할 수 있을 것이다. 현실이 놀이로 이해되는 이 경우들에서, 우리가 예술의 놀이로서 특징짓는 놀이의 현실성이 무엇인지가 드러난다. 모든 놀이의 존재는 항상 완수, 순수한 실현이며, 그 '목적 Telos'을 자체 내에 지닌 현실태이다. 하나의 놀이가 그와 같이 그 과정의 통일성을 지니고 남김없이 표현하는 예술작품의 세계란 사실상 하나의 완전히 변화된 세계이다. 거기서 각자는 그것이 바로 이것이구나 하는 것을 인식한다.

그러므로 변화의 개념은 우리가 형성체라고 불렀던 것의 독립적이며 탁월한 존재방식을 특징짓는다. 이 개념으로부터 이른바 현실은 변화되지 않은 것이며, 예술은 이 현실을 진리로 지양시킨 것이라고 규정된다. 미메시스, 즉 '모방'의 개념을 모든 예술의 토대로 삼는 고대의 예술이론 역시 신적인 것의 표현인 춤이라는 놀이로부터 출발하고 있음은 명백하다.[208]

그러나 모방의 개념은, 우리가 모방에 포함된 인식의 의미를 주목할 때에만 예술의 놀이를 기술할 수 있다. 표현된 것이 현존한다는 사실은 모방의 근원적 관계이다. 어떤 것을 모방하는 사람은 그가 인식한 것과 그가 인식한 방법을 현존하게 한다. 어린아이는 그가 아는 것을 확인하고, 그리하여 그 자신을 확인함으로써 모방하면서 놀이하기 시작한다. 이미 아리스토텔레스가 원용하듯이, 어린아이가 변장을 즐기는 것도 그 배후를 알아맞히고 식별하게 하기 위해 자신을 숨기고 가장하려는 것이 아니라, 그 반대로, 단지 표현된 것에 지나지 않는 하나의 표현행위이다. 어린아이는 결코 변장의 배후가 발각되기를 원하지 않는다. 어린아이가 표현하는 것은 그대로 존재해야 하며, 무엇인가가 드러나야 한다면, 그것은 바로 변장으로 표현된 것이다. 변장되어 있는 것이 무엇'이라는' 것은 마땅히 재인식되어야 한다.[209]

이러한 숙고에서 우리가 확정하는 것은 모방의 인식적 의미는 재인식이라는 것이다. 그러나 재인식이란 무엇인가? 현상을 면밀히 분석해보면 우리가 다루는 표현의 존재의미가 비로소 아주 분명해진다. 잘 아는 바와 같이, 이미 아리스토텔레스는 예술적 표현은 기쁘지 않은 것까지도 기쁘게 나타내준다고 강조하며,[210] 칸트는 예술이 보기 흉한 것도 아름답게 나타내줄 수 있기 때문에 예술을 사물의 아름다운 표상이라고 정의한다.[211] 이 말은 분명 인공적 정교함과 숙련성 같은 것을 두고 하는 말은 아니다. 사람들은 기능인에게서처럼 어떤 것이 만들어지는 기술에 경탄하지는 않는다. 아리스토텔레스가 명백히 말하는 바와 같이, 그것은 이차적 관심의 대상이다.[212] 사람들이 원래 예술작품에서 경험하고 지향하는 것은 오히려 그것이 얼마나 참인가, 즉 예술작품 속에서 무언가를 그리고 자기 자신을 얼마나 잘 인식하며 재인식하는가 하는 것이다.

그러나 재인식의 가장 깊은 본질은, 이미 알고 있는 것을 새로이 인식하는 것, 즉 이미 알려진 것을 다시 인식하는 것에만 주목할 경우 이해되지 않는다. 오히려 재인식 행위의 기쁨이란 단지 이미 알려진 것 이상의 것이 인식되는 데 있다. 재인식에서는 우리가 인식하는 것이, 이것을 조건짓는 주위 환경의 온갖 우연성과 변화 가능성으로부터 마치 하나의 빛을 받은 것처럼 드러나며, 그 본질 속에서 파악된다. 그것은 그 어떤 것으로서 인식된다.

여기서 우리는 플라톤주의의 핵심에 부딪힌다. 플라톤은 그의 '회상Anamnesis' 이론에서 회상의 신화적 표상을 그의 변증법의 길과 함께 생각하는데, 이 변증법은 로고이logoi, 즉 언어의 이념성에서 존재의 진리를 추구한다.[213] 사실상 그러한 본질 관념론은 재인식이라는 현상을 목표로 한다. '이미 알려진 것'은 재인식 행위에 의해 비로소 참된 존재가 되며 본질적 존재로 나타난다. 그것은 재인식된 것으로서 그 본질을 확고히 유지하며, 관점의 우연적 측면에서 벗어난다. 이 사실은 놀이에서 표현을 대상으로 하여 수행되는 그러한 유형의 재인식에도 전적으로 해당된다. 그러한 표현은 확실히, 예를 들어 배우 자신의 특수한 존재와 같이 우연적이고, 비본질적인 모든 것을 극복하게 한다. 배우가 자신이 표현하는 것을 인식하면 그 자신은 완전히 사라진다. 그러나 표현되는 것, 신화적 전승의 잘 알려진 과정 역시 표현에 의하여 타당한 진리로 고양된다. 참된 것의 인식이라는 관점에서 보면, 표현의 존재란 표현된 소재의 존재 이상이며, 〔이런 의미에서〕 호메로스의 아킬레스는 그 원형〔아킬레스〕 이상의 것이다.[214]

우리가 논한 모방의 근원적 관계는 표현된 것이 현존할 뿐 아니라, 보다 본래적으로 현존하게 되었다는 의미를 지닌다. 모방과 표현은 단순히 모사하는 반복이 아니라 본질의 인식이다. 모방과 표현은 단지 반복Wiederholung일 뿐 아니라 '이끌어냄Hervorholung'이기 때문에, 모방과 표현에는 관객이 동시에 관여되어 있다. 모방과 표현은 그 자체가 표현을 대하는 관객과 본질적 관계를 지니고 있다.

우리는 물론 더 나아가 이렇게 말할 수 있다. 즉 본질의 표현은 단순한 모방이 아니기 때문에 필연적으로 보여주는 것이다. 모방하는 사람은 생략하고 강조할 수밖에 없다. 그는 보여주기 때문에 원하든 원치 않든 간에 과장할 수밖에 없다. ('생략하다aphhairein'와 '강조하다synhoran'는 플라톤의 '이데아'론에서도 사용된다.) 그러므로 '그런 것처럼 존재하는 것〔모방〕'과 그것이 같기를 원하는 것〔원형〕 사이에는 없앨 수 없는 존재의 간격이 있다. 잘 알려진 바와 같이, 플라톤은 이 존재론적 간격을 주장함으로써, 즉 원형에 비하여 모상模像이 다소간 모자라다고 주장함으로써, 예술의 놀이에서 모방과 표현을 모방의 모방이라고 하여 세번째 지위로 몰아내버렸다.[215] 그러나 사실 예술의 표현에는 진정한 본질 인식의 성격을 지닌 재인식이 기능한다. 이것은 바로 플라톤이 모든 본질 인식을 재인식으로 이해함으로써 사실상 정초되었다. 그래서 아리스토텔레스는 문학을 역사 기록보다도 더 철학적이라고 말할 수 있었던 것이다.[216]

따라서 모방은 표현으로서 탁월한 인식 기능을 지닌다. 이러한 이유에서 예술이론은, 예술의 인식 의미가 논쟁의 여지가 없는 한에서는, 모방의 개념으로 충분할 수 있었다. 그러나 이 말은 참된 것의 인식이 본질의 인식이라는 점이 확실한 한에서 타당하다.[217] 왜냐하면 그러한 예술은 확실하게 인식에 기여하기 때문이다. 그에 반해 근대 학문의 유명론과 그 현실 개념에서는 미메시스 개념이 미학적으로 구속력을 상실했으며, 이 유명론의 현실 개념으로부터 칸트는 미학이 인식과는 아무런 관계가 없다는 결론을 이끌어냈다.

미학의 이러한 주관적 전환이 지닌 난점이 분명해졌음에도 불구하고 우리는 고대의 전통으로 소급해야 할 것으로 보인다. 만일 예술이, 하나의 공허한 형식처럼 그 대상이 그때그때의 주관적인 의미로 채워지는 변화하는 체험들의 다양성이 아니라면, '표현'은 마땅히 예술작품 자체의 존재양식으로 인정되어야 할 것이다. 이것은 표현의 개념이 놀이의 개념에서 도출되었다는 것에 의해 이미 예비되어 있었다. 왜냐하면 자기표현 활동이 놀이의 참된 본질임과 동시에 예술작품의 참된 본질이기도 하기 때문이다. 행해지는 놀이는 표현을 통해 관객에게 말을 걸며, 이 사실은 관객이 〔표현과〕 마주해 있는 거리에도 불구하고 놀이에 함께 속하기 때문에 그러하다.

이러한 사실은 제식 행위와 같은 유형의 표현에서 가장 분명히 드러났다. 여기서는 공동체와의 관계가 명백하다. 아무리 반성적이라 해도 미적 의식은 미적 대상을 독립적으로 설정하는 미적 구별이 제식의 상像 또는 종교적 놀이의 참된 의미를 드러낸다고는 더이상 말할 수 없다. 제식 행위가 종교적 진리에 비본질적인 것이라고 생각할 사람은 아무도 없을 것이다.

이와 같은 사실이, 상연되는 연극 일반과 문예작품으로서의 연극에도 유사한 방식으로 적용된다. 연극의 상연도 연극의 본질적 존재에 속하는 게 아니라 연극을 경험하는 미적 체험처럼 주관적이며 유동적인 것으로서 단순히 연극으로부터 분리될 수 있는 것은 아니다. 오히려 상연에서, 오직 거기에서만—이러한 현상은 음악에서 가장 분명하게 나타나는데—제식에서 신적인 것과 만나듯이, 작품 그 자체와 만나게 된다. 여기서 놀이 개념에서 출발하여 도달되는 방법적 성과가 드러난다. 예술작품은 그것을 나타나게 하는 접근 조건들의 '우연성'과 완전히 분리될 수 없다. 그러한 분리가 일어나는 곳에서는 어디든 결과적으로 작품 원래의 존재를 축소하는 추상이 일어나고 만다. 예술작품 자체는 예술작품이 표현되는 세계에 속한다. 연극은 연극이 표현되는 곳에서만 비로소 본래적이며, 음악은 소리를 내어야 완전해진다.

따라서 예술의 존재는 미적 의식의 대상으로 규정될 수 없다는 것이 내 주장이다. 왜냐하면 미적 행위는 거꾸로 미적 행위가 자신에 관해 아는 것 이상이기 때문이다. 미적 행위는 표현의 존재 과정의 한 부분이며, 본질적으로 놀이 자체에 속한다.

그것은 어떤 존재론적 결론들을 가져오는가? 만일 우리가 그런 식으로 놀이의 놀이 성격에서 출발한다면, 미적 존재의 존재유형에 대한 보다 상세한 규정을 위해서는 어떤 결과가 생겨나는가? 적어도 명백한 것은 연극〔보여주는 놀이〕과 그로부터 이해된 예술작품은 놀이활동이 자유롭게 실현될 수 있도록 해주는 규칙이나 행동규정들의 단순한 도식圖式이 아니라는 것이다. 연극의 놀이활동은 놀이욕구의 충족으로 이해하려 하지 말고 문예작품 그 자체가 현존으로 등장한다고 이해해야 한다. 따라서 언제나 놀이됨에서만, 즉 표현에서만 연극으로서 존재하고, 연극에서 표현되는 것이 원래의 존재인 그러한 문예작품의 존재란 본질적으로 무엇인가를 묻게 된다.

우리가 앞에서 사용한 '형성체로의 변화'란 구절을 다시 생각해보자. 놀이는 형성체라는 명제가 말하고자 하는 것은 놀이가 놀이됨에 대한 의존성에도 불구하고, 의미를 지닌 전체로서 반복하여 표현될 수 있고 그 의미에서 이해될 수 있다는 것이다. 그러나 형성체는 놀이이기도 하다. 왜냐하면 형성체는 그 이념적 통일성에도 불구하고 오직 그때그때 놀이됨으로써 완전한 존재에 도달할 수 있기 때문이다. 우리가 미적 구별의 추상 작용에 반대하여 강조해야 할 것은 두 측면의 공속성이다.

우리는 이제 곧 이러한 현상을 미적 의식의 본질적 구성 요소인 미적 구별에 미적 무구별을 대립시킨다고 말할 수 있다. 명백한 것은 다음과 같다. 모방에서 모방된 것, 작가에 의해 형상화된 것, 놀이하는 사람에 의해 표현된 것, 관객에 의해 인식된 것은 분명히 의미된 것이다. 여기에는 표현의 의미가 놓여 있어서 작가의 형성 활동이나 표현능력〔즉 작품〕 그 자체가 전혀 〔소재들과〕 구별되지 않는다. 그럼에도 불구하고 구별이 이루어지는 곳에서는 형상화로부터 소재가, 〔작가의〕 '구상'으로부터 작품이 구별된다. 그러나 이 구별은 부차적 성격을 지닌다. 놀이하는 사람이 놀이하는 것과 관객이 인식하는 것은 작가에 의해서 형상화된 그대로 형상들이며 행위 자체이다. 여기서 우리는 이중의 모방을 보게 된다. 작가도 표현하고 놀이하는 사람도 표현한다. 그러나 바로 이 이중의 모방은 하나이다. 양자에서 현존하는 것은 동일한 것이다.

좀더 정확하게 말하면 이렇다. 즉 상연의 모방적 표현은 작품이 원래 요구하는 것을 현존하게 한다. 작품과 그 소재, 그리고 작품과 상연의 이중적 구별은 우리가 예술 놀이에서 인식하는 진리의 통일성인 이중적 무구별에 상응한다. 가령 우리가 작품에 들어 있는 줄거리를 그 출처〔소재〕에 따라 관찰한다면, 작품에 대한 고유한 경험에서 벗어나게 된다. 그와 마찬가지로 관객이 상연의 토대가 되는 구상이나 표현하는 사람의 표현 활동 자체에 관하여 반성한다면, 그것은 이미 연극의 고유한 경험에서 벗어나는 것이 된다. 그러한 반성은 이미 작품 자체를 작품의 표현과 구별하는 미적 구별을 포함한다. 그러나 앞에서 살펴본 대로 우리가 단지 관객의 입장이라면, 경험내용 그 자체로 볼 때 우리 앞에 전개되는 비극 장면이나 희극 장면이 무대에서 진행되든 삶에서 진행되든 마찬가지다.

우리가 형성체라고 불렀던 것은 그런 식으로 의미의 전체로서 표현되는 한에서 형성체인 것이다. 형성체는 그 자체로 존재하지 않는다. 그것은 〔자신에게〕 우연적인 매개를 통해서 나타나며, 바로 그 매개에서 자신의 고유한 존재를 획득한다.

그러한 형성체의 상연이나 연주의 다양성이 아무리 놀이하는 사람〔연기자, 연주자〕의 견해에 근거한다 하더라도 그 다양성은 그들 생각의 주관성 안에 갇혀 있지 않고 생생하게 살아 있다. 따라서 문제가 되는 것은 견해의 단순한 주관적 다양성이 아니라, 그 작품 자체의 다양한 국면에서 전개되는, 작품의 고유한 존재 가능성들이다.

이로써 여기에 미적 반성을 위한 가능한 단초가 놓여 있다는 것을 부정할 수 없다. 물론 동일한 놀이의 여러 가지 다른 상연에서 우리는 매개의 한 방식과 다른 방식을 구별할 수 있다. 그와 마찬가지로 다른 유형의 예술작품에 대한 접근 조건들이 달라질 수 있다고 생각할 수 있다. 예를 들어 하나의 건축물에 대하여 그것만 '따로 떼어놓고' 보면 어떻게 보일까 하고 묻거나, 아니면 그 주변 환경이 어떻게 보일까를 물으면서 그것을 보는 경우와 같다. 혹은 어떤 그림의 복원 문제에 직면했을 때도 마찬가지다. 그러한 모든 경우에서 작품 자체는 작품의 '표현'과 구별되지만,[218] 그렇다고 표현에서 가능한 바리에이션을 마음대로 자유롭게 할 수 있는 것으로 여긴다면 예술작품의 구속성을 오인하는 것이다. 표현에서 가능한 바리에이션은 진정코 모두 '올바른' 표현을 가늠하는 비판적인 주도적 척도에 맡겨져야 한다.[219]

우리는 이러한 현상을 이를테면 연출이나 역할 창조 또는 음악 연주회의 실연에서 출발하는 현대 극장의 전통에서 찾아볼 수 있다. 여기에는 임의적 병렬이나 단순한 바리에이션이 있는 것이 아니라, 오히려 지속적인 모범과 생산적 변화로부터 하나의 전통이 형성되며, 모든 새로운 시도는 이 전통과 대결하지 않으면 안 된다.

재현 예술가 역시 전통과의 대결에 대한 일정한 의식을 지니고 있다. 재현 예술가가 하나의 작품 또는 하나의 역할에 접근하는 방식은 이미 어떤 식으로든 그러한 대결을 했던 모범들과 관련되어 있다. 여기서 중요한 것은 결코 맹목적인 모방이 아니다. 위대한 배우, 감독 혹은 음악가를 통해 이루어지는 전통은 그 모범이 계속 영향을 줌으로써 자유로운 형상화를 방해하는 것이 아니라, 오히려 작품 자체와 융합되어 이 모범과의 대결이 작품 자체와의 대결에 못지않게 모든 예술가의 창조적 재현을 수행하게 한다. 재현 예술들은 그것들이 다루는 작품들을 이런 식으로 자유롭게 추형성追形成 Nachgestaltung하도록 하며, 그와 동시에 예술작품의 동일성과 연속성을 미래를 향해 분명하게 열어놓는다는 것이 재현 예술의 특이한 점이다.[220]

여기서 어떤 것이 '올바른 표현'인가를 재는 척도는 지극히 유동적이며 상대적이다. 그러나 고정된 척도를 포기해야 한다는 이유로 표현의 구속성이 감소되는 것은 아니다. 그러므로 우리가 음악작품이나 희곡작품을 해석할 때, 고정된 '텍스트'에서 임의의 효과가 나오도록 마음대로 해석해서는 결코 안 될 것이다. 그러나 반대로, 예컨대 작곡가가 지휘한 음반 녹음에 근거하거나 또는 전범화典範化된 초연에서 나온 세부적인 상연규정들을 근거로 해서 특정한 해석을 전범화한다면, 원래의 해석과제를 오인하는 것이다. 그런 식으로 추구된 '올바름'은 작품 자체의 참된 구속성을 제대로 다룰 수 없다. 참된 구속성은 모든 해석자 개개인을 고유하고 직접적인 방식으로 제약하며, 단순히 모범을 모방함으로써 해석자가 부담에서 벗어나도록 하지는 않는다.

재현 의욕의 '자유'를 외관外觀이나 주변 현상들에 제한하여 재현활동 전체를 구속적이면서 동시에 자유로운 것으로 생각하지 않는 것도 명백한 잘못이다. 해석이란 어떤 의미에서는 재창작이다. 그러나 이 재창작은 앞선 창작행위를 그대로 뒤따르는 것이 아니라, 앞서 창작된 작품의 형상Figur을 뒤따른다. 다시 말해 재창작자는 앞서 창작된 작품에서 발견되는 의미에 따라 형상을 표현해야 하는 것이다. 예를 들어 고악기古樂器로 연주하는 음악과 같이 역사적인 것을 추구하는 표현은 생각하는 만큼 그렇게 원작에 충실한 것은 아니다. 그러한 표현들은 오히려 모방의 모방으로서 "진리로부터 세 배로 멀어질"(플라톤) 위험에 빠진다.

유일하게 올바른 표현이라는 이념은 우리의 역사적 현존재의 유한성에 비추어볼 때 대체로 불합리한 것으로 보인다. 이에 관해서는 다른 맥락에서 좀더 논할 것이다.[221] 여기서 모든 표현은 올바르고자 한다는 명백한 사실은, 매개를 작품 자체와 구별하지 않는 것이 작품에 대한 본질적 경험이라는 사실을 증명할 뿐이다. 미적 의식이 작품과 작품의 매개를 미적으로 구별하는 것은 일반적으로 오직 비판의 방식으로, 말하자면 그러한 매개가 실패한 곳에서만 수행될 수 있다는 것은 이러한 사실과 일치된다. 매개란 그 이념상 총체적 매개이다.

총체적 매개란 매개하는 것이 그 자체로서 스스로를 지양하는 것을 의미한다. 이 말은 재현(연극이나 음악의 경우, 또는 서사시나 서정시 낭송의 경우에도) 그 자체가 주제인 것이 아니라, 재현을 통하여, 그리고 재현에서 작품이 그 자신을 표현한다는 뜻이다. 이것은 건축물과 조각작품이 자신을 표현하는 접근과 만남의 조건에도 해당된다는 것을 우리는 살펴보게 될 것이다. 여기서도 접근 그 자체가 주제는 아니다. 그러나 거꾸로 작품 자체를 이해하기 위해 삶의 관계들을 추상해야 하는 것도 아니다. 오히려 작품은 삶의 관계들 자체 안에 있다. 작품들이 과거에서 나온다는 것, 그리고 지속적 기념비로서 과거로부터 현재에 나타난다는 것이 그 존재를 결코 미적 의식 또는 역사적 의식의 대상으로 만드는 것은 아니다. 작품들이 기능을 하는 한 어떠한 현재와도 동시적이다. 비록 그 작품들이 예술작품으로서 단지 미술관에 자리를 차지한다 하더라도 그 자체가 완전히 소외되어버린 것은 아니다. 그뿐 아니라 예술작품은 원래 지닌 기능의 자취를 완전히 상실하지 않고, 알아볼 줄 아는 자에게 그 기능의 자취를 인식하면서 재생하도록 한다. 화랑에서 〔다른 작품들과〕 나란히 자리를 차지하는 예술작품은 여전히 하나의 고유한 원천을 지닌다. 예술작품은 스스로 타당성을 획득한다. 그리고 다른 것을 '무력화시키'거나 다른 것에 자신을 잘 보충시킴으로써 타당성을 획득하는 방식 또한 그 자체의 힘에 의한 것이다.

우리는 시간과 상황의 변화에 따라 이와 같이 다르게 표현되는 작품 자체의 동일성에 대해 묻는다. 작품은 그 자체의 변화하는 국면에서 자신의 동일성을 상실할 정도로 분열되는 것이 아니라, 그 모든 국면에서도 존재하고 있음이 명백하다. 그 모든 변화의 국면들은 작품에 속하며 작품과 동시적이다. 예술작품의 시간적 해석 과제는 이렇게 제기되는 것이다.

3) 미적인 것의 시간성

미적인 것의 동시성은 어떤 것인가? 그리고 미적 존재에 속하는 시간성이란 또 어떤 것인가? 미적 존재의 이러한 동시성과 현재성은 일반적으로 미적 존재의 무시간성이라고 불린다. 그러나 이러한 무시간성과, 본질적으로 이 무시간성과 짝을 이루는 시간성을 함께 생각하는 것이 우리의 과제이다. 무시간성은 우선 시간성에 기초하면서 시간성에 대립하는, 일종의 변증법적 규정에 다름 아니다. 역사적 시간성과 초역사적 시간성이라는 두 시간성에 관한 언급들—예를 들면 제들마이어Sedlmayr는 바더Baader와 연계하고 볼노Bollnow를 원용하면서 이 두 시간성으로 예술작품의 시간성을 규정하려고 하는데[222]—역시 일종의 변증법적 대립을 넘어서지 못한다. '현재'가 사라지는 순간이 아니라 시간의 충만함이 되는 초역사적인 '신성한' 시간은 장중함, 경쾌함, 순결함, 또는 무엇으로 불리든지 간에, '실존적인' 시간성으로부터 기술된다. 그런 식으로 시간성과 무시간성을 대립시키는 것이 얼마나 불충분한지는, '참된 시간 wahre Zeit'이 역사적 실존적 '가상 시간Schein Zeit' 속으로 들어온다는 것을 우리가 그대로 인정할 때 즉시 분명해진다. 그러한 틈입은 명백히 〔신성의〕 현현Epiphanie이라는 특징을 가질 테지만, 그렇게 되면 경험하는 의식에게는 연속성이 없는 것이 될 것이다.

이로써 사실상 우리가 앞에서 언급했던 미적 의식의 난점이 다시 되풀이된다. 왜냐하면 비록 예술작품의 시간성이 문제된다 할지라도, 모든 시간 이해가 획득해야만 하는 것이 바로 연속성이기 때문이다. 여기서 시간지평에 관한 하이데거의 존재론적 설명에 대한 오해가 그 응분의 대가를 치르게 된다. 사람들은 현존재의 실존론적 분석의 방법적인 의미를 견지하지 않고, 심려, 죽음으로 치달음, 즉 근본적인 유한성을 통해 규정된 현존재의 이러한 실존론적·역사적 시간성을 실존 이해의 다른 가능성들 중 하나로 취급한다. 그리하여 사람들은 여기서 시간성으로 드러나는 것이 이해 자체의 존재방식이라는 것을 망각한다. 예술작품의 본래적 시간성을 '신성한 시간'으로 파악하여 그것을 퇴락한 역사적 시간에서 떼어내는 것은 사실상 예술에 대한 인간의 유한한 경험을 단순히 반영하는 것에 불과하다. 인간의 자기이해 관점에서가 아니라 신의 계시로부터 알고 있는, 시간의 성서 신학만이 '신성한 시간'에 대해 말할 수 있을 것이며, 예술작품의 무시간성과 '신성한 시간'의 유비를 신학적으로 정당화할 수 있을 것이다. 그러한 신학적 정당성이 없다면, '신성한 시간'에 대한 언급은 예술작품의 탈시간성이 아니라 시간성 속에 들어 있는 원래의 문제를 은폐하게 될 것이다.

그러면 여기서 우리의 문제를 다시 제기해보자. 미적인 것의 시간성이란 무엇인가?[223]

우리는 예술작품이 놀이라는 것, 즉 예술작품은 자신의 고유한 존재를 자신의 표현에서 분리할 수 없으며, 이 표현 속에서 형성체의 통일성과 동일성이 나타난다는 것에서 출발했다. 예술작품이 자기표현에 의존한다는 것은 예술작품의 본질에 속한다. 이는 예술작품이 표현에서 아무리 많이 변형되고 왜곡된다 할지라도, 예술작품은 그 자체로 존속한다는 것을 의미한다. 모든 표현은 형성체 자체와 관련을 맺고 있으며, 형성체에서 끌어낼 수 있는 정확성의 척도에 종속된다는 바로 그 사실이 모든 표현의 구속성을 형성한다. 이러한 사실은 철저하게 왜곡하는 표현의 결성적缺性的 극단의 경우에도 입증된다. 표현은, 형성체 자체의 표현으로 생각되고 그렇게 판단되는 한에서만 왜곡으로 의식된다. 표현은 해소되거나 말소될 수 없는 방식으로 동일한 것을 반복하는 특징을 갖는다. 여기서는 물론 어떤 것이 원래의 의미에서 되풀이된다는 것, 즉 원래의 것으로 되돌아간다는 것을 의미하지는 않는다. 오히려 모든 반복은 똑같이 작품 자체에 대해 근원적이다.

우리는 여기서 제기되는 매우 난해한 시간구조를 축제로부터 이해하게 된다.[224] 어쨌든 정기적인 축제는 반복된다는 데 특성이 있다. 우리는 이러한 반복을 축제가 돌아온다고 말한다. 이때 돌아오는 축제는 원래 경축되었던 것의 단순한 회고도 아니고, 전혀 다른 축제도 아니다. 모든 축제가 갖는 근원적으로 신성한 성격은, 우리가 현재, 회상, 기대라는 시간경험을 통해 알고 있는 그러한 구별을 명백히 배제한다. 축제의 시간경험은 오히려 거행Begehung, 즉 유일무이한 현재이다.

거행의 시간 특징은 계기繼起라는 통상적인 시간경험으로부터는 이해하기 어렵다. 만일 우리가 축제의 돌아옴을 시간과 시간적 차원의 통상적인 경험에 관련시킨다면, 그것은 하나의 역사적 시간성으로 보일 것이다. 축제는 매번 변화된다. 왜냐하면 언제나 다른 것이 축제와 동시적으로 행해지기 때문이다. 그럼에도 불구하고 그러한 역사적 관점에서도 변화를 겪는 하나의 동일한 축제가 있게 될 것이다. 그 축제는 원래 그러했고 그렇게 경축되었는데, 다음에는 다르게 되었고 그 다음에는 또 다르게 되었다.

그러나 이러한 〔역사적〕 관점은 축제의 시간적 특징을 전혀 파악하지 못한다. 축제의 시간적 특징은 거행된다는 데 있다. 축제의 본질에서 보면 축제의 역사적 연관은 부차적인 것이다. 축제는 역사적인 소여로서 동일한 것이 아니며, 원래의 축제가 한때 있었고, 그것과는 다르게 시간의 경과에 따라 경축되는 축제가 있다는 식으로 그 기원에 근거하여 규정되는 것도 아니다. 축제가 정규적으로 경축된다는 것은 오히려—이를테면—축제의 창설이나 점차적인 시행을 통해 생긴 축제에 기원을 둔다. 축제가 언제나 다른 것이라는 사실은 (비록 축제가 '아주 똑같이' 경축된다고 하더라도) 축제 본래의 근원적 본질에 속한다. 언제나 다른 것으로서만 있는 존재자는 역사에 속하는 어떤 것보다 훨씬 더 철저한 의미에서 시간적이다. 그 존재자는 오직 생성과 되돌아오는 것에서만 그 존재를 지닌다.[225]

축제는 오로지 경축됨으로써만 존재한다. 그렇다고 해서 축제가 주관적 성격을 지니거나 축제의 존재가 경축하는 사람들의 주관성에만 들어 있다고 말할 수는 없다. 오히려 사람들은 축제가 있기 때문에 축제를 경축한다. 이러한 사실은 관객에게 표현되어야만 하는 연극에도 마찬가지로 적용된다. 연극의 존재는 관객이 가지는 체험들의 단순한 교차점이 아니다. 오히려 반대로 관객의 존재는 〔연극에〕 '참가함'으로써 규정된다. '참가함'은 동시에 존재하는 다른 것과 단순히 함께 현전하는 것 이상이다. '참가함'은 참여를 의미한다. 어떤 것에 참가하는 사람은 그것이 어떠했는지를 모든 면에서 안다. 그러면 비로소 참가함Dabeisein은 주관적인 태도의 한 방식, 즉 '집중해 있음Bei-der-Sache-sein'이라는 파생적 의미를 지니게 된다. 따라서 바라보는 것은 진정한 참여방식 중 하나이다. 우리는 원래 고대 그리스의 개념인 테오리아Theoria*에 들어 있는 신성한 합일의 의

*낱말 자체의 뜻은 '관조하다', '바라보다'이다.

미를 생각할 수 있을 것이다. 주지하듯이 테오로스Theoros(참여자)는 축제 사절단에 참여하는 사람을 뜻한다. 축제 사절단에 참여하는 사람은 거기에 참가한다는 것 이외에 다른 자격과 기능을 갖지 않는다. 참여자는 그 말 본래의 뜻에 따르면 바라보는 사람으로, 그는 경축 행위에 참가함으로써 참여하며, 그로써 종교법상의 특권, 예를 들어 불가침성을 획득한다.

마찬가지로 그리스의 형이상학은 테오리아[226]와 정신nous의 본질을 참된 존재자[227]에 순수하게 참가하는 것으로 파악했다. 그리고 우리에게도 이론적 태도를 취할 수 있는 능력은 한 사태에 몰두함으로써 자신의 원래 목적을 망각할 수 있는 것으로 정의된다.[228] 그러나 테오리아는 일차적으로 주관성의 태도, 주체의 자기규정이 아니라, 주체가 직관하는 것으로부터 고려되어야 한다. 테오리아는 현실적인 참여로서, 행위가 아니라 감수하는 것pathos, 즉 보이는 것에 마음을 빼앗겨 빠져들어가는 것이다. 여기서부터 게르하르트 크뤼거Gerhard Krüger는 그리스의 이성 개념에 들어 있는 종교적 배경을 분명히 밝혔다.[229]

우리는 예술의 놀이에 속하는 관객의 참된 존재가 주관성의 측면에서 미적 의식의 태도 방식으로 파악되는 것은 적절치 못하다는 사실에서 출발했다. 그렇다고 해서 관객의 본질 또한 우리가 강조한 '참가함'으로부터 기술될 수 없다는 뜻은 아니다. 인간 태도의 주관적 실행인 참가함은 탈자脫自 존재Außersichsein의 특징을 갖는다. 이미 플라톤은 『파이드로스』에서, 사람들이 종종 몰이해로 인해 합리적 이성으로부터 출발함으로써 탈자 존재의 망아忘我를 잘못 파악하고 있음을 지적했다. 그런 경우에는 탈자 존재의 망아를 온전한 정신의 단순한 부정, 즉 일종의 정신착란으로 보게 된다. 사실 탈자 존재는 어떤 것에 완전히 참가할 수 있는 긍정적 가능성이다. 그러한 참가는 자기망각의 특징을 갖는다. 광경에 망아적으로 몰두하는 것이 관객의 본질을 형성한다. 여기서 자기망각은 결성적 상태와는 전혀 다르다. 자기망각은 사태에 대한 완전한 집중에서 발생하며, 이 집중은 관객의 고유하고 적극적인 활동이다.[230]

예술의 놀이에 완전히 몰두하는 관객과 단순한 호기심에서 보는 것을 즐기는 사람 사이에는 명백히 본질적인 차이가 있다. 호기심도 본질적으로는 광경에 끌려서, 그 속에서 자신을 완전히 잊어버리고, 광경과 자신을 분리할 수 없게 만든다. 그러나 호기심의 대상은 근본적으로 보는 사람과 아무런 관계가 없다는 것이 특징이다. 호기심의 대상은 관객에게 어떠한 의미도 없다. 그 대상에는 관객이 실제로 그곳으로 되돌아갈 수 있거나, 그것에 몰입하여 정신을 집중할 만한 것이 없다. 왜냐하면 광경이 자극을 유발하는 근거는 새로움의 형식적 성질, 즉 추상적 타자성이기 때문이다. 이는 지루함과 둔감함이 광경의 자극에 변증법적 보충항으로 나타난다는 사실에서 알 수 있다. 이에 반해 예술의 놀이로서 관객에게 나타나는 것은 순간의 단순한 매혹으로 그치지 않고, 지속을 요구하고 요구를 지속시킨다.

'요구Anspruch'라는 낱말이 여기에 나타난 것은 우연이 아니다. 키르케고르와 더불어 시작된 이른바 '변증법적 신학'이라는 신학적 성찰에서는 이 개념이 키르케고르의 동시성 개념으로 의미된 것에 대한 신학적 해명을 가능케 했는데, 이것은 우연이 아니다. 요구는 지속하는 것이다. 요구에 권한(또는 외관상의 권한)을 부여하는 것이 제일 중요하다. 요구가 존립하기 때문에 요구는 언제나 유효한 것이 될 수 있다. 요구는 어떤 사람을 상대로 해서 이루어지기 때문에, 그에게 유효한 것이 되어야 한다. 그러나 요구는 그 이행이 명백하게 협정되어 있는 확정된 청구가 아니라, 오히려 그러한 청구를 정초한다는 사실이 그 개념에 명백히 들어 있다. 요구는 확정되지 않은 청구에 대한 권리 근거이다. 요구가 보상되는 것이 요구에 상응하는 것처럼, 요구가 효력을 갖게 될 때 비로소 요구는 청구의 형태를 취하게 된다. 요구가 청구로 구체화되는 것은 요구의 존립에 상응한다.

이 요구 개념을 루터 신학에 적용해보면, 복음의 고지告知 이래 신앙의 요구가 존립하고, 이 요구가 설교에서 매번 새롭게 유효해진다. 설교의 말씀은 제의적 행위—예를 들면 신성한 미사—에 부과된, 총체적 매개를 수행한다. 우리는 말씀도 동시성을 매개할 사명을 띠며, 따라서 해석학의 문제에서 말씀이 주도적 기능을 담당하는 것을 나중에 살펴볼 것이다.

여하튼 예술작품의 존재는 '동시성'을 지닌다. 동시성은 '참가'의 본질을 이룬다. 동시성은 미적 의식의 공시성이 아니다. 왜냐하면 이 공시성은 상이한 미적 체험 대상들이 한 의식 속에 함께 있으며, 동등한 타당성을 지닌다는 의미기 때문이다. 이에 반해 '동시성'은 우리에게 표현되는 유일한 것이, 그 기원이 아무리 멀다 하더라도, 그 표현에서 완전한 현재성을 획득한다는 의미다. 동시성은 의식에 나타난 소여 방식이 아니라 의식의 과제이며 의식이 요망하는 성과이다. 동시성의 본질은 대상에 전념해서 이 대상이 '동시적'이 되는 데, 즉 모든 매개가 총체적 현재성 속에서 지양되는 데 있다.

이러한 동시성 개념은 주지하는 바와 같이 이 개념에 독특한 신학적 특징을 부여한 키르케고르에게서 유래한다.[231] 키르케고르의 경우에 '동시성'이란 함께 있음을 뜻하는 게 아니라, 신자에게 주어진 과제를 정식화한다. 다시 말해 동시적이지 않은 것, 즉 신자 자신의 현재와 그리스도의 구속救贖 행위를 총체적으로 매개하여 그리스도의 구속 행위가 (현재와 동떨어진 그 당시의 시점에서가 아니라) 현재적인 것처럼 경험되고 진지하게 받아들여지도록 하는 것이다. 미적 의식의 공시성은 반대로 동시성과 함께 제기되는 과제의 은폐에 기초한다.

이러한 의미에서 동시성은 특히 제의적 행위, 그리고 설교에서의 말씀의 고지에도 속한다. 여기서 참가의 의미는 구속사救贖事 그 자체에 진정으로 참여하는 것이다. 우리에게 제기된 요구의 관점에서 보면, 가령 '아름다운' 의식儀式이라거나 '좋은' 설교와 같은 미적 구별이 설 자리를 차지하지 못한다는 것은 그 누구도 의심할 수 없다. 이제 나는 예술의 경험도 기본적으로는 이와 동일하다고 주장한다. 예술의 경험에서도 매개는 총체적 매개로 생각되어야 한다. 창조하는 예술가의 대자 존재Fürsichsein—예를 들면 그의 전기—도, 작품을 연기하는 연기자의 대자 존재도, 놀이를 수용하는 관객의 대자 존재도 예술작품의 존재 앞에서는 독자적 정당성을 갖지 못한다.

관객 앞에서 펼쳐지는 것은 지속하는 세계의 흐름에서 끄집어내져 독립적인 의미 연관으로 통합되기 때문에, 어느 누구에게도 다른 미래나 현실로 나아갈 동기가 주어지지 않는다. 예술작품을 수용하는 사람은 모든 실천적이고 목적적인 참여를 허용하지 않는 절대적 거리로 들어가게 된다. 이 거리는 원래의 의미에서 미적 거리다. 이 거리는 눈앞에서 표현되는 것에 고유하고 전면적인 참여를 가능케 하는, 보는 데 필요한 간격을 의미한다. 그렇기 때문에 관객의 황홀한 자기망각은 자기 자신과의 연속성에 상응한다. 그가 관객으로서 자신을 잃어버리는 바로 그 지점으로부터 그에게 의미의 연속성이 요구된다. 관객 앞에서 표현되고, 그 안에서 관객이 자신을 인식하는 세계는, 실제로는 관객 자신의 세계, 즉 그가 살고 있는 종교적이고 인륜적인 세계다. 임재Parusie, 즉 절대적 현재가 미적 존재의 존재방식을 나타내고, 그럼에도 불구하고 예술작품이 그러한 현재가 되는 곳에서는 언제나 동일한 예술작품인 것처럼, 관객이 속해 있는 절대적 순간 또한 자기망각이며, 동시에 자기 자신과의 매개이다. 모든 것으로부터 관객을 분리시켰던 것이 동시에 그의 존재 전체를 그에게 되돌려준다.

미적 존재가 표현에 의존한다는 것은 어떠한 결핍, 즉 자율적인 의미 규정의 어떠한 결함을 의미하는 것이 아니다. 그것은 미적 존재의 고유한 본질에 속한다. 관객은 우리가 미적이라고 부르는 놀이 자체의 본질적 계기다. 여기서 아리스토텔레스의 『시학』에 들어 있는 비극의 유명한 정의를 상기해보자. 거기에서는 관객의 상태가 비극의 본질 규정에 명백히 포함되어 있다.

4) 비극적인 것의 범례

아리스토텔레스의 비극 이론은 미적 존재 일반의 구조를 보여주는 예로서 우리에게 도움을 준다. 주지하는 것처럼 그의 비극 이론은 창작론Poetik의 문맥 속에 있으며, 단지 극문학에 대해서만 통용되는 것처럼 보인다. 그러나 비극적인 것은 하나의 근본 현상이며, 단지 비극, 즉 좁은 의미의 비극적 예술작품만이 아니라 다른 종류의 예술, 특히 서사시에도 들어 있는 의미 형태이다. 물론 비극적인 것이 삶에서도 발생하는 한, 그것은 결코 예술에만 특유한 현상이 아니다. 이러한 이유에서 최근의 연구가들(하만, 셸러)[232]은 비극적인 것을 바로 미 외적인 요소로 보았다. 이러한 연구에는 단지 외부로부터 미적인 문제영역으로 들어오는 윤리적·형이상학적 현상이 중요하다.

그러나 미적인 것의 개념이 그 문제성을 드러냈기 때문에 반대로 우리는 오히려 비극적인 것이 일종의 미적인 근본 현상이 아닌가라고 물어야 한다. 미적인 것의 존재는 놀이와 표현으로 우리에게 분명해졌다. 그래서 우리는 비극적 놀이의 이론, 즉 비극 창작론의 경우에도 비극적인 것의 본질에 관해서 물을 수 있다.

아리스토텔레스로부터 현재에 이르기까지 비극적인 것에 관한 반성에 반영되는 것은 물론 불변적인 본질이 결코 아니다. 비극적인 것의 본질이 아티카의 비극에서 유례 없는 방식으로 나타났다는 것은 의문의 여지가 없다. 이러한 본질은 에우리피데스Euripides를 "가장 비극적인" 작가라고 한 아리스토텔레스[233]에게는 달리 나타나고, 아이스킬로스Aeschylos가 비극 현상의 진정한 깊이를 나타낸다고 보는 사람에게는 또 다르게, 그리고 셰익스피어나 헤벨Hebbel을 생각하는 사람에게는 더욱 다르게 나타난다. 그러나 그러한 변화는 단순히 비극적인 것의 통일적인 본질에 대한 질문이 그 대상을 상실한 것이 아니라, 반대로 역사적 통일성으로 수렴된 개관의 형식으로 비극적인 것의 현상이 나타난다는 것을 뜻한다. 키르케고르는 고대 비극이 근대 비극에 반영되어 있다고 말하는데,[234] 이것은 비극에 대한 모든 근대적 사유에 지속적으로 나타나 있다. 따라서 우리가 아리스토텔레스로부터 출발하면, 우리는 비극적 현상 전체를 보게 될 것이다. 아리스토텔레스는 비극에 대한 그의 유명한 정의에서, 관객에게 미치는 작용을 비극의 본질 규정에 포함시킴으로써, 우리가 해명하기 시작한 미적인 것의 문제에 대해 결정적인 암시를 주었다.

비극에 대한 이 유명하고 많이 논의된 정의를 여기서 상세히 다루는 것은 우리의 과제가 될 수 없다. 그러나 비극의 본질 규정에 관객이 포함된다는 단순한 사실은, 관객이 본질적으로 놀이에 귀속된다고 앞에서 말한 것을 분명하게 해준다. 관객이 놀이에 귀속되는 방식을 통해 비로소 놀이 형태의 의미가 드러난다. 그래서 보여주는 놀이〔연극〕에 대해서 관객이 갖는 거리는 어떤 태도의 임의적 선택이 아니라, 놀이의 의미 통일에 근거를 둔 본질적 연관 관계인 것이다. 비극은 비극적인 경과의 통일이며, 이 통일은 그 자체로 경험된다. 그러나 비극적인 경과로 경험되는 것은 비록 무대 위에서 보여지는 연극이 아니라 〔현실적인〕 '삶'에서의 비극이라고 할지라도, 그 자체로 완결된 의미의 세계이며, 이 세계는 자신에게로 들어오는 모든 침입과 관여를 허용하지 않는다. 비극적인 것으로 이해되는 것은 받아들여질 수밖에 없다. 이 점에서 비극적인 것은 사실상 일종의 '미적〔감성적〕' 근본 현상이다.

이제 우리는 비극적 행위의 표현이 관객에게 특정한 작용을 한다는 것을 아리스토텔레스를 통해서 알게 된다. 표현〔상연〕은 eleos

와 phobos를 통해서 작용한다. 이러한 정감을 '연민'과 '공포'라고 전통적으로 번역하면 매우 주관적인 색조를 띤다. 아리스토텔레스에게는 연민, 더욱이 수백 년간 바뀌어온 연민에 대한 평가[235]는 전혀 중요하지 않으며, 공포도 내면적인 감정 상태로 이해해서는 안 된다. 오히려 이 두 낱말은 인간을 엄습하고 휩쓸어가는 사건을 의미한다. 'Eleos'는 우리가 비참하다고 말하는 무언가를 대할 때 우리에게 덮쳐오는 비참함이다. 이를테면 (아리스토텔레스가 항상 드는 예인) 오이디푸스의 운명은 우리에게 비참하게 보인다. 독일어 Jammer는 〔Eleos에 대한〕 아주 좋은 등가어이다. 왜냐하면 이 단어 역시 단순히 내적인 것이 아니라 그 내적인 것의 표현을 의미하기 때문이다. 마찬가지로 'Phobos'도 단순히 감정 상태가 아니라, 아리스토텔레스가 말한 것처럼, 사람들의 피를 얼어붙게 하고 전율을 일으킬 정도의 싸늘한 한기다.[236] 여기서 비극의 특징을 서술하면서 Phobos를 Eleos와 연결해서 말하는 특별한 방식에서 볼 때, Phobos는 급격하게 몰락에 빠져드는 사람을 보고 그 사람에 대해 걱정하는 사람에게 다가오는 불안의 전율을 의미한다. 비참과 걱정은 사람들 앞에 펼쳐지는 것의 마력을 증언하는 망아, 즉 탈자 존재의 방식이다.

아리스토텔레스는 이러한 정감들을 통해서 연극이 그러한 격정을 정화시킨다고 말했다. 주지하는 바와 같이 이러한 번역은 논란의 여지가 있다. 특히 2격二格의 의미가 그러하다.[237] 그러나 내가 보기에는 아리스토텔레스가 뜻한 바는 그러한 문제와는 전혀 관계가 없는 듯하다. 그리고 아리스토텔레스가 뜻한 바를 파악하게 되면, 우리는 문법적으로 매우 상이한 두 개의 해석이 왜 그렇게 끈덕지게 서로 대립할 수 있는가를 이해하게 된다. 여기서 아리스토텔레스는 분명히 비극의 관객을 엄습하는 비극적 비애를 생각하는 것 같다. 그러나 비애는 고통과 쾌락이 독특하게 뒤섞여 있는 일종의 경감輕減과 해결을 의미한다. 아리스토텔레스는 왜 이러한 상태를 정화라고 부른 것일까? 그러한 정감에 부착된 비순수성, 또는 정감 그 자체의 비순수성은 무엇이며, 왜 이러한 비순수성은 비극적 충격에서 해소되는가? 내가 보기에 그 대답은 다음과 같다. 즉 비참과 전율의 엄습은 고통스러운 분열을 나타낸다. 여기에는 일어나는 사건과의 불일치, 즉 그것을 받아들이길 원치 않는 태도가 들어 있다. 이 거부감이 끔찍한 사건에 저항하는 것이다. 그러나 존재하는 것과의 이러한 분열이 해소되는 것은 바로 비극적 파국이 작용한 결과이다. 그런 점에서 비극적 파국은 압박된 가슴을 전반적으로 해방시켜준다. 사람들은 이러한 운명의 비참함과 전율로 자신들을 사로잡은 그 마력에서 해방될 뿐 아니라, 그와 동시에 자신들을 존재하는 것과 분열시킨 모든 것으로부터 자유로워진다.

비극적 비애는 일종의 긍정을, 자기 자신으로 되돌아감을 반영한다. 그리고 현대의 비극에서 드물지 않은 것처럼, 영웅이 그러한 비극적 비애에 젖어 있음을 스스로 의식한다면, 그는 자신의 운명을 받아들임으로써 그러한 긍정에 어느 정도 관여하는 것이다.

그러나 이 긍정의 원래 대상은 무엇인가? 여기서 무엇이 긍정되는가? 인륜적 세계질서의 정당성은 확실히 아니다. 아리스토텔레스의 경우에는 거의 역할을 하지 못하는, 악명 높은 〔죄가 비극을 불러온다는〕 비극의 죄 이론은 현대의 비극에 대해서도 결코 적절한 설명이 되지 못한다. 왜냐하면 죄와 벌이 공정한 배분으로 서로 상응하는 곳과 인륜적인 책임의 청산이 남김없이 이루어지는 곳에는 비극이 없기 때문이다. 현대의 비극에서도 죄와 운명을 전적으로 주체의 탓으로 돌리는 일은 있을 수도 없고, 허용되지도 않는다. 오히려 과도한 비극적 결말이 비극적인 것의 본질을 특징짓는다. 죄에 대한 책임을 모두 주체에 돌림에도 불구하고, 근대 비극에서도 여전히 운명의 고대적 우세함의 요소가 작용한다. 이러한 운명의 과도한 힘은 바로 죄와 운명의 불균형 속에서 모든 사람에게 한결같이 나타난다. 헤벨이 비로소 우리가 여전히 비극이라고 부를 수 있는 것의 경계에 서 있는 것처럼 보이며, 그의 희곡에서는 죄에 대한 주관적 책임이 비극적 사건의 전개에 아주 정확하게 들어맞는다. 마찬가지 이유로 기독교의 비극 사상도 그 나름의 문제점을 안고 있다. 왜냐하면 신의 구속사의 관점에서는, 비극적 사건을 구성하는 행복과 불행의 크기가 더이상 인간의 운명을 규정하지 않기 때문이다. 키르케고르[238]의 기지에 넘치는 대비, 즉 한 가문에 내린 저주에서 비롯되는 고대의 고뇌와, 자기 자신과 하나가 되지 못하고 갈등 속에 빠진 의식을 파열시키는 고통의 대비도 역시 비극적인 것 일반의 경계에 도달한다. 그가 다시 쓴 『안티고네』[239]는 더이상 비극이 아닐 것이다.

따라서 질문은 다시 제기되어야 한다. 관객은 〔비극에서〕 무엇을 긍정하는가? 죄 짓는 행위로부터 발생한 결과가 부적절하고 가공할 만큼 크다는 것이 관객에게는 부당한 요구로 나타난다. 비극의 긍정은 이러한 부당한 요구를 극복하는 것이다. 그것은 진정한 합일의 특징을 갖는다. 비극적 불행의 그러한 과도함에서 경험되는 것은 진정한 공동의 것이다. 관객은 운명의 힘에 직면해서 자기 자신과 자신의 유한한 존재를 인식한다. 위인들이 겪는 것은 전형적인 의미를 갖는다. 비극적 비애를 동의하는 것은 비극의 과정 그 자체, 또는 영웅을 덮치는 운명의 정당성을 두고 하는 말이 아니라, 모든 사람에게 유효한 일종의 형이상학적 존재질서를 말하는 것이다. '그렇구나'라고 깨닫는 것은 다른 사람과 함께 사로잡혀 있던 미망에서 깨어나 되돌아온 일종의 자기인식이다. 비극의 긍정은 의미의 연속성에 의한 통찰이다. 관객은 스스로 이 의미 연속성으로 복귀하는 것이다.

관객의 거리가 비극적인 것의 본질에 속하는 한, 여기서 문제가 되는 것은 미학적 기본개념이라는 사실을 우리는 비극적인 것의 이러한 분석으로부터 이끌어낸다. 그뿐 아니라 보다 중요한 것은, 미적인 것의 존재양식을 규정하는 관객의 거리가 '미적 의식'의 본질적인 특성으로 우리가 인식해온 '미적 구별'을 결코 포함하지 않는다는 것이다. 관객은 표현 예술을 즐기는[240] 미적 의식의 거리에서 활동하는 것이 아니라 참가의 합일에서 활동한다. 비극적 현상의 원래 무게 중심은 결국 표현되고 인식되는 것에, 그리고 거기에 참여하는 것은 명백히 임의적이지 않다는 것에 놓여 있다. 극장에서 축제로 공연되는 비극은 모든 사람의 삶의 예외적인 상황을 나타내기는 하지만, 그렇다고 비극이 모험적 체험 같은 것은 아니다. 그리고 사람들이 자신의 참된 존재로 다시 깨어나야 할 무아도취를 일으키는 것도 아니다. 오히려 관객을 엄습하는 고양과 충격은 사실상 관객의 자기 자신과의 연속성을 심화한다. 비극적 비애는 관객이 획득하는 자기인식에 상응한다. 관객은 비극적 사건에서 자기 자신을 다시 발견한다. 왜냐하면 관객이 비극에서 만나게 되는 것은 종교적 또는 역사적 전승으로부터 그에게 알려진 자신의 고유한 전설이기 때문이다. 그리고 비록 후대의 의식에게는—아리스토텔레스는 물론이거니와 세네카Seneca나 코르네유Corneille에게는 더 말할 나위 없이—이러한 전승이 더이상 구속력이 없을지라도, 그러한 비극작품과 소재가 지속적으로 영향을 끼친다는 것은 어떤 문학적 모범이 단순히 지속적 효력을 발휘한다는 것 이상을 의미한다. 〔비극작품과 소재의〕 지속적 영향은 관객이 전설을 알고 있음을 전제할 뿐 아니라, 실제로 전설 언어가 여전히 관객에게 도달한다는 것을 의미한다. 그럴 때에만 그러한 비극적 소재와 비극작품과의 만남은 자기 자신과의 만남이 될 수 있다.

이렇게 비극적인 것에 타당한 것이 실제로는 훨씬 더 포괄적인 범위에서도 타당하다. 작가에게 자유 창작이란 이미 유효한 전통에 연결되어 있는 중개 역할의 한 측면일 따름이다. 작가는 자신이 자유로이 창작한다고 믿지만, 자신의 플롯을 자유롭게 창작하지는 못한다. 오히려 오늘날까지 모방 이론의 오래된 기반에 속하는 어떤 것이 남아 있다. 작가의 자유로운 창작은 작가조차도 구속하는 공통된 진리의 표현이다.

다른 예술, 특히 조형예술에서도 사정은 다르지 않다. 체험을 문학으로 변화시키는 자유 창작의 상상력이라는 미학적 신화와 그 신화에 속하는 천재 숭배는 신화적·역사적 전통의 유산이 19세기에는 더이상 자명한 자산이 아니라는 것을 증명할 뿐이다. 상상력과 천재의 창작이라는 미학적 신화조차도 현실적으로 존재하는 것 앞에서는 유지될 수 없는 과장임이 드러난다. 소재의 선택과 선택된 소재에 형상을 부여하는 것은 결코 예술가의 자유로운 임의성에서 나오는 것이 아니며, 예술가 내면의 단순한 표현도 아니다. 오히려 예술가는 〔작품을 수용할〕 준비가 되어 있는 사람에게 말을 걸며 예술가 자신에게 효과를 약속하는 것을 〔소재로〕 선택한다. 이 경우 예술가는 자신이 염두에 두고 있고 자신에게 모여드는 청중과 동일한 전통 속에 있다. 이러한 의미에서 볼 때 사실상 예술가는 개체로서, 사유하는 의식으로서, 자신이 무엇을 하며, 자신의 작품이 무엇을 말하는가를 명확히 알 필요가 없다. 연기자나 조각가 또는 감상자가 매혹되는 것은 단지 마법, 도취, 꿈의 낯선 세계는 결코 아니다. 오히려 그들이 보다 본래적으로 자신을 양도하는 세계는 그 자신의 세계다. 왜냐하면 그들은 그 세계에서 자신을 심오하게 인식하기 때문이다. 예술작품을 현존 세계와 결합시키는 것은 여전히 의미의 연속성이다. 교양사회의 소외된 의식조차도 이 의미의 연속성에서 결코 완전히 분리되지는 않는다.

이 모든 것으로부터 결론을 요약해보자. 미적 존재란 무엇인가? 우리는 놀이의 개념, 그리고 예술 놀이를 특징짓는 〔놀이의〕 형성체로의 전환에서 보편적인 것을 제시하려고 노력했다. 즉 문학과 음악을 표현하거나 공연하는 것은 본질적인 것이며, 결코 우연적인 것이 아니다. 표현과 공연에서 완성되는 것은 예술작품 그 자체, 즉 표현과 공연을 통해 표현되는 것의 현존일 뿐이다. 표현되는 것에서 자신의 존재를 갖게 되는 미적 존재의 특정한 시간성은 재현의 경우에는 독립적이고 독자적인 현상으로 존재한다.

이제는 이러한 사실이 실제로 보편적으로 타당한가, 그래서 미적 존재의 존재 성격이 이러한 사실로부터 규정될 수 있는가 하는 문제가 제기된다. 이것은 조각처럼 입체적인 예술작품에도 적용될 수 있는가? 우선 이른바 조형예술이라고 하는 것에 대해서 이 문제를 제기해보자. 우리는 모든 예술 중에 가장 입체적인 건축술도 우리의 문제제기에 시사하는 바가 크다는 것을 보게 될 것이다.

2 미학적·해석학적 결론

1) 그림의 존재가存在價[241]

조형예술에서는 작품이 표현의 어떤 가변성도 허용하지 않을 정도로 작품과 표현이 명백한 동일성을 지닌 것처럼 보인다. 작품이 다르게 보이는 것은 작품 자체와 관계가 있는 것처럼 보이지는 않으며, 따라서 주관적 성격을 띤다. 말하자면 작품에 대한 올바른 체험을 방해하는 제한들은 주체로부터 야기된다고 하지만, 이러한 주관적 제한들은 원칙적으로 극복될 수 있는 것들이다. 우리는 모든 조형예술 작품을 '직접적'으로, 다시 말해 별다른 매개 없이 그 자체로서 체험할 수 있다. 조형예술 작품들이 재생산되는 한, 이러한 재생산은 분명 예술작품 그 자체의 일부는 아니다. 조형예술 작품에 접근하는 데도 주관적 조건들이 따르기 때문에, 조형예술 작품 그 자체를 경험하려면 이러한 조건들을 확실하게 배제해야 한다. 따라서 여기서는 미적 구별이 완전한 정당성을 지닌 것처럼 보인다.

특히 미적 구별은 일반적 언어 사용에서 '그림Bild'이라 불리는 것에 근거해서 이루어질 수 있다. 여기서 그림이라 함은 무엇보다도 근대의 패널화를 두고 하는 말이다. 이것은 어떤 고정된 장소에 얽매어 있지 않고, 그것을 둘러싼 틀을 통해 그 자체를 완전히 독립적으로 드러내며, 바로 그 때문에 현대 화랑이 보여주듯이 임의의 병치倂置가 가능하다. 이러한 그림은 우리가 문학이나 음악의 경우에서 강조한 매개에 대한 객관적 의존성을 외관상으로는 전혀 지니지 않은 것처럼 보인다. 주문 예술이 사라지면서 전시회나 화랑을 위해 만들어진 그림이 일반화되는데, 이러한 그림은 분명 미적 의식의 추상 요구나, 천재 미학에서 정형화된 영감 이론에 부합한다. 그러니까 '그림'은 외관상으로는 미적 의식의 직접성에 타당성을 부여하는 것처럼 보인다. 그림은 미적 의식의 보편적 요구를 뒷받침해주는 중요한 증거 같은 것이다. 그러나 예술과 예술적인 것의 개념을 전래된 형성체의 파악 형식으로 발전시키고 그와 더불어 미적 구별을 수행하는 미적 의식이 우리가 보는 모든 미술품을 미술관에 일률적으로 모아놓는 수집활동과 동시성을 띤다는 사실은 결코 우연의 일치가 아니다. 이로써 우리는 모든 예술작품을 말하자면 그림이 되게 한다. 예술작품을 모든 삶의 연관과 접근 조건의 특수성에서 분리시키면, 예술작품은 마치 그림처럼 틀 속에 넣어져 벽에 걸리게 되는 것이다.

따라서 그림의 존재양식을 좀더 상세히 살펴보고, 놀이로부터 기술된 미적인 것의 존재구조가 그림의 존재에 관한 문제에도 적용될 수 있는지 물을 필요가 있다.

우리가 여기서 제기하는 그림의 존재양식에 관한 물음은 그림의 모든 다양한 현상방식에 공통된 것에 관한 물음이다. 이로써 이 물음은 이제 일종의 추상작업을 수행하기 시작한다. 그러나 이 추상은 결코 자의적인 철학적 반성이 아니라, 철학적 반성이 미적 의식에 의해 수행되었다고 간주하는 어떤 것이다. 이러한 미적 의식의 입장에서 보면 근본적으로 현대의 회화술繪畵術에 포함될 수 있는 모든 것은 그림이 된다. 이러한 그림 개념의 사용에는 분명 역사적 진리가 결여되어 있다. 현대의 미술사 연구에서 우리는 '그림'이라 부르는 것이 상이한 역사를 지니고 있다는 사실을 충분히 깨달을 수 있다.[242] 서양 회화는 르네상스의 절정기에 발전 국면을 맞이

했는데, 사실상 이 시기에 이르러 그림에 '그림의 주권Bildhoheit'(테오도어 헤처Theodor Hetzer)이 완전히 부여된다. 여기서 우리는 비로소 그 자체로 완전히 독립된 그림들, 즉 틀 내지 틀의 기능을 수행하는 환경 없이도 통일되고 완결된 형성체 그 자체로 존재하는 그림들을 만나게 된다. 이를테면 우리는 '그림'을 대상으로 알베르티L. B. Alberti*가 제기한 조화concinnitas의 요구에, 르네상스의 그림 창작을 규정하는 새로운 예술 이상의 훌륭한 이론적 표현이 깃들어 있다는 사실을 깨닫게 된다.

그런데 이 '그림' 이론가〔알베르티〕가 여기서 제시하는 것이 미 일반의 고전적 개념 규정이라는 점이 눈에 띈다. 미란 아무것도 떼어내거나 덧붙여서는 안 되며, 그렇게 될 경우 아름다움은 곧 파괴된다는 사실을 아리스토텔레스는—분명 알베르티적 의미의 그림은 몰랐지만—이미 알고 있었다.[243] 이러한 사실은 '그림'이라는 개념이 그림 역사의 어느 특정한 단계에만 한정되지 않는 보편적 의미를 지닐 수 있다는 점을 시사한다. 오토 왕조 시대의 축소화나 비잔틴 시대의 성화상聖畵像 역시, 비록 작품 창작이 전혀 다른 원칙을 따르고 있어 차라리 '그림 기호記號'[244]라는 개념을 통해 특징지을 수 있더라도, 넓은 의미에서는 그림이다. 같은 의미에서 조형예술의 일종인 조각에도 미학의 그림 개념이 항상 적용된다. 이는 결코 자의적 일반화가 아니고 역사적으로 형성된 철학적 미학의 문제 상황에 상응하는 것이다. 철학적 미학은 궁극적으로 플라톤주의에서 수행되는 상像 Bild†의 역할로 소급되며, 상에 관한 언어 사용에 반영되고 있다.[245]

* 1404~1472. 이탈리아의 건축가, 예술이론가. 성 세바스티아노 교회, 성 안드레아 교회 등 많은 유명한 교회 건물을 지었으며, 『회화론』『건축론』 등의 저술을 남기기도 했다.

† 독일어의 'Bild'라는 낱말은 우리말의 '그림'이라는 뜻 외에 상像이라는 넓은 의미로도 사용된다. 여기서는 후자의 의미를 지닌다.

물론 최근 몇 세기 동안 사용되어온 그림의 개념이 자명한 출발점으로 통용될 수는 없다. 우리의 연구는 오히려 이러한 전제에서 자유로워지고자 한다. 우리의 연구는 그림의 존재양식을 위해 한 가지 이해의 형식을 제안하고자 한다. 이 이해의 형식은 근대의 화랑에 길들여진 우리의 그림 개념 및 미적 의식의 연관에서 그림을 분리시켜서 체험 미학에 의해 평가절하된 '장식' 개념과 재결합시킨다. 이런 점에서 볼 때 우리의 연구는 최근의 미술사 연구와 맥을 같이한다. 최근의 미술사 연구는 체험 예술 시대에 미적 의식뿐 아니라 미술사적 사유까지 지배했던, 그림과 조각에 관한 소박한 개념들에 종지부를 찍은 바 있다. 따라서 우리의 연구와 최근의 미술사 연구의 만남은 결코 우연이 아니다. 이러한 미술학 연구 및 철학적 반성은 모두 그림의 위기에서 출발하는데, 이 위기는 현대의 산업국가 내지 행정국가의 등장과 이러한 국가의 기능화된 공공사회가 야기한 것이다. 우리는 그림들을 위한 자리를 더이상 갖지 못하게 된 시점에 와서야 비로소 그림은 그림일 뿐 아니라 자체의 공간을 요구한다는 사실을 새삼스럽게 깨닫는 것이다.[246]

우리의 개념분석은 예술이론적이 아니라 존재론적 분석을 의도한다. 이 작업이 우선 염두에 두고 있는 전통 미학에 대한 비판은 예술과 역사를 모두 포괄하는 지평을 얻기 위한 과정일 뿐이다. 우리는 그림의 개념을 분석함에 있어 다음 두 가지 물음만을 염두에 두고자 한다. 우선 어떤 점에서 그림Bild이 복사본Abbild과 다른가(즉 원래의 상Ur-Bild의 문제에 관한 물음), 나아가 이로부터 어떻게 그림과 그 세계와의 관계가 성립되는가 하는 물음이 그것이다.

그림이 본질적으로 그 원형과 연관된다는 점에서 그림의 개념은 지금까지 우리가 사용해온 표현의 개념을 벗어난다.

첫번째 물음에 관한 한, 여기서 비로소 표현의 개념은 원형과 관계된 그림의 개념과 뒤얽혀 있다. 우리가 출발점으로 삼은 일시성을 띤 예술들〔연극, 음악 등〕의 경우 우리는 표현이라는 말은 사용했지만 상Bild*이라는 말은 사용하지 않았다. 이 경우〔연극, 음악〕에 표현은 이중으로 나타난다. 즉 문학작품뿐 아니라, 이를테면 무대 위에서 이루어지는 문학작품의 재현 또한 표현이다. 그리고 이러한 표현의 이중성을 통해 예술의 본래적 경험이 양자〔희곡작품과 그것의 공연〕의 구분 없이 이루어진다는 사실이 우리에게 중요한 의미를 던져주었다. 표현의 놀이에서 나타나는 세계는 모사상模寫像처럼 현실 세계와 나란히 나타나지 않고, 그 자체가 자신의 존재의 고양된 진실 속에서 모습을 드러낸다. 재현, 예를 들어 무대 위에서의 공연은, 그것과 더불어 드라마의 원형 자체가 자신의 독자적 존재를 별도로 유지하는 모사상은 결코 아니다. 표현의 두 가지 방식〔문학작품과 그 재현〕에 적용되는 미메시스 개념은 모사Abbildung를 의미하는 것이 아니라 표현되는 것의 나타남을 의미한다. 작품의 미메시스 없이는 작품 속에 존재하는 세계가 그대로 나타날 수 없으며, 재현 없이는 작품 또한 존재할 수 없다. 이렇게 볼 때 표현에서 표현되는 것의 현현顯現이 완성된다고 하겠다. 여기서 얻은 통찰을 조형예술에서도 입증할 수 있다면, 우리는 본래의 존재와 재생산된 존재의 이러한 존재론적 얽힘의 근본적 의미와 우리가 일시성을 띤 예술에 부여한 방법적 우위를 타당한 것으로 인정할 수 있을 것이다. 조형예술에서는 재생산을 작품의 본래적 존재라고 말할 수 없음은 두말할 나위도 없다. 원본으로서의 그림은 오히려 재생산되기를 거부한다. 마찬가지로 모사상에 모사된 것은 그림〔상〕으로부터 독립된 존재를 지니고 있음 또한 명백한 것 같다. 이렇게 보면 그림은 표현되는 것에 비해 저급한 존재인 것처럼 보인다. 이런 식으로 우리는 원형과 모사상의 존재론적 문제에 빠져들게 된다.

우리는 예술작품의 존재방식이 표현이라는 사실에서 출발하며, 우리가 그림이라 부르는 것에서 표현의 의미가 어떻게 증명될

*가다머에 따르면 놀이, 즉 연극이나 음악의 '표현'에 대응하는 용어가 조형예술에서는 '상'이다.

수 있는지 묻고자 한다. 표현은 여기서 모사를 의미할 수 없다. 우리는 그림에서 표현이 원형적인 것ein Urbildliches과 어떻게 연결되는가 하는 점을 모사의 관계, 즉 모사상과 원형의 관계와 구별함으로써 그림의 존재방식을 좀더 상세하게 규명해야 할 것이다.

이러한 작업은 정확한 분석을 거쳐야 규명될 수 있는데, 이 분석에서는 살아 있는 것, 즉 생명체zōon, 특히 사람을 우선시하던 옛 관점에 우선 주안점을 둘 수 있다.[247] 본질적으로 모사상의 유일한 임무는 원형과 동일해지는 것이다. 모사상의 적합성 기준은 모사상에서 원형을 식별해낼 수 있느냐 하는 것이다. 이는 모사상이 자신의 독자적 존재를 지양하고 전적으로 모사된 것의 매개에 봉사하는 일을 사명으로 하고 있음을 의미한다. 따라서 이상적인 모사상은 거울상이라고 말할 수도 있다. 거울상은 사실상 사라지는 존재이다. 그것은 거울을 들여다보는 사람에게만 존재하며, 나타난 것 그 자체 외에는 아무것도 아니다. 그러나 실제로 그것은 결코 상이나 모사상이 아니다. 왜냐하면 그것은 독자적 존재를 지니고 있지 않기 때문이다. 거울은 상을 되비춘다. 다시 말해 거울은 거기에 비춰진 것을 어떤 사람에게 보여주는데, 그것도 그 사람이 거울을 들여다보고 거기서 자신의 상이나 그 밖에 거울 속에 비춰진 것을 인지했을 때에 한한다. 그럼에도 불구하고 우리가 여기서 모사상이나 모사라고 말하지 않고 상이라고 말하는 것은 우연이 아니다. 거울상에는 존재하는 것 자체가 상으로 나타나 있어 내가 그것 자체를 거울상에서 마주하기 때문이다. 그에 반해 모사상은 항상 모사상이 의미하는 것〔원본〕을 전제로 해서만 그 모습을 드러내려 한다. 모사상은 어떤 것의 재현일 뿐이며, 이 어떤 것과의 동일화(예를 들어 증명사진이나 상품목록의 사진)가 그 유일한 기능이다. 모사상은 매개체로서 기능하며, 다른 모든 매개자처럼 소기의 목적이 달성되면 자신의 기능을 잃어버린다는 점에서 자기 자신을 지양한다. 모사상은 이렇듯 스스로를 지양하기 위해서 독자적으로 존재한다.

이와 같은 모사상의 자기지양은 모사상 자체의 존재에 깃들어 있는 지향志向적 계기다. 이러한 지향〔의 본래 의미〕에 변화가 생길 경우, 예를 들어 사람들이 모사상을 원형과의 유사성에서 평가하고, 또 그런 점에서 원형과 구별하려고 할 경우, 그것은 자기의 고유한 모습을 드러내보인다. 우리는 사용을 목적으로 하지 않고 검사를 목적으로 한 다른 매개물이나 도구에서도 이러한 경우를 찾아볼 수 있다. 그러나 모사상의 본래 기능은 비교하고 구별하는 반성에 있는 것이 아니라, 유사성을 근거로 해서 모사된 것을 지시하는 가운데 드러난다. 따라서 모사상은 자기 지양에서 그 자체를 실현한다.

그에 반해 그림은 자신의 규정성을 결코 자기지양에 두고 있지 않다. 왜냐하면 그림은 목적을 위한 수단이 아니기 때문이다. 그림은 분명 그 자체가 사념된 것이다. 왜냐하면 그림의 경우는 표현되는 것이 그 그림 속에서 어떻게 표현되느냐가 중요하기 때문이다. 이러한 사실은 우선 우리가 그림으로부터 표현되는 것 쪽으로 단순하게 옮겨갈 수 없음을 의미한다. 표현은 오히려 표현되는 것과 본질적으로 결부되어 있다. 아니 표현되는 것의 일부를 이룬다고도 할 수 있다. 거울이 모사상이 아니라 상을 반사하는 이유도 바로 여기에 있다. 즉 거울상은 거울 속에 표현되는 사람의 상이며, 그 사람의 현재와 분리될 수 없다. 물론 거울이 일그러진 상을 보여줄 수도 있다. 그러나 그것은 단지 거울의 결함으로 인해 야기된 현상이다. 이 경우 거울은 자기 기능을 제대로 수행하지 못하고 있는 것이다. 이 점에서 거울은 다음과 같은 사실을 증명한다. 즉 상의 경우는 표현과 표현되는 것의 근원적인 통일과 무구별을 지향한다. 이것이 여기서 근본적으로 언급되어야 할 사항이다. 상은 표현되는 것의 상이다. 거울 속에 나타난 것은 (거울의 상이 아니라) '표현되는 것의' 상이다.

그림과 모사된 것의 동일성, 즉 무구별에 근거하는 그림의 주술적 마력이 그림의 역사가 시작될 무렵, 이른바 선사시대에만 통용되었다는 사실은, 주술적 동일성에서 계속 멀어지면서 점차 다양해져가는 그림 의식이 그러한 동일성에서 완전히 분리될 수 있다는 것을 의미하지는 않는다.[248] 오히려 무구별이 모든 그림에 대한 경험의 본질적 특징이다. 그림의 대체 불가성, 그림의 손상 가능성, 그림의 '신성성'은 내 생각에는 앞서 설명한 그림의 존재론에서 그 적절한 근거를 찾을 수 있을 것 같다. 우리가 기술한 바 있는, 19세기에 성행한 '예술'의 신성화 또한 이런 이유에서 그 생명이 유지된다.

미학적 그림 개념은 물론 거울상을 모델로 해서는 그 본질이 완전히 파악되지 않는다. 거울상에서는 '표현되는 것'으로부터 상이 존재론적으로 분리될 수 없다는 사실만 파악될 뿐이다. 그러나 이러한 사실은 그림의 경우 일차적 지향은 표현되는 것과 표현을 전혀 구별하지 않는다는 것이 분명하다는 점에서 그 중요성이 충분히 인정된다. 우리가 '미적' 구별이라고 불렀던 구별의 저 독특한 지향은 이러한 바탕 위에서 비로소 부차적으로 구축된다. 미적 구별은 표현 그 자체를 표현되는 것과 분리해서 바라본다. 물론 미적 구별은 우리가 보통 모사물들을 대하듯이 표현을 통해 모사되는 것의 모사상을 대하는 방식으로 그것을 수행하지는 않는다. 이 미적 구별은 모사되는 것을 현전시키기 위해 상이 그 자체의 존재를 지양시키기를 원치 않는다. 그와 반대로 상은 모사되는 것을 현전시키기 위해 그 자체의 존재를 유지한다.

이렇게 볼 때 여기서 거울상의 주요 기능 또한 그 효력을 상실한다. 거울의 상은 그저 단순한 가상에 지나지 않기 때문이다. 다시 말해 그것은 실제의 존재를 지니지 않으며, 일시적으로만 존재하면서 반영에 예속되는 것으로 이해된다. 그러나 상〔그림〕은 그 낱말의 미학적 의미에서 볼 때 자체의 고유한 존재를 지닌다. 표현으로서의 그림의 이러한 존재가, 즉 그림이 모사되는 것과 동일한 것이 아니라는 바로 그 점이, 단순한 모사상에 비해 그림이 되게 하는 적극적인 특징을 그림에 부여한다. 현대의 기계적인 상〔사진〕 기법들조차도 모사되는 것으로부터 무언가, 즉 모사되는 것의 단순한 외관 그 자체에 없는 무엇을 추출해낼 수 있는 한, 예술적으로 통용될 수 있다. 이러한 상은 결코 모사상이 아니다. 왜냐하면 이러한 상은 그것이 아니면 그렇게 표현할 수 없는 어떤 것을 표현하기 때문이다. 이 상은 원형에 대해 무언가를 진술하고 있다.[예컨대 훌륭한 인물 사진이 그러하다.]

따라서 표현은 본질적인 의미에서 원형과 관계되어 있으며, 원형은 표현을 통해 표현된다. 그러나 표현은 모사상 그 이상의 것이다. 표현이 하나의 상—원형 그 자체가 아니라—이라는 사실은 결코 소극적인 것을 의미하거나 존재의 단순한 감소를 의미하는 것이 아니라 오히려 자율적 현실성을 뜻한다. 따라서 상과 원형과의 관계는 모사상의 경우와는 근본적으로 다르다. 이 관계는 결코 일방적인 관계가 아니다. 상이 고유한 현실성을 가지고 있다는 사실이 이제 거꾸로 원형에게는 원형이 표현을 통해 나타난다는 것을 의미한다. 원형은 표현을 통해서 그 자신을 드러내는 것이다. 그렇다고 원형이 나타나기 위해서 바로 이 표현에 의존한다고 말할 필요는 없다. 원형은 그 자체로서 다르게 표현될 수도 있다. 그러나 원형이 그렇게 표현될 경우 이것은 결코 일시적인 과정이 아니라 원형의 고유한 존재의 한 부분이다. 모든 표현은 존재의 과정이며, 동시에 표현되는 것의 존재 지위를 형성한다. 말하자면 표현되는 것은 표현을 통해 존재의 증대를 경험한다. 상의 고유 내용은 존재론적으로 원형의 유출로 규정된다.

유출의 본질은 유출된 것이 흘러넘친다는 데 있다. 유출되어 나왔다고 해서 원래의 것이 더 줄어들지는 않는다. 신플라톤주의 철학을 통한 이러한 사유의 발전은—이렇게 해서 신플라톤주의 철학은 그리스의 실체 존재론의 영역을 파괴하는데—상의 긍정적 존재 지위를 근거짓는다. 왜냐하면 근원적 일자一者로부터 다자多者가 유출되어 나감으로써 근원적 일자가 더 적어지지 않는다면, 이는 존재가 증대됨을 의미하기 때문이다.

그리스의 교부들이 기독론의 관점에서 구약성서의 상像 적대주의〔우상숭배 금지〕를 배격했을 때 이미 그러한 신플라톤주의적 사유 과정을 거친 듯하다. 신의 육화肉化에서 그들은 가시적 현상을 근본적으로 인정하게 되었으며, 그와 더불어 예술작품을 공인하기에 이르렀다. 우리는 이러한 상 금지禁止의 극복에서 기독교적 서양의 조형예술 발전을 가능하게 해준 결정적 사건을 보게 된다.[249]

따라서 원형과 모사상의 존재론적 관계가 그림〔상〕의 존재 현실성의 기초가 된다. 그러나 모사상과 원형의 플라톤적 개념 관계는 우리가 그림〔상〕이라 부르는 것의 존재가存在價를 충분히 규명하지 못한다는 사실에 유의해야 할 것이다. 내 생각으로는 그림〔상〕의 존재방식은 종교법적 개념, 즉 대표Repräsentation[250] 개념을 통해 특징이 보다 잘 드러날 수 있을 듯하다.

모사상과 비교하여 상의 존재 지위를 규정하려 할 때 대표라는 개념이 나타나는데, 이는 분명 우연이 아니다. 상이 '대표'의 요소로 작용하고, 따라서 상이 그 자체의 존재가를 지니게 될 때 여기에는 본질적 변양變樣 내지 심지어는 원형과 모사상의 존재론적 관계의 전도顚倒에 가까운 현상마저 일어나게 된다. 이 경우 상은 원형에도 영향력을 미치는 독립성을 지닌다. 왜냐하면 엄밀히 말해서 원형은 상을 통해서 비로소 고유한 원래의 상Ur-Bild이 되기 때문이다. 다시 말해 표현되는 것은 상으로부터 비로소 본래의 상적인 것이 된다.

이러한 현상은 초상화라는 특수한 경우에서 쉽사리 입증된다. 집권자나 정치가, 영웅이 자신을 어떻게 보여주고 표현하는가 하는 점은 그림을 통해 표현된다. 이는 무엇을 의미하는가? 이것은 표현되는 사람이 그림을 통해 새롭고 더 본래적인 현상 방식을 얻게 된다는 뜻이 결코 아니다. 오히려 그 반대이다. 왜냐하면 집권자와 정치가, 영웅은 자신을 보여주고, 자신의 추종자들에게 자신을 표현해야 하기 때문에, 다시 말해 그가 자신을 나타내야 하기 때문에 그림은 그 고유의 현실성을 획득하게 된다. 그럼에도 불구하고 여기에는 전환점이 있다. 집권자 자신은 자신을 보여줄 경우 그에게 요구되는 상의 기대에 부응해야 한다. 이와 같이 집권자는 자신을 보여주는 가운데 존재를 드러내기 때문에 오로지 상 속에서 표현된다. 그러니까 일차적인 것은 분명 자기 자신의 표현이고, 상 속에서 나타난 표현은 이차적인 것이다. 그러나 이 자기표현은 상 속에서 드러난다. 상의 대표성은—공적인 사건으로서의—대표성의 특수한 경우이다. 그러나 이 경우 이차적인 것이 일차적인 것에 영향을 주기도 한다. 자신의 존재가 자기를 보여주는 것을 그와 같이 본질적으로 포함하는 사람〔공적인 기능을 지닌 사람〕은 더이상 자기 자신〔사적인 개인〕에게 속하지 않는다.[251] 예를 들면 그는 상으로 표현되는 것을 결코 피할 수 없다. 그리고 이러한 표현들은 사람들이 그에 대해 갖는 상을 규정하기 때문에 그는 결국 자신의 상이 지시하는 바에 따라 자신을 보여주어야 한다. 원형은 상으로 인해 상이 된다는 말은 역설적으로 들리겠지만, 그러나 상은 원형의 나타남에 다름 아니다.[252]

지금까지 우리는 상〔그림〕의 이러한 '존재론'을 세속적인 맥락에서 검증해보았다. 그러나 상의 고유한 존재력存在力[253]은 무엇보다도 종교화가 가장 잘 드러내준다. 왜냐하면 현현Erscheinung은 말과 상을 통해서만 상성像性Bildhaftigkeit을 획득하게 된다는 사실은 신적인 것의 현현에 실제로 적용되기 때문이다. 따라서 종교화의 의미는 범례적 성격을 띤다. 종교화에서는, 상이 모사되는 존재의 모사상이 아니라, 모사되는 것과 존재적 측면에서 소통한다는 사실이 의심할 여지없이 분명해진다. 예술이 보편적인 의미에서 존재에게 상성의 증대를 가져다준다는 사실은 종교화의 예에서 명료하게 드러난다. 말과 상은 단순한 부수적 설명의 기능을 지니는 것이 아니다. 말과 상에 의해 표현되는 것은 이 표현에 의해 비로소 그 자체로서 완전하게 존재하게 된다.

예술학에서는 상의 존재론적 측면이 전형典型의 생성과 변화라는 특수한 문제에서 나타난다. 이 관계의 특수성은 여기에 이중의 상이 형성된다는 사실을 근거로 하는 것 같다. 왜냐하면 조형예술은 문학적·종교적 전승을 대상으로 할 경우, 이 전승 자체가 이미 수행하는 것과 동일한 작업을 재차 수행하기 때문이다. 호메로스와 헤시오도스Hesiodos가 그리스인들에게 그들의 신을 만들어주었다는 헤로도토스Herodotos의 유명한 말은 곧 이들이 그리스인들의 다양한 종교적 전통에 신의 계보에 관한 신학적 체계를 심어주고, 이와 더불어 형상eidos과 기능timē에 따라 구별되는 신의 모습을 확정시켜주었다는 사실을 의미한다.[254] 문학은 여기서 신학적 작업을 수행한 것이다. 다시 말해 문학은 제신諸神들의 상호 관계를 이야기함으로써 신화를 전반적으로 확고하게 체계화시키는 데 기여했다.

문학은 조형예술에 전형의 형성 내지 완성 임무를 부여하고 또 전형의 형성 내지 완성의 자유를 부여함으로써 고정된 전형의 창조를 가능케 했다. 문학 언어가 지역 의식儀式을 초월하는 일차적 통일성을 종교적 의식意識에 불어넣어주듯이 문학 언어는 조형예술에 새로운 과제를 부여한다. 왜냐하면 문학세계das Poetische는 임의의 상상 충족을 위해 자신을 개방해놓고 있는 어떤 것을 언어의 정신적 보편성을 통해 표현함으로써 항상 고유한 불확정성을 유지하기 때문이다. 조형예술이 비로소 전형을 확정지으며, 그 점에 있어서 조형예술은 비로소 전형을 만들어낸다. 이러한 사실은 곧 우리가 신적인 것에 대한 '상'을 만드는 일을 신들을 만들어내는 일로 혼동하지 않고, 포이어바흐Feuerbach가 시도한 창세기의 신의 형상 테제Imago-Dei-These의 전도顚倒와 거리를 둘 때에도 그 타당성을 얻게 된다.[255] 19세기를 지배하던 종교적 경험의 이러한 인간학적 전도와 새로운 해석은 오히려 근대 미학의 사유방식에 기초를 둔 주관주의에서 생겨난 것이다.

근대 미학의 이러한 주관주의적 사유방식과는 반대로 우리는 앞에서 본래적 예술활동으로서의 놀이 개념을 전개했다. [놀이가 본래의 예술활동이라는] 이러한 단초는 이제 입증된 셈이다. 왜냐하면 상—아울러 재생산에 의존하지 않는 모든 예술—또한 존재과정이며, 따라서 상은 미적 의식의 대상으로서는 적절하게 파악될 수 없고, 오히려 대표 현상과 같은 현상들로부터 그 존재론적 구조에서 파악되기 때문이다. 상은 하나의 존재과정으로, 그 속에서 존재는 의미를 지니고 가시적으로 나타난다. 그러니까 원형성은 상의 '모사적' 기능으로 제한되지 않는다. 나아가 원형성은 '구상적' 회화와 조각 같은 개별 영역으로—건축술 같은 것은 이러한 영역에서 완전히 배제되겠지만—제한되지도 않는다. 원형성은 오히려 예술의 표현적 성격에 기초하는 본질적 계기다. 예술작품의 '관념성Idealität'은 모방될 수 있고 재현될 수 있는 존재로서의 이념과 연결됨으로써 규정되는 것이 아니라, 헤겔의 경우에서와 마찬가지로 이념 자체의 '현현顯現'으로 규정된다. 상의 이러한 존재론에 근거해서 볼 때, 회화 수집에 속하며 미적 의식과 상응하는 패널화의 우위는 설득력을 잃게 된다. 상은 오히려 자신의 세계와 불가분의 관계를 맺고 있다.

2) 기회적인 것과 장식적인 것의 존재론적 근거

예술작품은 '미적 의식'으로부터 이해될 수 없다는 관점에서 출발한다면, 근대 미학에서 중요하지 않은 지위를 차지하는 많은 현상들은 [주변에 속할 수밖에 없는] 문제성을 상실한다. 그뿐 아니라 인위적으로 축소되지 않은 '미학적' 문제에서는 중심에 서게 된다.

나는 [여기서] 초상화, 헌시 혹은 현대 희극에서의 풍자와 같은 현상들을 염두에 두고 있다. 초상화, 헌시, 풍자라고 하는 미학의 개념들 자체는 물론 미적 의식으로부터 형성된다. 이 현상들은 미적 의식에서—그러한 예술형식들이 스스로 요구하는—기회성Okkasionalität의 성격으로 나타난다는 데 공통점이 있다. 기회성이란 다음과 같은 것을 뜻한다. 즉 〔어떤 현상들의〕 의미는 그것이 사념되는 기회로부터 내용적으로 계속 규정되며, 따라서 그 의미는 이러한 기회가 없는 경우보다 더 많은 것을 포함한다는 것이다.[256] 이 때문에 초상화는 표현된 인물과 어떤 관계를 포함하게 된다. 〔여기서 유의해야 할 점은〕 우리가 먼저 초상화를 어떤 관계 속으로 옮겨놓는 것이 아니라 그 관계가 표현 자체에서 명확하게 사념되며, 그 관계가 표현을 초상화로 특징짓는다는 것이다.

중요한 것은, 이렇게 특징지어진 기회성은 작품 자체의 요구에 포함되어 있는 것이지, 결코 작품 해석자에 의해서 비로소 작품에 강요되는 것이 아니라는 것이다. 바로 그 때문에 이러한 특성이 명백히 나타나 있는, 초상화 같은 예술형식들은 체험 개념에 기초한 미학에서는 제자리를 차지하지 못한다. 초상화라고 하는 것은 자신의 그림 내용 속에 원형과의 관계를 포함한다. 이것이 뜻하는 것은, 그림은 사실 원형에 따라 그려질 뿐 아니라, 또 원형을 의미한다는 점이다.

〔초상화의 경우〕 이 현상은 화가가 예컨대 풍속화나 인물 구성을 위해 이용하는 모델과의 차이에서 명백해진다. 초상화에서는 묘사되는 인물의 개성이 표현된다. 반면에 어떤 그림에서 모델이 개성으로, 예를 들어 화가의 화필 앞으로 다가온 한 흥미로운 인물로 영향을 준다면, 그것은 그림의 결점이 된다. 왜냐하면 그때에 우리는 더이상 화가가 그림에서 표현하고 싶어하는 것을 보는 것이 아니라, 변형되지 않은 소재를 보기 때문이다. 이렇게 되면, 예를 들어 우리가 그림에서 화가의 잘 알려진 모델을 알아볼 수 있을 경우, 인물화의 의미는 파괴되고 만다. 왜냐하면 모델이란 사라지는 도식이기 때문이다. 원형이 화가에게 봉사하는 것은 사실이지만, 그림에서는 이 원형과의 관계가 소멸되지 않으면 안 된다.

그림 외에도 우리는 그 자체로 볼 수 없는 어떤 타자를 볼 수 있도록 해주는 것을 '모델'이라고 하는데, 예컨대 설계된 건물의 모델이나 원자原子의 모델이 바로 그것이다. 화가의 모델은 그 자체로서는 의미를 지니지 않는다. 모델은 마치 옷을 바꿔입은 인형처럼 의상을 걸치거나 몸짓을 구체적으로 보여주는 역할만 할 뿐이다. 반대로 초상화에서 표현되는 인물은 바로 그 자신이며, 따라서 비록 그가 입고 있는 화려한 의상이 주목을 끈다고 해도, 바꿔입은 옷차림이 영향을 주는 것은 아니다. 외관의 화려함은 그 자신의 일부분이다. 그는 타인에 대해 존재하는 바로 그 장본인이다.[257] 전기傳記 및 원전사原典史적 문학 연구에서 흔히 행해지곤 하는 문학작품의 해석, 즉 문학작품을 그 토대가 되는 체험이나 생활 원천으로부터 해석하려는 것은 때로는 어떤 화가의 작품들을 〔그가 이용한〕 모델을 대상으로 탐구하려는 미술 연구의 수행방식과 다름없다.

모델과 초상화의 구별은 기회성이 무엇을 의미하는가를 명확하게 해준다. 여기서 사념된 의미의 기회성은 명백히 한 작품의 의미 요구 그 자체에 있으며, 그것은 작품의 요구에 반해 작품에서 관찰하고 작품으로부터 추론할 수 있는 모든 것과는 다르다. 초상화는, 원형과의 관계가 그림이 지닌 특유의 그림 내용에 의해 거의 압도되는 경우에서조차 초상화로 이해되고자 한다. 이러한 사실은 초상화는 결코 아니지만, 이른바 초상화풍의 특징을 가지는 그림들에서 특히 명확해진다. 이 그림들 역시 그림의 배후에서 인지될 수 있는 원형에 관해 물을 기회를 제공하며, 따라서 단순히 사라지는 도식에 지나지 않는 단순한 모델 이상의 것이다. 이러한 사정은 문학적 초상들이 들어 있는 문학작품들—그렇다고 해서 이 작품들이 실화 소설의 사이비 예술적 경박성에 희생된다고는 할 수 없는—의 경우에도 마찬가지다.[258]

이렇게 한 작품에 있어서 기회성의 의미를 지닌 암시Anspielung를 그 이외의 시대 기록적인 내용으로부터 구별하는 경계가 아무리 유동적이고 또 왕왕 논의의 여지가 있다 할지라도, 하나의 원칙적인 물음은, 작품의 의미 요구에 따르는가 아니면 작품 가운데서 단순히 역사적 기록을 캐내어 파악하는가 하는 것이다. 역사가는 한 작품의 의미 요구에 역행해서라도 과거로부터 무언가를 자신에게 전달해줄 수 있는 모든 연관을 도처에서 찾아낼 것이다. 그는 예술작품에서 모델들, 말하자면 예술작품 속에 엮어져 있는 시대적 연관들을—비록 이 연관들이 동시대의 관찰자에게는 인지될 수 없고 또 전체의 의미를 지니지 않는다 할지라도—추적할 것이다. 그러나 여기서 사념된 의미의 기회성이란 이러한 것이 아니다. 기회성은 한 작품의 어떤 특정한 원형에의 지시 관계가 작품 자체의 의미 요구에 들어 있을 경우에만 성립한다. 이때 작품이 그러한 기회성의 계기들을 가지는가 여부는 관찰자의 임의성에 맡겨져 있는 것이 아니다. 초상화는 그 자체가 초상화이지, 그 안에 묘사된 인물을 인식하는 사람을 통해서 그리고 이 사람에 대해 비로소 초상화가 되는 것이 아니다. 원형과의 관계가 작품 자체에 들어 있다 할지라도, 그 관계를 기회적이라고 부르는 것은 옳다. 왜냐하면 초상화 자체는 그 표현된 인물이 누구인가를 말하는 것이 아니라, 그것이—한 전형이 아니라—특정한 개인이라는 것만을 말해주기 때문이다. 그 초상화가 누구인가 하는 것은 그 표현된 인물이 잘 알려져 있는 경우에만 '인식할' 수 있고, 또 덧붙여 써놓은 글을 대하거나 정보가 추가될 경우에만 알 수 있다. 어떻든 간에 그림 자체에는 아직 이행되지는 않았지만 기본적으로 이행 가능한 의미의 지시가 있다. 이 기회성은 그 이행 여부와는 관계없이 '그림'의 핵이 되는 의미 내용에 본질적으로 속해 있다.

이 점을 우리는, 어떤 초상화에 묘사된 인물을 알지 못할 경우에도 초상화가 우리에게 역시 초상화로 (그리고 인물화에서 어떤 특정한 인물의 표현이 초상화의 성격을 가지는 것으로) 나타난다는 사실에서 인식할 수 있다. 이때 이 그림에서 실현될 수 없는 어떤 것이 있는데, 그것이 바로 기회적인 계기다. 그러나 이처럼 실현

가능하지 않다고 해서 기회적인 계기가 결코 현존하지 않는다는 것은 아니다. 기회적인 계기는 아주 명백하게 현존하고 있다. 이것은 많은 문학적 현상에도 마찬가지로 적용된다. 핀다로스Pindaros의 승리 시, 언제나 시대 비판적인 희극, 호라티우스Horatius의 송가나 풍자 작품처럼 문학성이 있는 형성체 역시 그 전체적 본질에서 보면 기회적인 성질을 지닌다. 기회적인 것은 이러한 예술작품들 안에서 아직 실현되지 않고 이해되지 않았어도 작품 전체의 의미를 함께 담지할 정도로 지속적인 형태가 된다. 해설자가 전달할 수 있는 현실적인 역사적 연관성이란 시詩 전체에서 보면 다만 부차적인 것에 지나지 않는다. 해설자는 시 자체에 깃든 의미의 예시만을 충족시켜줄 뿐이다.

우리가 여기서 기회성이라고 부르는 것이 결코 그러한 작품들의 예술적 요구와 예술적 의미를 떨어뜨리는 것이 아니라는 점을 인식하는 것이 중요하다. 미적 주관성에겐 '놀이로의 시간의 침입'[259]으로 나타나고, 체험 예술의 시대엔 작품의 미적 의미를 침해하는 것처럼 여겨졌던 것은 사실 우리가 앞에서 밝혀낸 존재론적 관계의 주관적 반영에 지나지 않는다. 예술작품은 예술작품이 연관을 맺고 있는 것과 함께 하나의 전체를 이루기 때문에, 연관을 맺고 있는 것의 존재를 마치 어떤 새로운 존재과정을 통한 것처럼 풍부하게 해준다. 그림 안에 포착되어 있는 것, 시에서 말해지는 것, 무대에서 암시하는 대상 등은 본질과는 거리가 먼 사소한 것들이 아니라 본질 자체의 표현들이다. 우리가 앞에서 그림의 존재가에 관하여 일반적으로 언급했던 것 역시 이러한 기회적인 계기들을 포함한다. 이와 같이 앞에서 말한 현상들에서 보게 되는 기회성의 계기는 어떤 보편적 관계의 특수한 경우로 나타난다. 이때 이 보편적 관계란 예술작품의 존재에 귀속되며, 이 존재는 그 표현됨의 '기회'로부터 그 의미가 지속적으로 규정된다.

이곳은 의심의 여지없이 재현 예술, 특히 〔존재하기 위해서〕 끈질

기게 기다리다가 찾게 되는 기회를 통해서 비로소 규정되는 연극과 음악에서 가장 명백하게 나타난다.

무대는 탁월한 유형의 정치적 기관이다. 왜냐하면 연극 안에 포함되어 있는 모든 것, 즉 연극이 넌지시 암시하는 것, 연극이 반향으로 불러일으키는 것 등은 상연에서 비로소 나타나기 때문이다. 어느 누구도 무엇이 '다가올' 것인지, 또 무엇이 공허 속으로 사라져버릴 것인지 미리 알지 못한다. 개개의 상연은 하나의 사건이다. 그러나 그것은 문학작품에 대립하거나 문학작품과 거리를 두고 독자적으로 나타나는 사건이 아니다. 상연이라는 사건에서 일어나는 것은 작품 그 자체이다. 작품의 본질은 상연의 기회가 작품 속에 있는 것을 말하게 하고 그것을 드러나게 할 만큼 '기회적인 것'인 데 있다. 문학작품을 무대에 올리는 연출가는 기회를 포착할 줄 안다는 점에서 자신의 능력을 보여준다. 그러나 그는 작가의 지시에 따라 행동하며, 이때 작가의 작품 전체는 곧 무대 지시다. 이것이 음악작품에도 전적으로 적용된다. 즉 악보는 실제로 지시일 뿐이다. 미적 구별은 연주된 음악을 악보로부터 읽어낸 내적인 음상音像에서 평가할 수 있을지 모르지만, 음악을 듣는 것이 읽는 것이 아니라는 사실은 어느 누구도 의심할 수 없다.[260]

희곡작품 혹은 음악작품의 본질에는 이 작품들의 상연이나 연주가 시대와 기회가 달라짐에 따라 변화하고 또 변화함에 틀림없다는 사실이 포함되어 있다. 이러한 사실은 이제, 필요한 변경을 가하면 조상彫像 예술에도 적용된다는 점을 통찰하는 것이 중요하다. 이 경우에도 작품은 '그 자체'로 존재하고 다만 그 영향〔결과〕이 그때그때 달리 나타나는 것이 아니다. 그때그때 변화된 조건 아래에서 달리 표현되는 것은 예술작품 그 자체이다. 오늘날의 관찰자는 다른 방식으로 볼 뿐 아니라 다른 것을 보기도 한다. 고대의 회백색 대리석에 대한 표상이 어떻게 우리의 취미와 르네상스 시대 이래 보존되어온 우리의 태도를 지배하는가를, 혹은 낭만주의적인 북방에서 고전주의적 감각을 어떻게 반영하여 고딕 양식 대성당의 순수주의적 정신성을 표현하는가를 한번 생각해보기 바란다.

그러나 특히 기회적인 예술형식들, 예를 들어 어떤 특정한 '기회'를 겨냥하는, 고대 희극에서의 파라바시스* 혹은 정치적 논쟁에서의 풍자 만화 그리고 끝으로 초상화 역시 원칙적으로 예술작품에 고유한 보편적 기회성의 형식들이다. 예술작품의 고유한 특성은 예술작품이 기회가 있을 때마다 그 자체를 새롭게 규정한다는 사실에 있다. 이보다 좁은 의미의 기회적 계기는 예술작품에서 일회적 규정성을 통해 실현되는데, 이때 이 일회적 규정성은 또한 예술작품의 존재 안에서 이 예술작품을 항상 새롭게 실현할 수 있게 해주는 보편성에 관여한다. 따라서 예술작품이 특정한 기회에 관련되어 있는 일회성은 물론 완전히 실현될 수는 없지만, 이 실현되지 않은 관계는 작품 자체 안에 현존하며, 또 여전히 작용하고 있다. 이러한 의미에서 초상화도 원형과의 관계의 일회성과 무관하게 이 관계를 넘어섬으로써 자신 안에 동일한 원형과의 관계를 지니고 있다.

초상화는 그림의 일반적 본질 구조의 극단적인 예에 지나지 않는다. 개개의 그림은 존재의 증가이며, 본질적으로 대표로, 표현되는 것으로Zur-Darstellung-Kommen 규정된다. 초상화라는 특수한 경우에 이 대표는, 여기서 개성이 드러나면서 표현되는 한, 인격적인 의미를 가진다. 왜냐하면 이것은 표현된 인물이 자신의 초상화에서 표현되고, 자신의 초상화를 통해서 대표되기 때문이다. 그림은 단지 그림이나 모상模像만이 아니라, 표현된 인물의 현재에 속하거나 혹은 그의 현재적 기억에 속한다. 이러한 사실은 그림 원래의 본질을 형성한다. 이 점에서 초상화는 우리가 그림 자체에 속하는 것으

* 그리스어 파라바시스parabasis는 고대 그리스의 아티카 희극에서 합창 가무단과 그 지휘자 사이에 오가는, 풍자적인 의미를 지닌 노래와 낭음朗吟의 형태를 삽입한 것을 말한다. 이 연극의 형태는 직접 청중을 대상으로 실제적인 사건들에 대해 특정한 입장을 표명하는 것을 내용으로 하는 것이 특징이다.

로 고찰한 보편적 존재가의 특수한 예가 된다. 초상화의 인물을 아는 사람이 그 모사된 인물에게서 보는 것에는, 그림에 존재하게 되는 것이 결코 들어 있지 않다. 초상화를 보고 올바로 판단할 수 있는 사람은 결코 가장 가까운 친척이나 표현된 인물 자신이 아니다. 왜냐하면 초상화가 표현하는 개성은 초상화의 인물과 가장 가까운 이 사람 혹은 저 사람의 눈에 살아 있는 그대로 재현하는 것이 결코 아니기 때문이다. 오히려 초상화는 대표되는 것에서부터 가장 사사로운 것에 이르기까지 무한한 단계들을 관통할 수 있는 어떤 이상화理想化를 필연적으로 보여준다. 그러한 이상화는, 비록 초상화에 묘사된 개성이 우연하고 사적인 것에서 벗어나 그 개성의 타당한 현현이라는 본질적인 것으로 이행된다 하더라도, 초상화에는 어떤 전형이 아니라 한 개성이 표현되어 있다는 사실에는 하등의 변화도 없다.

그렇기 때문에 종교적 혹은 세속적 기념물인 조각물들은 상의 보편적 존재가를 사사로운 초상화보다 더 명확하게 보여준다. 왜냐하면 조각물들의 공적 기능은 상의 보편적 존재가에 의거하기 때문이다. 기념물은 그 안에서 표현되는 것을 특수한 현재성 속에서 보존하게 되는데, 여기서 말하는 현재성이란 명백히 미적 의식의 그것과는 전적으로 다르다.[261] 기념물은 상의 독자적 표현력으로부터만 존립하는 것이 아니다. 이것은 조각물들과 다른 것, 예를 들어 상징이나 비문碑文 또한 동일한 기능을 가질 수 있다는 사실로부터 이미 명백해진다. 여기에 항상 전제된 것은 기념물을 통해서 상기되어야 할 것의 숙지, 말하자면 기념물의 잠재적 현재성이다. 예를 들어 신의 형상, 왕의 상, 어떤 사람을 위해 건립된 기념비 역시 전제하는 것은 신, 왕, 영웅, 혹은 사건, 전승 혹은 평화조약의 체결이 모든 사람에게 영향을 주는 현재성을 이미 가지고 있다는 것이다. 이러한 것들을 표현하는 조각물은 이 점에서 비문과 다르지 않다. 즉 조각물은 그것들을 그 보편적 의미에서 현재적으로 보존한다. 그러나 예술작품의 경우 이러한 사실은 다음과 같은 것을 뜻하게 된다. 즉 예술작품은 이 전제된 의미에 어떤 것을 추가할 뿐 아니라, 또한 자신의 고유한 것으로부터 말할 수 있고 그렇게 함으로써 예술작품이 담지하는 사전 지식으로부터 독립해 있다는 것이다.

상이라고 하는 것은, 모든 미적 구별에도 불구하고, 여전히 그것이 표현하는 것의 한 표명이며, 이것은 비록 상이 자신의 독자적인 표현력을 통해서 〔항상〕 동일한 것을 나타낸다 해도 마찬가지다. 이러한 사실은 성상聖像의 경우에 명백하게 드러난다. 그러나 성속聖俗의 구별은 예술작품 자체에서는 상대적인 구별이다. 심지어 개인의 초상화조차, 일종의 예술작품일 경우, 여기서 표현되는 것의 존재 지위로부터 발하는 신비에 가득 찬 존재의 비춤에 여전히 관여한다.

이것은 하나의 예를 통해서 구체적으로 설명될 수 있다. 유스티Justi[262]는 일찍이 벨라스케스Velasquez의 〈브레다 성域의 함락〉을 '군사적 성사聖事'라고 아주 멋지게 명명한 적이 있다. 그가 말하고자 한 것은, 이 그림은 한 무리의 인물을 대상으로 한 초상화가 아니며 단순한 역사화歷史畵도 아니라는 것이다. 이 그림에 포착되어 있는 것은 단지 장엄한 사건 그 자체만이 아니다. 오히려 이 의식儀式의 장엄함은 상성像性을 가지고 있고 또 일종의 성사처럼 수행되기 때문에 이 그림 안에서 그렇게 현재하고 있다. 그려야 할 필요가 있고 또 그릴 가치가 있는 존재자가 있으며, 이 존재자는 말하자면 그림에서 표현될 때에 비로소 그 본질이 완성된다.

미적 평준화에 반대해서 예술작품의 존재 지위를 주장하려고 하면 종교적 개념들이 나타나는데, 이것은 우연이 아니다.

여기서 성속聖俗의 대립이 우리의 전제 아래에서 상대적인 것으로 입증된다는 사실은 지극히 당연하다. 우리는 단지 세속성이라는 개념의 의미와 역사를 상기해보는 것으로 충분하다. 〔어원상〕 '세속profan'이란 성소聖所 앞에 놓여 있는 것이란 뜻이다. 세속의 개념과 여기서 파생된 세속화의 개념은 언제나 이미 신성神聖을 전제한다. 사실 성속의 대립은 이 개념이 유래한 고대 세계에서는 삶의 전 영역이 성스럽게 질서지어져 있고 규정되어 있기 때문에 다만 상대적인 대립일 수밖에 없다. 세속성을 보다 엄밀한 의미에서 이해하게 되는 것은 기독교에서부터 비로소 가능해진다. 왜냐하면 신약성서가 처음으로 세계를 탈마성화脫魔性化함으로써, 세속적인 것과 종교적인 것과의 절대적 대립 관계의 공간이 마련되었기 때문이다. 교회가 내거는 구원의 약속은 세계가 아직도 다만 '이 세계'라는 것을 의미한다. 이러한 요구의 특수성은 동시에 고대 세계의 종언을 가져온 교회와 국가의 긴장관계를 낳게 되며, 그럼으로써 세속성의 개념은 원래의 현실성을 얻게 된다. 중세의 전全 역사는 주지하다시피 교회와 국가의 긴장관계가 지배한다. 기독교 교회의 사유방식이 성령주의적으로 심화되면서 결국 세속 국가가 교회의 지배에서 해방된다. 세속적인 것의 개념에 넓은 근대적 의미를 부여한 세속 세계가 그런 방식으로 형성된다는 것은 전성기의 중세가 가지는 세계사적 의미다.[263] 그러나 이것은 세속성이 여전히 종교법적 개념이었으며, 오직 신성한 것으로부터만 규정될 수 있다는 사실에는 아무런 변화를 가져오지 않는다. 완전한 세속성이란 상상할 수 없는 개념이다.[264]

성속의 이러한 상대적인 관계는 단지 개념의 변증법에만 속하는 것이 아니라, 그림의 현상에서 현실적인 관계로 인지될 수 있다. 예술작품은 언제나 그 자체가 신성한 것을 지니고 있다. 박물관에 전시되었던 종교적 예술작품, 혹은 그곳에서 전시되는 기념비적 조상彫像이 더이상 그 본래의 장소에 있었던 것과 같은 의미에서 모독될 수 없다는 것은 물론 옳다. 그러나 이것은 다만 그것들이 박물관의 전시품이 되어버렸다는 점에서 실제로는 이미 손상되었음을 의미할 뿐이다. 이것은 분명 종교적 예술작품들에만 적용되는 말은 아니다. 정확히 말해 우리는 여전히 개인의 사사로운 삶의 입김

이 묻어 있는 옛날의 물품들이 골동품 가게에 가끔 매물로 나와 있을 때, 어쩐지 모독적인 것으로, 즉 일종의 경건의 모독 혹은 세속화로 느낀다. 요컨대 개개의 예술작품은 세속화에 반항하는 무엇을 지니고 있다.

순수한 미적 의식조차 세속화의 개념을 인지하고 있다는 것은 바로 그러한 사실에 대해 결정적인 증명력을 가지는 것 같다. 이러한 미적 의식은 예술작품의 파괴를 여전히 모독행위Frevel로 간주한다.(Frevel이라는 낱말은 오늘날 '예술 모독Kunst-Frevel'에 적용하는 경우를 제외하곤 거의 쓰이지 않는다.) 이것은 근대의 미적 교양 종교의 특징인데, 이러한 특징에 대한 다른 많은 증언들이 있을 수 있다. 예를 들어 중세까지 거슬러올라가는 '반달리즘Vandalismus'〔특히 예술작품에 대한 거친 파괴 충동〕이라는 낱말은 원래는 프랑스 혁명 때 자코뱅당의 파괴 행위에 대한 반작용에서 비로소 수용되었다. 예술작품의 파괴는 신성에 의해 보호되는 세계에 대한 침입과 같은 것이다. 따라서 예술이란 자율적인 미적 의식 자체가 인정하려는 것 이상의 것임을 부정할 수 없다.

이 모든 고찰로부터 예술 일반의 존재방식을 놀이 및 그림, 합일 및 대표를 동일한 방식으로 포괄하는 표현의 개념을 통해 특징짓는 것이 정당화된다. 이로써 예술작품은 일종의 존재의 과정으로 생각되고, 미적 구별에 의한 예술작품의 추상화抽象化는 해소된다. 그림 역시 표현의 과정이다. 그림이 원형에 대해 가지는 관계는 그림의 존재의 자립성을 저하시키지는 않는다. 오히려 그 반대로 우리는 그림과 관련해서 존재의 증대에 관하여 말할 근거를 확보하게 되었다. 바로 이 점에서 종교법적 개념들의 적용은 적절한 것으로 드러났다.

물론 이제 중요한 것은 예술작품에 속하는 표현의 독특한 의미를 상징에 속하는 신성한 표현과 단순히 혼동하지 않는 것이다. '표현'의 모든 형식이 다 '예술'의 성격을 가지는 것은 아니다. 상징과 표지標識 Abzeichen 또한 표현의 형식이다. 이 형식들 역시 그것들로 하여금 표현이 되게 하는 지시의 구조를 가지고 있다.

이 모든 표현Darstellung 형식들에 속해 있는 지시 구조는, 지난 수십 년 동안 수행되어온 표현Ausdruck과 의미의 본질에 관한 논리적 연구와 관련하여 특히 집중적으로 연구되었다.[265] 물론 우리는 여기서 이 분석들을 다른 의도에서 상기하게 될 것이다. 우리에게 우선 문제가 되는 것은 의미의 문제가 아니라 그림의 본질이다. 우리는 미적 의식이 수행한 추상작용에 현혹되지 않고 그림의 고유한 특성을 파악해보려 한다. 따라서 이러한 지시의 현상들을 검토해서 공통점과 차이점을 확인하는 것이 중요하다.

그림의 본질은 말하자면 두 극단의 중간에 있다. 표현의 이 두 극단은 기호의 본질인 순수한 지시와 상징의 본질인 순수한 대표이다. 그림의 본질에는 이 양자가 지닌 무엇이 들어 있다. 그림의 표현에는 그림에서 표현되는 것을 지시하는 계기가 들어 있다. 우리는 이미 이러한 사실이 원형과의 관계를 본질적으로 포함하는 초상화와 같은 특수한 형식에서 가장 명확하게 나타난다는 것을 고찰했다. 그럼에도 불구하고 그림은 결코 기호가 아니다. 왜냐하면 기호는 그 기능이 요구하는 것, 즉 자신을 벗어나 지시하는 것에 다름 아니기 때문이다. 이 기능을 완수하기 위해 기호는 우선 그 자체가 주목을 끌어야 한다. 눈에 띄어야 하고, 말하자면 마치 플래카드처럼 명확하게 두드러져 보여야 하고, 그 지시내용에서 자신을 표현해야 한다. 그러나 기호는 플래카드와 마찬가지로 그림이 아니다. 기호는 〔사람의 시선이〕 계속 머물러 있게 할 정도로 주목을 끌어서는 안 된다. 왜냐하면 기호는 현재적이지 않은 것, 즉 비현재적인 것만이 사념될 정도로 현재적이게 해야 하기 때문이다.[266] 기호는 이를테면 자신의 고유한 그림의 내용을 통해서 〔사람의 시선이 그 자체에〕 지속적으로 머물게 해서는 안 된다. 이것은 모든 기호, 예를 들어 교통표지와 인식표 등에도 적용된다. 이 기호들 역시 도식적이고 추상적인 것이다. 왜냐하면 자신을 보여주고자 하는 것이 아니라 비현재적인 것, 예를 들어 다가올 커브 혹은 이미 읽은 책의 쪽수를 보여주고자 하기 때문이다.(이 기호들이 단지 추상작용을 통해서만 그 지시기능을 가진다는 것은 심지어 자연현상의 기호, 예를 들어 날씨의 전조에도 적용된다. 우리가 하늘을 바라볼 때 하늘에서 보이는 현상의 아름다움에 매료되어 그 아름다움에 계속 머물러 있다면, 우리의 지향 방향이 달라져서 하늘의 현상이라는 기호는 배경으로 밀려나게 된다.)

모든 기호 중에서 자신의 현실성을 가장 많이 가지고 있는 것은 기념품인 것 같다. 기념품은 물론 과거적인 것을 의미하고, 이 점에서 실제로 기호이지만, 그러나 그것은 우리 자신에게 귀중하다. 왜냐하면 기념품은 사라지지 않는 것의 한 부분으로서, 과거적인 것을 우리에게 현재적인 것으로 보존해주기 때문이다. 그러나 이러한 특성이 기념품이라는 대상 자체의 존재에 정초해 있지 않음은 명백하다. 기념품은 과거 그 자체에 여전히—그리고 아직도—애착을 가지고 있는 사람에게만 기념품으로서 가치를 지닌다. 기념품은 기념품이 회상시켜주는 과거가 더이상 의미를 갖지 않는 사람에게는 그 가치를 상실한다. 이와 반대로 기념품을 통해서 과거를 회상할 뿐 아니라, 기념품을 우상화하고 과거를 현재처럼 살고 있는 사람은 혼란스러운 현실 관계에 놓이게 된다.

따라서 그림은 확실히 기호가 아니다. 기념품조차도 사실은 우리를 그 자체에 머물게 하지 않고 그것이 표현하는 과거에 머물게 한다. 그에 반해 그림은 그 자체의 내용을 통해서 표현되는 것만을 지시한다. 우리는 그림에 침잠하면서 동시에 표현되는 것과 만나게 된다. 그림은 머물게 하면서 지시하는 기능을 가진다. 이 점이 우리가 강조한 존재가를 형성한다. 즉 그림은 그것이 표현하는 것과 전적으로 분리되는 것이 아니라, 그 그림이 표현하는 것의 존재에 관여하고 있다. 우리는 표현되는 것이 그림 안에서 자기 자신이 된다고 고찰한 바 있다. 표현되는 것은 존재의 증대를 경험한다. 이 사실은 그러나 표현되는 것이 그림 자체에 현존하고 있음을 말한다. 원형이 이렇게 그림 안에 현존한다는 것을 도외시하는 것은 우리가 미적 구별이라고 부른 미적 반성뿐이다.

이와 같이 그림과 기호의 구별은 존재론적 기반을 가지고 있다. 그림은 그 지시기능에서 끝나는 것이 아니라, 자신의 존재에서 그것이 모사하는 것에 관여한다.

이러한 존재론적 관여는 물론 그림에만 적용되는 것이 아니라, 우리가 상징이라 부르는 것에도 적용된다. 그 자체에 동시적으로 현재하지 않는 것을 지시하지 않는다는 사실은 그림에서와 마찬가지로 상징에도 적용된다. 〔이제 우리에게 제기되는 과제는〕 그림의 존재방식과 상징의 존재방식을 서로 구별하는 일이다.[267]

상징은 그림에 근접해 있다는 점에서 기호와 명백히 구별된다. 상징의 표현 기능은 비현재적인 것을 단순히 지시하는 기능이 아니다. 오히려 상징은 근본적으로 언제나 현재하는 어떤 것을 현재하는 것으로 드러내준다. '상징'의 원래 의미가 이러한 사실을 입증한다. 우리가 '상징'을 떨어져 있는 친구들, 혹은 어떤 종교적 공동체의 흩어져 있는 구성원들의 공속성을 증명하는 인식표라고 불렀다면, 그러한 상징은 물론 기호의 기능을 가진다. 그러나 상징은 기호 이상의 것이다. 상징은 같은 집단에 속한다는 것을 알려줄 뿐 아니라, 증명해주고 가시적으로 표현해준다. '우정의 정표情表tessera hospitalis'라는 것은 예전에 살았던 삶의 잔재이고, 그 정표의 존재를 통해 그것이 나타내는 것을 증언하고 있다. 즉 정표는 과거적인 것 자체를 현재화하고 또 타당한 것으로 인식하게 한다. 특히 이러한 사실은 다음과 같은 점에서 종교적 상징에도 적용된다. 즉 종교적 상징은 표지로만 기능하는 것이 아니라, 이 상징의 의미는 모든 사람에 의해서 이해되고, 모든 사람을 결합시키며, 그 때문에 기호의 기능도 수행할 수 있다. 상징되는 것은 그 자체로는 비감각적이고. 무한하고, 〔감각적으로〕 표현될 수 없기 때문에 표현을 필요로 한다. 그러나 상징되는 것 또한 표현 능력이 있다. 왜냐하면 상징되는 것 자체가 현재적이어야만 상징 속에 현재할 수 있기 때문이다.

상징은 따라서 지시할 뿐 아니라 대표함으로써 표현한다. 그러나 대표한다는 것은 지금 있지 않은 것을 현재적이게 함을 말한다. 이렇게 상징은 드러내면서, 즉 어떤 것을 직접적으로 현재적이게 하면서 대표한다. 이와 같이 상징은 대표하는 것의 현재를 표현하기 때문에, 상징 그 자체에도 상징되는 것에 대한 숭배가 주어진다. 종교적 상징, 기旗, 제복과 같은 상징들은 숭배 대상을 대리하는 기능을 가짐으로써, 이 상징들 안에 그 숭배의 대상이 현존하게 된다.

우리가 앞에서 그림의 특성을 설명하기 위해서 사용했던 대표 개념이 여기서 제자리를 찾게 된다. 이러한 사실은 그림에서의 표현과 상징의 표현 기능 간의 실제적 근접성을 통해 나타난다. 이 양자에는 그것들이 표현하는 것 자체가 현재한다. 그러나 그림 자체는 상징이 아니다. 상징이 결코 상성像性을 띨 필요가 없다는 것은 두말할 나위 없다. 상징은 그 순수한 현존과 자기 현시現示를 통해서 대표의 기능을 수행하지만, 상징 자체는 상징되는 것에 대해 아무것도 진술하지 못한다. 기호의 지시 내용을 알아내려면 기호를 알아야 하듯이 우리는 상징을 알지 않으면 안 된다. 이 점에서 상징은 대표되는 것의 존재 증대를 의미하지 않는다. 이와 같이 상징들에 현재적으로 나타나 있는 것은 대표되는 것의 존재에 속하기는 하지만, 상징이 현존하여 보여짐으로써 그 대표되는 것의 고유한 존재가 내용적으로 계속 규정되는 것은 아니다. 이 고유한 존재는 상징들이 현존할 경우 더이상 현존하지 않는다. 상징들은 단순한 대리물이다. 그러므로 비록 상징들이 고유한 의미를 가진다 해도 그 의미가 중요한 것은 아니다. 상징들은 대표물이며, 그것들이 대표해야 하는 것으로부터 대표하는 존재 기능을 얻게 된다. 반면에 그림 역시 대표하긴 하지만, 자기 자신을 통해서, 즉 그림이 가져오는 의미의 증대를 통해서 대표한다. 이러한 특성은 대표되는 것, 즉 '원형'이 그림 안에서 더 풍부하고 더 본래적으로 현존하여 마치 그것이 참으로 존재하는 것처럼 현존한다는 것을 의미한다.

이와 같이 그림은 사실상 기호와 상징의 중간에 위치한다. 그림의 표현은 순전히 지시하는 것도, 대표하는 것도 아니다. 그림에 귀속되는 이 중간 위치는 그림을 전적으로 자신의 고유한 존재 지위로 끌어올린다. 상징과 거의 다름없는 인위적 기호는 그 기능적 의미를 그림처럼 자신의 고유한 내용에서 얻는 것이 아니다. 인위적 기호는 기호로서 혹은 상징으로서 받아들여야 한다. 우리는 인위적 기호들이 지니는 기능적 의미의 이러한 기원을 설정Stiftung이라고 부르기로 한다. 우리가 다루고 있는 그림의 존재가를 규정하는 데 결정적인 것은, 그림이라고 하는 것에서는 이와 같은 의미 설정이 없다는 것이다.

우리는 설정을 기호화 및 상징 기능의 기원으로 이해한다. 이른바 자연의 기호들, 예를 들어 자연현상의 모든 징후와 징조 역시 이러한 근원적 의미에서 설정될 때 기호로서 알려진다. 이것들은 기호로 경험될 경우에만 기호의 기능을 갖는다. 그러나 기호와 〔기호에 의해서〕 지시되는 것이 이미 앞서 연관되어 있기 때문에 기호로 경험되는 것이다. 이러한 것은 모든 인위적 기호에도 마찬가지로 적용된다. 인위적 기호에서 기호화는 규약에 의해서 수행되고, 인위적 기호들을 도입하는 기원 부여의 행위가 설정이라 불린다. 기호의 설정에 기초해서 기호는 비로소 지시적 의미를 갖게 된다. 예를 들어 교통표지의 지시적 의미는 교통법규의 공포公布에 기초해 있고, (기념품이라는) 회상의 기호가 지닌 지시적 의미는 그 기념품의 보존에 부여되는 의미에 기초한다. 마찬가지로 상징도 그 기원이 설정에 있으며, 이 설정이 비로소 상징에 대표의 성격을 부여한다. 왜냐하면 상징에 의미를 부여하는 것은 상징 자체의 존재 내용이 아니라 그 자체 의미가 없는 것, 예컨대 국가의 주권을 상징하는 표지, 기旗, 제식의 상징 등에 의미를 주는 설정, 제정, 축성祝聖이기 때문이다.

이제 우리가 통찰해야 할 중요한 사실은 예술작품의 원래 의미가 설정에 근거하지 않는다는 것이다. 예술작품이 실제로 제식용 그림 혹은 세속적인 기념비로 설정되었을 경우에도 사정은 마찬가지다. 예술작품에 사용 목적을 배정하는 봉헌식이나 제막식의 공적 행위가 예술작품에 처음으로 의미를 부여하는 것은 아니다. 오히려 예술작품은 그 기능이 기념비로 정해지기 전에 이미 그림이든 그림이 아니든 간에 표현으로서 독자적인 의미 기능을 가진 형성체이다. 〔그러나〕 기념비의 설립〔설정〕과 봉헌은 그 작품 자체의 고유한 내용에 이미 의도되어 있는 하나의 기능만을 현실화한다. 그리고 역사적 간격이 종교적이거나 세속적인 건축물을 축성했을 때, 사람들이 이 역시 기념비적 건축물로 말하는 것은 우연이 아니다.

이것은 예술작품들이 특정한 실제 기능들은 맡을 수 있고, 다른 기능들, 예를 들어 종교적이거나 세속적인 기능, 공적 또는 사적 기능들은 거부하는 이유이다. 예술작품은 오로지 그러한 기능의 연관성을 스스로 규정하고 또 함께 형성하기 때문에 예배, 숭배, 경건의 기념비적 대상으로 설립되고 설치된다. 예술작품은 그 자체의 장소를 요구하며, 비록 그것이 다른 장소로 옮겨졌을지라도, 예를 들어 현대의 박물관에 보관되었다 할지라도 그 작품 원래의 사명을 보여주는 흔적은 소멸될 수 없다. 예술작품은 그 존재가 표현이기 때문에 자신의 존재 자체에 속한다.

이 특수한 형식들의 범례적인 의미를 숙고해본다면, 우리는 체험 예술의 관점에서 볼 때 주변적 경우들을 뜻하는 예술형식들, 즉 그 고유한 내용이 형식들을 넘어서, 형식들에 의해서, 그리고 형식들을 위해서 규정된 연관성 전체를 가리키는 그러한 모든 예술형식들이 중심적 위치로 옮아간다는 것을 인식하게 된다. 이러한 관점에 속하는 가장 탁월하고 웅대한 예술형식은 건축술이다.[268]

건축물은 이중적인 방식에서 자기 자신을 넘어선다. 건축물은 그것이 기여해야 할 목적에 의해서, 그리고 그것이 공간적 연관 전체에서 차지하는 공간에 의해서 규정된다. 모든 건축가는 이 두 가지 점을 고려하지 않으면 안 된다. 그의 설계 자체는, 건축물이 특정한 삶의 양식에 기여해야 하며, 자연적으로 또 건축적으로 이미 주어져 있는 조건에 적합하지 않으면 안 된다는 점에 의해서 규정된다. 그래서 우리는 아주 성공적인 건축물을 '만족스러운 해결glückliche Lösung'이라 부른다. 이 말은 건축물이 그 목적〔용도〕을 완전히 충족시킬 뿐 아니라, 그 건립을 통해서 도시나 시골의 공간적 상에 새로운 무엇을 첨가한다는 것을 의미한다. 건축물 역시 이러한 이중적 의미의 적합성을 통해 실제적인 존재 증대를 표현하고 있다. 말하자면 건축물은 일종의 예술작품이다.

어떤 곳에 단지 지역 미관을 해치는 건물로 서 있는 건축물은 예술작품이 되지 못한다. 건축물은 '건축의 과제'를 해결할 때에만 예술작품이 된다. 따라서 예술학 역시 생각할 가치가 있는 건축물만을 주목하고, 그것을 '기념비적 건축물'이라 부른다. 예술작품인 건축물의 경우, 그 건축물은 원래 속해 있는 목적 및 삶의 연관성에 의해서 제기된 건축 과제의 예술적 해결만을 보여주는 것은 아니다. 또한 이때의 예술적 해결은 어떤 방식으로든 그러한 연관성을 고수한다. 따라서 이 연관성은 비록 현재적 모습이 원래의 목적에 전적으로 위배된다 할지라도 분명하게 현존하고 있다. 현재적 모습에서 나타나는 것은 다시 원래적인 것을 지시한다. 원래의 목적이 전혀 알아볼 수 없게 되었거나 그 통일성이 그후에 일어난 많은 변화에 의해 파괴된 경우, 건축물 자체는 이해 불가능해질 것이다. 이렇게 모든 예술양식 중 가장 조상적彫像的 예술양식인 건축술은 '미적 구별'이 얼마나 부차적인가를 아주 명료하게 해준다. 건축물을 단지 예술작품으로만 보아서는 안 된다. 건축물을 삶의 연관성에 속하게 하는 목적〔용도〕은, 그 건축물 자체가 현실성을 상실하지 않는 한 건축물에서 분리될 수 없다. 건축물이 단지 미적 의식의 대상이라면, 건축물은 구체적 현실성을 상실하게 될 뿐이며, 단지 관광객의 목표 혹은 사진에 의한 재생이라는 변질된 형식으로 왜곡된 삶만을 살게 된다. '예술작품 그 자체'는 순수한 추상이다.

과거의 거대한 기념 건축물들이 현대의 교통생활과 그것에 의해 세워진 건물들 속으로 들어와 있다는 사실은 실제로 과거와 현재의 견고한 통합의 과제를 제기한다. 건축작품들은 역사적인 삶의 흐름의 강변에 움직이지 않은 채 서 있는 것이 아니라, 그 역사적인 삶의 흐름과 함께 떠내려간다. 역사적인 것을 고려하는 시대들이 아무리 이전 시대의 건축 상태를 복원시키려 한다 해도, 그 시대들은 역사의 수레바퀴를 되돌려놓을 수 없으며, 그 나름으로 과거와 현재 사이의 보다 좋은 새로운 매개를 수행할 뿐이다. 심지어 〔건축물〕 복원 전문가 혹은 기념비 보호 전문가조차 자신이 속한 시대의 예술가일 뿐이다.

건축술이 우리의 문제제기에 대해 가지는 특별한 의미는, 말하자면 건축술에서도 예술작품이 참된 현재성을 가지게 되는 그러한 매개가 증명될 수 있다는 데 있다. 표현이 재현(누구나 재현이 그 자체의 현재에 속한다는 것을 알고 있다)을 통해 비로소 이루어지지 않는 경우에도, 예술작품에서는 과거와 현재가 매개되고 있다. 모든 예술작품이 자신의 세계를 가진다는 것은, 예술작품의 원래 세계가 변화했을 경우 예술작품은 단지 소외된 미적 의식에서만 현실성을 가진다는 의미가 아니다. 이러한 사실은 건축술이 가르쳐줄 수 있다. 건축술에는 자신의 세계 귀속성이 확고부동하게 부착되어 있기 때문이다.

이러한 사실과 더불어 계속 논의해야 할 점이 있다. 즉 건축술은 전적으로 공간 형성적이라는 것이다. 공간이란 공간 안에 존재하는 모든 것을 포괄한다. 그러므로 건축술은 다른 모든 표현 형식들, 이를테면 모든 조형예술 작품, 모든 장식물을 포괄하며, 그 밖에도 문학, 음악, 연극〔표정술〕과 무용의 표현에 처음으로 그 장소를 제공한다. 건축술은 이렇게 예술 전체를 포괄함으로써 도처에서 자신의 고유한 관점을 유효하게 한다. 이 관점은 곧 장식Dekoration의 관점이다. 건축술은, 작품들이 장식적이어서는 안 되고 의미 범위의 완결성을 통해 〔시선을〕 집결시키는 그러한 예술형식들에 대해서도 이러한 관점을 견지한다. 최근의 연구는 이러한 특성이 모든 조형예술 작품—주문될 때 그 위치가 배정되어 있는—에 적용된다는 것을 환기시키기 시작한다. 대좌臺座 위에 있는 자유 입상立像은 사실상 장식적 연관에서 벗어나지 못하며, 그것이 꾸미면서 순응하는 삶의 연관을 대표적으로 고양시키는 데 기여한다.[269] 가장 자유로운 가동성可動性을 지니고 있으며 어디서나 공연될 수 있는 문학과 음악조차 임의적인 공간에 적합한 게 아니라, 특정한 공간, 극장이나 홀, 교회에서 적절한 장소를 찾게 된다. 여기서도 중요한 것은 그 자체로 완성된 형성체를 위한 외적 장소를 추후에 찾는 것이 아니다. 우리는 작품—자신의 고유한 조건들을 제시하는 것과 꼭 마찬가지로 주어진 여건에 적응해야 하는—자체의 공간 형성적 잠재력에 순응하지 않으면 안 된다.(예를 들어 기술적인 면뿐 아니라 건축술적인 면도 가지고 있는 음향 효과의 문제도 생각해보기 바란다.)

이러한 고찰로부터, 건축술이 모든 예술에 대해 차지하는 포괄적인 지위는 이중의 매개를 포함한다는 사실을 이끌어낼 수 있다. 순수한 공간 형성적 예술로서의 건축술은 공간을 형성하고 또 공간을 해방시킨다. 건축술은 장식물을 포함한 공간 형성의 모든 장식적 관점을 포괄할 뿐 아니라, 건축술 자체가 본질상 장식적이다. 장식은 관찰자의 주의를 자기 자신에게로 끌어들여 그의 취미를 만족시켜주고, 또한 그를 다시금 장식 자체로부터 장식 자체가 수반하는 삶의 연관이라는 보다 더 큰 전체로 내모는 이중적인 매개를 수행하는 데 그 본질이 있다.

이것은 도시 건설에서부터 개개의 장식물에 이르기까지 장식적인 것의 전 범위에 적용된다. 건축물은 확실히 예술적 과제의 해결이어야 하고, 이 점에서 관찰자의 경탄을 자신에게로 끌어들어야 한다. 그럼에도 불구하고 건축물은 삶의 연관에 적합해야 하며, 스스로 자기 목적이 되고자 하지 않는다. 건축물은 장식품으로서, 분위기의 배경으로서, 하나로 묶는 틀로서 삶의 연관에 상응하고자 한다. 이와 같은 것은 장식물—결코 자기 자신에게로 주목을 끌지 않고, 자신이 수반하는 장식 기능에 전적으로 헌신해야 하는—에 이르기까지 건축 예술가가 완성하는 모든 개개의 형상화에 적용된다. 장식물의 극단적인 경우조차 장식적인 매개 그 자체의 이중적인 것을 지니고 있다. 장식물은 계속 자신에 머물러서는 안 되고, 또 그 자체가 장식의 동기로 주목받아서도 안 되며, 오로지 부수적인 효과를 발휘해야 한다. 따라서 장식물은 일반적으로 결코 구상적具象的 내용을 가지지 않거나, 그 구상적 내용을 〔관찰자의〕 시선이 소홀히 지나쳐버리도록 양식화樣式化나 반복을 통해 획일화할 것이다. 장식물에 사용된 자연 형식들은 '인식하기' 위한 것이 아니다. 만일 반복되는 무늬가 구상적이라면, 무늬의 반복은 고통스러운 단조로움이 된다. 그러나 한편 장식물은 생기 없이 혹은 지루하게 작용해서는 안 된다. 왜냐하면 장식물은 부수적인 것으로서 생기 있는 효과를 발휘해야 하고, 이를테면 어느 정도는 〔관찰자의〕 시선을 자기 자신에게 끌어들여야 하기 때문이다.

이러한 방식으로 건축술에 부과된 장식적 과제를 전반적인 범위에 걸쳐 살펴본다면, 우리는 건축술에서 미적 의식의 선입견, 즉 본래의 예술작품은 모든 시간과 공간을 떠나 체험 작용이 이루어지는 현재에 미적 체험의 대상이 된다고 하는 선입견이 아주 확실하게 무너진다는 것을 쉽게 인식하게 된다. 본래의 예술작품과 단순한 장식의 통상적인 구별이 재검토될 필요가 있다는 사실은 건축술에서는 의심의 여지가 없다.

장식적인 것의 개념은 흔히 '본래적 예술작품'과 대립된다는 관점에서, 그리고 본래의 예술작품의 기원은 천재적 영감에 있다는 관점에서 고려되고 있다. 가령 사람들은 장식적인 것이란 천재의 예술적 창작이 아니라 공예라고 주장한다. 장식적인 것은 수단으로서, 그것이 치장할 것에 종속되며, 따라서 어떤 목적에 종속되는 모든 수단들과 마찬가지로 목적에 상응하는 다른 수단들에 의해 대체될 수 있다. 장식적인 것은 예술작품의 유일성에 관여하지 않는다.

사실 장식 개념은 체험 예술 개념과의 대립관계에서 분리되어야 하며, 우리가 예술작품의 존재방식으로 밝혀낸 표현의 존재론적 구조 안에서 그 근거를 찾아야 한다. 우리는 단지 〔장식품으로〕 꾸미는 것, 장식적인 것이 그 본래의 의미에 의하면 순수한 미라는 사실만을 상기해야 한다. 이 오래된 인식을 원상 복구시키는 것이 중요하다. 장식품이라고 하는 것, 그리고 꾸미는 모든 것은 그것이 꾸미는 것, 그것이 부착된 것, 그것을 부착하고 있는 것과의 관계를 통해서 규정된다. 그것은 추후에 비로소 한정하는 제약을 받게 될 어떤 미적인 고유한 내용을 가지는 것이 아니다. 이러한 견해를 지지한 칸트조차 문신을 반대하는 그의 유명한 말에서, 장식품이란 그것을 부착하고 있는 것에 어울릴 경우에만 장식품이 된다는 점을 고려하고 있다.[270] 우리가 어떤 것을 그 자체에서 아름다운 것으로 볼 수 있을 뿐 아니라, 또한 그것이 어디에 속하고 어디에 속하지 않는가를 안다고 하는 것은 취미에 속한다. 장식품은 처음에는 독자적 사물이고 그 다음에 다른 어떤 것에 부착되는 그러한 것이 아니다. 장식품은 장식품을 부착하고 있는 것의 자기표현에 속한다. 바로 이 장식품에도 장식품이 표현에 속한다는 사실이 적용된다. 그러나 표현은 존재의 과정이며, 대표하는 것이다. 장식품, 장식물, 좋은 위치에 세워진 조각(품)은 예컨대 그것들이 설치된 교회 자체가 대표하는 것과 같은 의미에서 대표한다.

장식적인 것의 개념은 미적인 것의 존재양식에 관한 우리의 문제제기를 완결하는 데 적합하다. 우리는 또다른 측면에서 미적인 것의 오랜 선험적 의미를 원상 복구하는 것이 어떻게 당연한가를 나중에 고찰할 것이다. 우리가 '표현'이라는 말로 의미하는 것은, 여하튼 미적인 것의 보편적인 존재론적 구조 계기, 즉 존재 과정이지, 예술가의 창조 순간에 발생하며 그때그때 수용자가 단지 반복할 뿐인 체험 과정이 결코 아니다. 놀이의 보편적 의미에서 출발해 우리는 '재현'이 독창적 예술 자체의 원래 존재방식이라는 사실에서 표현의 존재론적 의미를 고찰했다. 그림과 조상적 예술 역시 모두 존재론적으로 볼 때 동일한 존재양식을 가진다는 것이 이제 확인되었다. 예술작품의 독특한 현재성은 존재의 표현됨ein Zur-Darstellung-Kommen des Seins이다.

3) 문학의 경계 설정

이제 우리의 연구에서 얻어낸 존재론적 관점을 문학Literatur의 존재방식에도 확대할 수 있을지는 실례를 통한 검토에서 드러날 것이다. 문학에는 고유한 존재가存在價를 요구할 수 있는 어떠한 표현도 없는 것처럼 보인다. 독서는 순수한 내재적 과정이다. 독서는 공개 낭독이나 상연에 수반되는 모든 기회성과 우연성에서 완전히 벗어난 것처럼 보인다. 문학의 유일한 조건은 언어적으로 전승되며 독서에 의해 실현된다는 것이다. 작품에 대하여 미적 의식을 독립적으로 만드는 미적 구별은, 이를테면 독서하는 의식의 자율성에 의해 정당화되는 것이 아닌가? 문학은 그 존재론적 값과는 거리가 먼 문예Poesie같아 보인다. 저 유명한 책[271]뿐 아니라 모든 개개의 책에 관해 말할 수 있는 것은, 책은 모든 사람을 위해 있으면서 누구를 위해서도 있는 게 아니라는 것이다.

[그러나 이것이 문학의 올바른 개념일까? 아니면 이 개념은 결국 교양의 소외된 의식으로부터 다시 투영된 산물일까? 독서 대상

으로서의 문학은 확실히 나중에 나타난 현상이다. 문학이란 낱말이 독서가 아니라 문헌을 지시하는 것은 그 나름대로 이유가 있다. (패리Parry와 다른 사람들의) 최근 연구는 이 책의 이전 판과는 달리 나로 하여금 다시 배우지 않을 수 없게 만들었다. 이 최근 연구는 호메로스 이전 서사시의 구술口述에 관한 낭만주의적 사고들을 부활시켰다. 오랜 생명을 지니고 구전되어오는 알바니아 서사시들을 우리가 알고 있다는 사실은 이 부활의 의미를 되새겨준다. 문자가 생겨난 곳에서는 서사시가 문자로 고정되는 것이 불가피했다. '문학'은 음유시인의 활동에서 생겨났는데, 물론 그때는 독서 재료가 아니라 낭독 재료였다. 우리가 후세에 관찰했던 바와 같이 적어도 낭독에 비하여 독서를 중요한 것으로 본다는 것은 전적으로 새로운 일은 아니다.(예를 들어 아리스토텔레스가 극장을 외면하는 것을 생각해보라.)]

책은 모든 사람을 위해 있으면서 누구를 위해서도 있는 게 아니라는 것은 독서가 소리내어 읽는 독서였다는 점에서 특히 명백해진다. 그러나 그것이 침묵의 독서와 분명한 경계선을 가진 것이 아님은 확실하다. 이해하면서 읽는 것은 모두 언제나 일종의 재생이며 해석인 것 같다. 강조, 율동적 분절分節 같은 것들은 완전한 침묵의 독서에도 있다. 의미를 지닌 것과 그것의 이해는 분명 술화述話적 생동성과 밀접하게 결부되어 있어서, 이해한다는 것은 언제나 속으로 말하는 것을 내포한다.

사실이 그러하다면 피할 수 없는 결론은 문학의 고유한 예술형식인 소설처럼 문학은 독서에서 그 원래의 현존성을 지닌다는 점이다. 그것은 마치 서사시가 낭독에서, 그림이 관람자의 관람에서 그 원래의 현존성을 지니는 것과 같다. 따라서 책읽기도 읽히는 내용이 표현되는 하나의 과정일 것이다. 확실히 문학과, 그것을 독서에서 수용하는 것은 고도의 해방과 가동성可動性을 보여준다.[272] 이것은 한 권의 책을 단숨에 읽을 필요가 없고, 멈추었다가 다시 시작함은 재수용再受容의 고유한 과제이며, 이 과제는 청취와 관람에서는 유사성을 찾아볼 수 없다는 사실이 증명해준다. 바로 여기서 '독서'는 텍스트의 통일성에 일치한다는 것이 명백해진다.

문학의 예술양식은 독서의 진행과정에서 이루어지는 미적 체험이 아니라, 오직 예술작품의 존재론으로부터 파악될 수 있다. 독서는 낭독이나 상연과 마찬가지로 문예작품의 본질적 부분이다. 이들은 모두 일반적으로 재생이라고 불리지만, 사실은 모든 일시적 예술의 본래적 존재방식을 나타내는 것이며, 예술의 존재방식 일반의 규정을 위해 예시적인 것으로 드러나는 여러 가지 양식들이다.

이로부터 또다른 것이 귀결된다. 문학의 개념은 수용자와의 관계 없이는 생각할 수 없다. 문학의 현존은 소외된 존재의 생명 없는 존속으로서 후세의 체험 현실과 동시적으로 주어지는 것이 아니다. 오히려 문학은 정신적 보존과 전승의 한 기능이며, 그 때문에 모든 현재에서 그 숨겨진 역사를 드러낸다. 알렉산드리아의 문헌학자들에 의해 수행된 고대 문학의 전범典範 형성에서부터 고전 작품들의 복사와 보존의 전 계열이, 살아 있는 교양의 전통이다. 이 전통은 현존하는 것을 단순히 보관하는 것이 아니라, 본보기로서 인정하고 모범으로서 전승하는 것이다. 취미의 모든 변화에도 불구하고 우리가 '고전 문학'이라고 부르는 것의 커다란 영향은 애매한 '신구新舊 논쟁'의 시기에 이르기까지, 그리고 이 시기를 넘어서까지 모든 후세의 지속적 모범으로 나타난다.

역사적 의식의 발전이 비로소 세계문학의 살아 있는 통일체를 규범적 통일성의 직접적 요구로부터 문학사의 역사적 문제제기로 바꾸어놓는다. 그러나 이것은 완결되지 않은, 결코 완결될 수 없는 과정이다. 주지하다시피 괴테는 최초로 세계문학 개념을 독일어로 정의했다.[273] 그러나 그에게 세계문학 개념의 규범적 의미는 자명한 것이었다. 그리고 그 의미는 오늘날도 소멸되지 않았다. 왜냐하면 우리는 오늘날도 지속적 의미를 지닌 작품에 대하여 그것은 세계문학에 속한다고 말하기 때문이다.

세계문학에 속하는 것은 모든 사람의 의식에 자리잡고 있다. 그것은 '세계'에 속한다. 한 작품이 세계문학에 귀속되었을 때, 그 세계는 이 작품이 말하는 원래의 세계에서 아주 멀리 떨어져 있을지도 모른다. 그 세계가 더이상 동일한 '세계'가 아니라는 것은 확실하다. 그렇다면 세계문학 개념에 들어 있는 규범적 의미는, 세계문학에 속하는 작품들이 말하는 세계가 전혀 다른 세계임에도 불구하고 여전히 호소력을 지니고 있다는 것을 뜻한다. 마찬가지로 번역 문학의 현존은, 〔세계문학에 속하는〕 그러한 작품들 속에 여전히 모든 사람들에게 진리와 타당성을 지닌 무엇이 표현되고 있다는 것을 증명한다. 따라서 세계문학은 한 작품의 존재방식이 그 근원적 규정에 따라 형성한 것의 소외된 형성체는 결코 아니다. 한 작품이 세계문학에 속할 수 있게 하는 것은 오히려 문학 일반의 역사적 존재방식이다.

세계문학에 속함으로써 주어진 규범적 특징은 이제 문학 현상을 새로운 관점에서 보게 한다. 왜냐하면 문학작품이든 언어적 예술작품*이든 간에 고유한 지위를 얻은 문예작품만이 세계문학에 속한다는 것이 인정된다면, 다른 면에서 볼 때에는 문학 개념이 문예작품의 개념보다도 훨씬 넓기 때문이다. 종교적, 법적, 경제적, 공적, 사적인 모든 종류의 텍스트뿐 아니라, 전승된 그러한 텍스트들을 편찬하고 해석한 기록들, 따라서 정신과학 전체를 포함하는 모든 언어적 전승이 문학의 존재방식을 함께 지니고 있다. 학문적 연구 일반이 모두 언어적인 것과 본질적으로 관계되어 있는 한, 문학의 형식을 지닌다는 것이다. 문학을 경계짓는 가장 넓은 의미는 모든 언어적인 것을 문자로 표현할 수 있는 능력이다.†

*'문학작품Didtung'과 '언어적 예술작품sprachliches Kunstwerk'은 원래 같은 개념인데, 가다머는 여기서 이를 구분하여 쓰고 있다. 아마도 후자가 더 포괄적인 개념, 즉 예술성을 지닌 학문적 글도 포함한 개념인 듯하다.

† 여기서 의미하는 문학Literatur이란 이 말의 넓은 의미로서 글로 쓴 모든 문헌을 말한다.

이제는 문학의 이 넓은 의미가 예술의 존재방식에 관한 우리의 탐구에도 전반적으로 적용되는지 살펴보자. 우리가 앞에서 전개한 〔넓은 뜻의〕 문학의 규범적 의미를, 예술작품으로 여겨지는 그러한 문학작품들에도 적용할 수 있다고 보아야 하는가? 그리고 오직 그러한 문학작품들만이 예술의 존재가를 지닌다고 말할 수 있고, 그 밖의 다른 모든 형식의 문학적 존재는 기본적으로 예술의 존재가를 지니고 있지 않은가?

아니면, 여기에는 그렇게 분명한 경계란 없는 것일까? 작가적 탁월성에 의해 문예작품으로 평가되고 세계문학에 속하게 될 권리를 지닌 학문적 저작들도 있다. 이것은 미적 의식의 관점에서 보면 분명해진다. 미적 의식은 예술작품에서 그 내용의 의미가 아니라 오직 형식의 질質을 결정적인 것으로 표명하기 때문이다. 그러나 미적 의식에 대한 우리의 비판이 그러한 관점의 범위를 원칙적으로 제한하고 나면 문학예술과 문학의 이 구별 원칙은 의심스러워진다. 우리는 미적 의식을 척도로 해서는 결코 문학예술의 본질적 진리를 파악할 수 없다는 것을 보았다. 오히려 문학작품은 그 내용적 의미를 가지고 우리에게 말한다는 점에서 다른 모든 문학의 텍스트와 공통된다. 우리의 이해는 문학작품이 예술작품으로서 수행하는 형식의 성과가 아니라, 문학작품이 우리에게 말해주는 것을 향해 있다.

그런 점에서 문예작품과 다른 문학적 텍스트와의 차이는 그렇게 근본적인 것이 아니다. 시 언어와 산문 언어의 차이, 또한 문학적 산문과 '학문적' 언어의 차이는 확실히 존재하며, 이 차이들은 문학적 형식의 관점에서도 분명히 고찰될 수 있다. 그러나 그러한 여러 가지 '언어들'의 본질적 차이는 어딘가 다른 곳, 즉 그 언어들이 제기하는 진리 요구의 차이에 있음이 명백하다. 그러나 모든 문학작품들에는 언어적 형식이, 표현되어야 할 내용적 의미의 효과를 살린다는 점에서 커다란 공통점이 있다. 텍스트의 이해는, 예를 들어 역사가의 경우처럼 예술의 경험과 전혀 다른 것으로 볼 수 없다. 그리고 문학의 개념에 문학예술 작품뿐 아니라 모든 문학적 전승 일반이 총괄된다는 것은 단순한 우연이 아니다.

여하간 문학 현상에 예술과 학문이 서로 중첩되는 점이 있다는 것은 우연이 아니다. 문학의 존재양식은 그 어떤 유일한 것, 비교할 수 없는 것을 지니고 있다. 이 존재양식은 이해로의 전환을 특수한 과제로 삼는다. 문자만큼 그렇게 낯설면서 동시에 이해를 요구하는 것은 없다. 생소한 언어를 말하는 인간과의 만남도 문자의 낯설음과 소원함에는 결코 비교할 수 없다. 몸짓과 음성의 언어는 이미 직접적 이해 가능성의 한 계기이기 때문이다. 문자, 그리고 이에 관련된 것, 즉 문학은 정신의 이해 가능성이 가장 낯선 것으로 외화外化된 것이다. 문자처럼 그렇게 순수한 정신의 흔적도 없으나, 또한 그것만큼 이해하는 정신에 의존하는 것도 없다. 문자의 해독과 해석에서는 낯선 것과 죽은 것을 완전한 동시성과 친숙성으로 변화시키는 기적이 일어난다. 과거로부터 우리에게 전해지는 다른 어떠한 전승도 그와 같은 것은 없다. 과거의 삶이 남긴 것들, 남아 있는 건축물, 도구, 무덤의 내부는 그 위로 휘몰아치는 시간의 폭풍에 의해 풍화되는 반면에, 기록된 전승은 해독되고 해석되자마자 마치 현재처럼 우리에게 말할 정도로 너무나 순수한 정신이다. 따라서 문자로 된 것을 이해하는 독서능력은 마치 비밀스러운 기술처럼, 아니 일종의 마술처럼 우리를 묶고 푼다. 이 능력에서는 시간과 공간이 배제된 것처럼 보인다. 기록되어 전승된 것을 읽을 줄 아는 사람은 과거의 순수한 현재를 증언하고 완성한다.

모든 미적 경계 설정에도 불구하고 문학의 가장 넓은 개념은 우리의 문제 연관에서 여전히 유효하다. 예술작품의 존재는 관객이 수용함으로써 비로소 완성되는 놀이라는 것을 보여줄 수 있었듯이, 죽은 의미의 흔적을 살아 있는 의미로 다시 변화시키는 일은 이해에서 비로소 일어난다는 사실은 텍스트 일반에도 적용된다. 그러므로 여기서 묻지 않을 수 없는 것은 예술의 경험에서 증명된 것이 텍스트 일반, 즉 예술작품이 아닌 텍스트의 이해에도 타당한가 하는 것이다. 우리는 예술작품이 그 표현에서 비로소 완성된다는 것을 보았다. 그리고 모든 문예작품은 독서에서 완성될 수 있다는 결론에 도달하지 않을 수 없었다. 이것은 모든 텍스트의 이해에도 타당한가? 모든 텍스트의 의미는 이해하는 자의 수용과 더불어 비로소 완성되는가? 달리 말해, 연주가 음악에 속하듯이 이해가 텍스트의 의미 발생에 속하는가? 재현 예술가와 그 원본의 관계처럼 커다란 자유를 가지고 한 텍스트의 의미와 관계하는 것을 이해라고 부를 수 있을까?

4) 해석학적 과제로서의 재구성과 통합

텍스트를 이해하는 기술과 관련된 고전적인 학문 분야는 해석학이다. 우리의 숙고가 올바르다면, 해석학이 지닌 본래의 문제는 사람들이 보통 아는 것과는 아주 다르게 보인다. 그렇다면 해석학의 본래 문제가 지시하는 방향은 미적 의식에 대한 우리의 비판이 미학의 문제를 옮겨놓았던 방향과 같은 방향을 지시한다. 확실히 해석학은 예술의 전 영역과 그 문제제기를 다 함께 포함할 만큼 포괄적인 것으로 이해하지 않으면 안 된다. 문학뿐 아니라 모든 예술작품은—이해될 수 있는 다른 모든 텍스트와 마찬가지로—이해되어야 한다. 그리고 그러한 이해는 뛰어난 이해가 되고자 한다. 이로써 해석학적 의식은 미적 의식의 범위를 넘어서는 포괄적 영역을 획득한다. 미학은 해석학에서 출발하지 않으면 안 된다. 이 말은 단지 문제의 범위에 관련된 언명일 뿐 아니라 내용적으로도 타당하다. 거꾸로 말하면 해석학은 전체적으로 예술의 경험을 올바르게 다룰 수 있도록 규정되어 있음에 틀림없다. 이해는 의미 발생의 한 부분으로 고려되지 않으면 안 된다. 모든 언표의 의미, 예술이나 모든 그 밖의 전승의 의미는 의미 발생 과정에서 형성되고 완성되는 것이다.

오래된 신학적 · 철학적 보조 분과인 해석학은 19세기에 와서 체계적으로 형성되었으며, 이를 통해 해석학은 전체 정신과학적 연구의 토대가 되었다. 해석학은 원래의 실용적 목적, 즉 문학 텍스트의 이해를 가능하게 하거나 쉽게 하는 목적을 넘어서게 되었다. 단지 문학적 전승만이, 소외되고 새롭고 활기찬 습득을 필요로 하는 정신이 아니다. 오히려 더이상 정신의 세계에 직접 존재하지 않으면서 정신세계에서, 정신세계에 대하여 언표하는 모든 것, 즉 예술은 물론 법, 종교, 철학 등과 같은 과거의 다른 모든 정신적 창작물들이 그 원래의 의미로부터 소외되었으며, 드러내고 매개하는 정신에 의존해 있다. 우리는 이러한 정신을 그리스인들과 마찬가지로 신의 사자 헤르메스Hermes라고 부른다. 해석학이 정신과학 내에서 중심적 역할을 맡게 된 것은 역사의식의 발생에 힘입은 것이다. 그러나 문제는 해석학과 함께 제기된 문제의 범위가 역사의식의 전제들로부터 올바르게 가시화될 수 있는가이다.

지금까지 이 영역에서 이루어진 연구는 해석학적 문제의 차원을 나름의 방식으로 확정했다. 무엇보다도 딜타이의 정신과학에 대한 해석학적 토대 부여[274]와 해석학의 발생에 대한 연구[275]가 그러한 연구를 규정했다. 오늘날의 과제는 딜타이가 제기한 문제의 지배적인 영향과 그가 정초한 '정신사'의 선입견들에서 벗어나는 일이 될 것이다.

문제를 미리 알리고, 지금까지 사유한 과정의 체계적 일관성을 앞으로 있을 문제설정의 확대와 연결짓기 위해서는 우선 예술 현상을 통해 제기된 해석학적 과제를 계속 고려하는 것이 좋을 듯하다. '미적 구별'은 일종의 추상작업으로 예술작품이 예술작품의 세계에 속한다는 사실을 지양시킬 수 없다는 것을 우리는 밝힐 수 있었다. 그러나 여전히 의심할 수 없는 것은 예술이 결코 단순히 지나

가버린 것이 아니라, 그 자체의 의미 현시를 통해 시대의 간격을 극복할 줄 안다는 것이다. 그런 점에서 예술의 예는 이해의 두 가지 탁월한 경우를 보여준다. 예술이 역사적 의식의 단순한 대상은 아니지만 예술에 대한 이해는 언제나 이미 역사적 매개를 내포하고 있다. 그렇다면 예술에 대한 해석학의 과제는 어떻게 규정되는가?

이 물음에 대한 대답을 생각하게 해주는 두 가지 극단적 가능성을 슐라이어마허와 헤겔의 예에서 볼 수 있다. 이 두 가능성을 우리는 **재구성**과 **통합**의 개념으로 특징지을 수 있다. 슐라이어마허와 헤겔 모두 처음에는 전승에 대한 상실과 소외의 의식이 해석학적 반성을 불러일으켰다. 그럼에도 불구하고 두 사람은 해석학의 과제를 전혀 다른 방식으로 규정하고 있다.

나중에 슐라이어마허의 해석학 이론을 다루겠지만, 그는 한 작품의 원래 규정을 전적으로 이해 속에서 재생하는 것을 목표로 한다. 왜냐하면 과거로부터 우리에게 전승된 예술과 문학은 그 원래의 세계에서 벗어나 있기 때문이다. 우리가 분석한 바와 같이 이것은 모든 예술에 대해서, 그러니까 문학예술에 대해서도, 그리고 조형예술에서는 특히 분명하게 적용되는 말이다. "만일 예술작품이 거래된다면" 그것은 이미 자연스러운 것도 원래적인 것도 아니라고 슐라이어마허는 적고 있다. "다시 말해 모든 예술작품은 그 원천적 규정에서 나온 이해 가능성의 일부분을 지니고 있다." "따라서 예술작품은 예술작품의 원래 연관성이 역사적으로 보존되지 않으면, 그 연관성을 벗어나면서 그 의미를 상실하게 된다." 그는 심지어 이렇게 말한다. "그러므로 예술작품은 원래 기초와 토대, 즉 예술작품의 주변 세계에 뿌리박고 있다. 예술작품이 주변 세계에서 벗어나 상거래로 넘어가면 화재에서 구조되어 화흔火痕을 지닌 것과 마찬가지로 이미 그 의미를 상실하게 된다."[276]

그렇다면 예술작품은 오직 원래 속하는 세계에서만 그 진정한 의미를 지닌다는 결론이 나오는 것은 아닐까? 따라서 예술작품의 의미 파악은 근원적인 것에 대한 일종의 재생이란 말인가? 예술작품이 미적 체험의 무시간적 대상이 아니라, 예술작품의 의미를 처음으로 완전히 규정하는 '세계'에 속한다는 것을 인식하고 인정한다면, 예술작품의 참된 의미는 이 '세계'로부터, 특히 그 원천과 발생으로부터만 이해될 수 있다는 결론이 나오는 것 같다. 그렇다면 예술작품이 속하는 '세계'의 재생, 창작하는 예술가가 의미했던 근원적 상태의 재생, 근원적 양식에 따른 상연, 역사적 재구성의 이 모든 수단은 한 예술작품의 참된 '의미'를 이해할 수 있게 만들고, 오해와 잘못된 현실화의 방지를 요구할 수 있을 것이다. 사실 이것은 슐라이어마허의 해석학 전반에 암묵적으로 전제되어 있는 사고이다. 그에 의하면, 역사적 지식은 잃어버린 것을 보충하고 전승을 재생하는 길을 열어준다. 역사적 지식은 기회적인 것과 근원적인 것을 다시 불러들이기 때문이다. 이와 같이 해석학적 노력은 한 예술작품의 의미를 비로소 완전히 이해할 수 있게 해주는 '접합점'을 예술가의 정신 속에서 다시 획득하려 한다. 이것은 텍스트의 경우에 저자의 원래 창작을 재현하려고 노력할 때 행하는 것과 꼭 마찬가지다.

전승된 작품이 그 원래 규정을 이행하도록 해주는 조건의 재생은 확실히 이해를 위한 중요한 보조작업이다. 다만 여기서 획득되는 것이 실제로 우리가 예술작품의 의미로서 찾고 있는 것인지, 그리고 만일 이해가 제2의 창작, 즉 원래 작품의 재창작이라 본다면 과연 이해라는 것이 올바르게 규정되는가 하는 물음이 제기된다. 결국 해석학의 이러한 규정은 과거의 삶의 모든 복구나 복원과 마찬가지로 불합리한 것이다. 원래의 조건을 재생한다는 것은 모든 복원과 마찬가지로 우리들 존재의 역사성 앞에서는 무력한 시도에 불과하다. 재생한 삶, 소외로부터 되불러온 삶은 원래의 삶이 아니다. 그것은 교양의 부차적 현존을 소외의 지속에서 획득하는 것에 지나지 않는다. 예술작품을 미술관에서 원래 있던 장소로 다시 가져다놓는 것이나, 기념 건축물에 원래의 형태를 다시 부여하는 것과 같은 최근의 경향은 바로 그것을 증명한다. 그림을 미술관에서 교회로 되가져오고 건축물을 옛날 상태로 복원한다 해도 그것은 과거에 있었던 바로 그것이 아니며, 단지 관광객의 목표가 될 뿐이다. 마찬가지로 이해를 원래의 것의 재생으로 생각하는 해석학적 행위도 다만 소멸한 의미의 전달일 뿐이다.

그에 비하여 헤겔은 해석학적 시도의 득실을 서로 보완하는 다른 가능성을 제시한다. 그는 모든 복원이 무력하다는 것을 명백히 의식하고, 고대의 삶과 그 '예술종교'의 멸망에 대해 다음과 같이 쓴다.[277]

> 뮤즈의 작품들은 이제 우리 앞에 존재하는 바로 그것이다. 소녀가 과일들을 내놓듯이, 친절한 운명이 나무에서 딴 아름다운 과일들, 즉 뮤즈의 작품들을 우리에게 건네준다. 소녀는 작품들 현존의 현실적 삶을 주지 않는다. 과일을 매달고 있던 나무도, 대지도, 과일들의 실체를 형성했던 요소들도, 과일들의 규정 내용을 형성했던 기후도 주지 않으며, 생성 과정을 지배했던 계절의 변화도 주지 않는다. 그렇게 운명은 저 예술작품들과 함께 작품들의 세계를, 작품들이 꽃을 피우고 성숙하도록 해준 인륜적 삶의 봄과 여름을 우리에게 주는 것이 아니라, 오로지 이 현실에 대한 포장된 회상을 줄 뿐이다.

그리고 그는 전승된 예술작품에 대한 후세 사람들의 태도를 '외적 행위äußerliches Tun'라고 부른다.

> 이것〔외적 행위〕은 이 과일들로부터 빗방울이나 먼지 따위를 씻어내고, 주위를 둘러싸고 있으면서 〔과일들을〕 생산해

> 내고 영감을 준 인륜적 현실이 지닌 내적 요소들 대신, 언어와 역사적인 것 등 그 외적 생존의 생명 없는 요소들로 이루어진 구조물을 설치한다. 이는 그 세계에 들어가 살기 위한 것이 아니라 단지 그 세계를 머릿속에 떠올리기 위한 것이다.[278]

헤겔이 여기서 쓴 것은 역사적 보존에 대한 슐라이어마허의 요구가 포괄하는 바로 그것이지만, 헤겔에게는 그것이 처음부터 부정적 어조를 지니고 있다. 예술작품의 의미를 보충해주는 기회적인 것에 대한 연구는 예술작품의 의미를 재생할 수 없다. 그것은 여전히 나무에서 딴 과일일 뿐이다. 예술작품들을 역사적 연관 속에 다시 가져다놓는다 해도 얻는 것은 예술작품들과 삶의 관계가 아니라 단순한 표상의 관계일 뿐이다. 그렇다고 과거의 예술에 대해 그와 같은 역사적 태도를 취하는 것이 정당한 과제임을 헤겔이 부인하는 것은 아니다. 그는 예술사적 연구의 원리에 대해서만 말할 뿐이며, 그에게는 이 연구가 모든 '역사적' 태도와 마찬가지로 하나의 외적 행위이다.

반면 역사에 대해, 또한 예술의 역사에 대해 사유하는 정신의 참된 과제는 헤겔에 따르면 결코 외적 과제가 아니다. 왜냐하면 그는 정신이 역사에서 그 자신을 고도의 방식으로 표현한다고 보기 때문이다. 나무에서 딴 과일을 제공하는 소녀의 상에 대한 사유를 전개하면서 헤겔은 이렇게 썼다.

> 따낸 과일을 내미는 소녀는 그 과일의 조건과 요소들, 즉 나무, 공기, 빛 등으로 확산되어 과일들을 직접 제공한 자연 그 이상이다. 왜냐하면 소녀는 자의식을 지닌 눈의 시선과 〔과일을〕 내미는 몸짓 속에 고도의 방식으로 그 모든 것을 통합하고 있기 때문이다. 그와 마찬가지로 예술작품을

제공하는 운명의 정신은 〔고대〕 민족의 인륜적 삶과 현실 그 이상이다. 왜냐하면 운명의 정신은 예술작품에 여전히 외화外化되어 있는 정신의 내화內化Er-Innerung이기 때문이다. 이 정신은 비극적 운명의 정신이다. 이 비극적 운명은 모든 개별적 신들과 실체의 속성들을 '하나의' 만신전萬神殿, 즉 자기 자신을 정신으로서 의식하는 정신에 집결시킨다.

여기서 헤겔은 슐라이어마허가 제기했던 이해 문제의 전체 차원을 넘어선다. 이 문제를 헤겔은, 철학을 절대 정신의 최고 형태로 정초했던 토대로 끌어올린다. 인용문에서 말하는 바와 같이, 철학의 절대지絶對知에서 '고도의 방식으로' 그 자체 내에 예술의 진리 또한 포함하는 절대정신의 자기의식이 완성된다. 이와 같이 해석학적 과제를 해결하는 것이 헤겔에게는 철학, 즉 정신의 역사적 자기관철이다. 철학은 역사적 의식의 자기망각에 대하여 극단적으로 반대되는 위치에 있다. 철학에서는 표상의 역사적 태도가 과거에 대하여 사유하는 태도로 변화한다. 이로써 헤겔은, 역사적 정신의 본질은 과거의 것을 복원하는 데 있지 않고 사유하는, 현재의 삶과의 매개에 있다는 중요한 진리를 표명한다. 그 사유하는 매개를 외적이며 추후적인 관계로 생각하지 않고, 예술의 진리와 함께 그 자체를 동일한 단계에 둔다면 헤겔은 정당하다. 이로써 그는 해석학에 대한 슐라이어마허의 생각을 근본적으로 능가하고 있다. 우리가 예술과 역사에서 나타나는 진리에 대하여 묻는 한, 예술의 진리에 대한 물음은 우리로 하여금 미적 의식과 역사의식의 비판으로 나아가지 않을 수 없게 한다.

주

1 John Stuart Mill, 『연역 논리학과 귀납 논리학의 체계*System der deduktiven und induktiven Logik*』, Schiel, 1863(2판), 제6권 '정신과학 혹은 인간과학의 논리에 관하여'.

2 David Hume, 『*Treatise on Human Nature*』 서론.

3 H. Helmholtz, 『강연과 연설*Vorträge und Reden*』, 4판, 제1권. 『과학 일반과 자연과학의 관계*Über das Verhältnis der Naturwissenschaften zur Gesamtheit der Wissenschaften*』, 167쪽 이하.

4 특히 뒤엠P. Duhem의 저서 『레오나르도 다 빈치에 관한 연구*Etudes sur Léonard de Vinci*』 제3권(1907년 이후) 출간 이후의 시기 및 뒤엠의 사후 열 권으로 증보되어 출간된 『세계의 구조. 플라톤에서 코페르니쿠스까지 우주론적 제 교리의 역사*Le systém du monde. Histoire des doctrines cosmologiques de Platon à Copernic*』(1913년 이후) 참조. [마이어A. Maier와 코이레A. Koyré 등도 참조]

5 J. G. Droysen, 『역사학*Historik*』, 1925년 신판, E. Rothacker(편), 97쪽.

6 W. Dilthey, 전집Gesammelte Schriften 제5권, LXXIV쪽.

7 W. Dilthey, 전집 제11권, 244쪽.

8 W. Dilthey, 전집 제1권, 4쪽.

9 같은 책, 20쪽.

10 Helmholtz, 같은 책, 178쪽.

11 [내 논문 「헤르더와 역사적 세계Herder und die geschichtliche Welt」(『소논문집 *Kleine Schriften*』 III, 101~107쪽; 전집 제4권) 참조.]

12 [이것은 그동안 정치·사회적 언어의 경우에는 오토 브루너Otto Brunner, 베르너 콘체Werner Conze, 라인하르트 코젤레크Reinhart Kosellek에 의해 발간된 사전 『역사학의 기본 개념들*Geschichtliche Grundbegriffe*』에서, 철학의 경우에는 리터J. Ritter의 『철학 개념사 사전*Historisches Wörterbuch der Philosophie*』에서 성취되었다.]

13 I. Schaarschmidt, 『형성과 교양이라는 말의 의미 변화*Der Bedeutungswandel der Worte Bilden und Bildung*』(박사 학위 논문, Königsberg 1931) 참조.

14 I. Kant, 『도덕 형이상학, 덕론의 형이상학적 근거*Metaphysik der Sitten, Metaphysische Anfangsgründe der Tugendlehre*』, §19.

15 G. W. F. Hegel, 전집Werke 제17권(1832년 이후), 『철학적 예비학*Philosophische Propädeutik*』 제1강좌, §41 이하.

16 Wilhelm von Humbolt, 전집Gesammelte Schriften 제7권, 아카데미판, 1, 30쪽.

17 Hegel, 같은 책, §41~45.[플라이네스J.-E. Pleines가 교양에 관한 텍스트를 수집해서 발간한 『교양에 관한 이론들. 문제와 입장들*Bildungstbheorien, Probleme und Positionen*』(Freiburg 1978) 참조. 여기에는 버크Buck, 플라이네스, 샤프Schaaf의 속행된 연구들도 언급되어 있다.]

18 Hegel, 『정신 현상학*Phänomenologie des Geistes*』(. Bibl. 114), J. Hoffmeister판, 148쪽 이하.[특히 내 연구 「자기의식의 변증법Die Dialektik des Selbstbewußtseins」(『헤겔 변증법*Hegels Dialektik*』 49~64쪽: 전집 제3권)과 지프L. Siep의 저서 『실천철학의 원리로서의 인정: 헤겔의 예나 시대 정신철학에 관한 연구*Anerkennung als Prinzip der praktischen Philosophie: Untersuchungen zu Hegels Jenaer Philosophie des Geistes*』(Freiburg 1979) 참조]

19 Hegel, 전집 제18권, 62쪽.

20 Hegel, 『뉘른베르크 저작*Nürnberger Schriften*』. J. Hoffmeister판, 312쪽.(1809년의 연설)

21 Helmholtz, 같은 책, 178쪽.

22 F. Nietzsche, 『반시대적 고찰*Unzeitgemäße Betrachtungen*』, 제2부 「역사 서술이 삶에 끼치는 이익과 불이익에 관하여」, 1.

23 기억의 역사는 기억 훈련의 역사가 아니다. 기억술은 사실 이 기억 훈련의 역사의 일부분을 규정하지만, 그러나 기억memoria 현상이 거기에서 나타나는 실용적 관점은 이 기억 현상의 축소를 의미한다. 이 현상의 역사의 중심에는 아마도 아우구스티누스가 있을 것이다. 그는 자신이 계승한 피타고라스·플라톤적 전통을 완전히 변형시켰다. 우리는 나중에 귀납법의 문제와 관련해서 기억mnēmē의 기능을 다룰 것이다.[1985년 카스텔리Castelli가 편집한 『인문주의와 상징주의*Umanesimo e Simbolismo*』에 실린 로시P. Rossi의 「르네상스의 기억술에 관한 논문에 나타난 상상력의 구성La costruzione delli imagini nei trattati di memoria artificiale del Rinascimento」과 바솔리C. Vasoli의 「브루노의 기억술과 룰리아니의 초기 저작에 나타난 상징주의와 인문주의Umanesimo e simbologia nei primi scritti lulliani e mnemotecnici del Bruno」 참조]

24 『포르루아얄의 논리학*Logique de Port-Royal*』, 제4부 13장 이하.

25 G. B. Vico, 「우리 시대의 연구방법에 관하여De nostri temporis studiorum ratione」, 오토W. F. Otto의 독일어 번역(1947).

26 W. Jaeger, 「철학적 삶의 이상의 원천과 순환에 대하여Über Ursprung und Kreislauf des philosophischen Lebensideals」. (프로이센 학술원 회보 Sitzungsberichte der Preußischen Akademie der Wissenschaften, Berlin 1928)

27 F. Wieacker, 『로마법에 관하여*Vom römischen Recht*』, 1945.

28 네 편의 대화: 「예지에 관하여 I, II, 정신에 관하여, 저울 실험에 관하여De sapientia I, II, de mente, de staticis experimentis」에서 범인凡人을 대화의 상대자로 삼는 니콜라우스 쿠사누스Nicolaus Cusanus 참조. (하이델베르크 학술원판 V, 1937)

29 Aristoteles, 『니코마코스 윤리학*Ethika Nicomachea*』 Z. 9, 1141b 33. "형상eidos은 자신에 관계된 지식이 아니다."

30 Aristoteles, 『영혼론*De anima*』, 425 a 14쪽 이하.

31 Thomas Aquinas, 『신학대전*Summa Theologica*』 I. q. 1, ad 2 et q. 78, 4 ad 1.

32 Tetens, 『철학적 시도들*Philosophische Versuche*』, 1777(칸트 학회의 신판), 515쪽.

33 『백과전서 서언 토론*Discours Préliminaire de l'Encyclopédie*』, Köhler(편), Meiner 1955, 80쪽.

34 Cicero, 『연설에 관하여*De oratore*』, II. 9. 36.

35 Leo Strauss, 『홉스의 정치 철학*The Political Philosophy of Hobbes*』, VI장.

36 이러한 아리스토텔레스적 동기의 매개에서는 카스틸리오네Castiglione가 중요한 역할을 했음이 명백하다. Erich Loos, 「발타사르 카스틸리오네의 궁정인宮廷人에 관한 책Baldassare Castigliones Libro del cortegiano」, 『로마학보*Analecta romanica*』, F. Schalk(편), H. 2 참조.

37 Shaftesbury, 『특성들, 논문 II*Characteristics, Treatise II*』 특히 Part III, Section I.

38 Marcus Aurelius, 『저작집』 I, 16.

39 허치슨은 바로 공감에 의하여 공통감각을 명백히 설명했다.

40 Thomas Reid, 『철학 저작집*The philosophical Works*』, Hamilton(편), 1985(제8판). 이 책 제2권 774쪽 이하에 해밀턴은 공통감각에 대한 상세한 주석을 붙였다. 그러나 이 주석은 풍부한 자료를 역사적이라기보다 분류적으로 처리했다. 내가 귄터 플루크Günther Pflug의 친절한 지적에서 이끌어낸 바와 같이, 철학 내에서 작용하는 공통감각의 체계적 기능은 맨 먼저 뷔피에Buffier(1704)에게서 찾아볼 수 있다. 감각에 의한 세계 인식은 모든 이론적 문제를 능가할 정도로 탁월하며, 실용적으로 정당화된다는 것은 그 자체로 보아 고대의 회의주의적 동기를 나타낸다. 그러나 뷔피에는 공통감각을 하나의 공리, 즉 외부 세계, 우리 밖의 존재 res extra nos의 인식의 공리 수준으로 끌어올리며, 데카르트의 '나는 생각한다 cogito'가 의식세계 인식에 대하여 그러한 것과 마찬가지로 인식의 기초로서 이바지한다고 본다. 뷔피에는 리드에게 영향을 끼쳤다.

41 Henri Bergson, 『저작과 강연 I*Ecrits et paroles I*』(RM Mossé-Bastide), 84쪽 이하.

42 내가 인용하는 책은 외팅거의 『원문에 따라서 해설한 잠언과 솔로몬 전도서에

있는 공통감각 또는 일반 감각의 진리, 혹은 배운 자와 못 배운 자를 위한 최고의 가정 도서와 도덕책*Die Wahrheit des sensus communis oder des allgemeinen Sinnes, in den nach dem Grundtext erklärten Sprüchen und Prediger Salomo, oder Das beste Haus- und Sittenbuch für Gelehrte und Ungelehrte*』(Ehmann의 신판, 1861)이다. 외팅거는 그의 생성적generativ 방법을 위해 수사학적 전통에 의존하며 더 나아가 섀프츠베리와 페늘롱, 플뢰리Fleury를 인용한다. 플뢰리(플라톤에 관한 논문)에 의하면, 웅변가의 방법이 지닌 우월성은 '편견을 제거하는' 데 있다. 외팅거가 웅변가는 이 방법을 철학자들과 공통으로 갖고 있다고 말한다면(125쪽) 그는 플뢰리를 옳다고 보는 것이다. 외팅거에 의하면, 계몽주의가 이 방법을 염두에 두지 않는 것은 잘못이라고 한다. 우리의 연구는 외팅거의 이 판단을 확증하는 데 이르게 될 것이다. 왜냐하면 만일 외팅거가 오늘날 더이상 사용되지 않는, 혹은 이제 비로소 다시 사용되는 기하학적 방법의 형식, 즉 계몽 시대의 논증 이상理想에 반대한다면 그것은 마찬가지로 근대의 정신과학 및 이것과 논리학의 관계에도 적용되기 때문이다.

43 F. Ch. Oetinger, 『공통감각과 이성에 대한 탐구…*Inquisitio in sensum communem et rationem*…』(Tübingen 1753) [재판: Stuttgart-Bad Cannstatt 1964], 「철학자로서의 외팅거Oetinger als Philosoph」(『소논문집*Kleine Schriften*』 III, 89~100쪽) [전집 제4권].

44 radicatae tendentia…… Habent vim dictatoriam divinam, irresistibilem.

45 in investigandis ideis usum habet insignem.

46 sunt foecundiores et defaecatiores, quo magis intelliguntur singulae in omnibus et omnes in singulis.

47 바로 거기서 외팅거는 아주 젊은 청강자가 도덕철학적 연구에 참가하는 것에 반대하는 아리스토텔레스의 회의를 연상시킨다. 이것 역시 그에게 적용의 문제가 의식되고 있다는 징표이다.

48 여기서 하는 말은 모루스Morus(토마스 모어의 라틴어 이름)를 두고 하는 말이다. 『헤르메노이티카*Hermeneutica*』 I, II, III, XXIII.

49 Tetens, 『인간의 본성과 그 발달에 관한 철학적 시론*Philosophische Versuche über die menschliche Natur und ihre Entwicklung*』, Leipzig 1777, 1,520쪽.

50 Kant, 『판단력 비판*Kritik der Urteilskraft*』, 1799(2판), VII쪽.

51 Baumgarten, 『형이상학*Metaphysica*』 §606: 나는 감지한다. 즉 나는 사물의 완전성과 불완전성을 식별한다perfectionem imperfectionemque rerum percipio, i. e. diiudico.

52 『칸트의 윤리학 강의*Eine Vorlesung Kants über Ethik*』, Menzer(편), 1924, 34쪽.

53 이 책 70쪽 이하 참조.

54 Kant, 『판단력 비판』, §40.

55 Kant, 『실천이성 비판*Kritik der praktischen Vernunft*』, 1787, 124쪽.

56 같은 책, 272쪽; 『판단력 비판』, §60.

57 Kant, 『순수이성 비판*Kritik der reinen Vernunft*』, B 171쪽 이하.

58 Kant, 『판단력 비판』, 1799(3판), 157쪽.

59 같은 책, 64쪽.

60 사례들(그리고 아울러 역사)의 중요성을 판단력의 '견인차'로 인정하는 칸트 참조.(B 173)

61 그라시안과 그의 영향, 특히 독일에서의 그의 영향에 관해서는 Karl Borinski, 『그라시안과 독일에서의 궁정 문학*Balthasar Gracian und die Hofliteratur in Deutschland*』(1894)이 기본적이며, 최근의 Fr. Schummer, 『17, 18세기 철학에서 취미 개념의 전개*Die Entwicklung des Geschmacksbegriffs in der Philosophie des 17. und 18. Jahrhunderts*』(Archiv für Begriffsgeschichte 1, 1955)가 보충이 될 것이다. [W. Krauss, 『독일과 프랑스의 계몽주의 연구*Studien zur deutschen und französischen Aufklärung*』(Berlin 1963)도 참조]

62 헤어F. Heer가 근대 교양 개념의 기원을 르네상스, 종교개혁, 반종교개혁 시대의 학교문화Schulkultur에서 찾은 것은 정당해 보인다. 『유럽의 출현*Der Aufgang Europas*』, 82, 570쪽 참조.

63 Kant, 『판단력 비판』, 1799(3판), 233쪽.

64 Kant, 『실용적 관점에서의 인간학』, §71.

65 A. Baeumler, 『판단력 비판 입문*Einleitung in die Kritik der Urteilskraft*』, 280쪽 이하. 특히 285쪽 참조.

66 Kant, 『판단력 비판』, 1799(3판), 67쪽.

67 여기서 양식Stil의 개념이 본래의 자리를 차지하게 된다. 역사적 범주로서 양식의 개념은 그 기원을 장식적인 것이 아름다운 것에 대립해서 독자성을 주장하는 데 둔다. 60쪽, 235쪽 이하 그리고 부록 1, 전집 제2권, 375쪽 이하 참조. [아울러 논문 「해석학적 문제의 보편성Die Universalität des hermeneutischen Problems」(『소논문집』 I, 101~112쪽. 전집 제2권, 219쪽 이하) 참조]

68 Kant, 『판단력 비판』, 1799(3판), 서문 VII쪽.

69 Kant, 『순수이성 비판』, B 173.

70 헤겔이 칸트의 규정적 판단력과 반성적 판단력의 구별을 넘어서 나아간 것은 바로 이러한 고찰에서 나온 것이 명백하다. 헤겔은 칸트의 판단력에 관한 이론에서, 보편자가 그 자체로는 구체적인 것으로 생각되는 한, 사변적 의미를 인정했다. 그러나 동시에 칸트에게 보편자와 특수자의 관계는 아직 진리로서 타당하게 여겨지는 게 아니라, 단지 주관적인 것으로 취급된다고 제한했다.(『철학 강요*Enzyklopädie*』 §55 이하, 또는 『논리학*Logik*』 제2권, Lasson판 19쪽에 유사한 부분) 쿠노 피셔Kuno Fischer는 바로 동일성 철학 속에, 주어진 보편자와 발견되어야 할 보편자의 대립이 지양되었다고 표현했다.(『논리학과 지식학*Logik und Wissenschaftslehre*』, 148쪽)

71 덕과 올바른 행위를 자세하게 특징짓는 아리스토텔레스의 결정적인 말은 언제나 "마땅히 그러해야 하는 것처럼" 혹은 "올바른 이성이 그렇게 보여주듯이"이다. 윤리적 실천Pragmatie에서도 가르칠 수 있는 것은 역시 '이성(법칙)'이긴 하지만 일반적인 테두리를 넘어선 정확함akribes은 아니다. 올바른 뉘앙스에 적중하는 것이 결정적이다. 이것을 수행하는 실천지phronesis는 '참됨의 마음 상태', 즉 숨겨진 어떤 것이 드러나는, 그리하여 인식되는 존재의 상태Seinsverfassung이다. 니콜라이 하르트만은 윤리의 모든 규범적 계기들을 '가치들Werte'에 비추어 이해하려고 시도했는데, 이로부터 아리스토텔레스의 덕 개념의 목록을 기묘하게 확대한, '상황의 가치'를 만들어냈다. [N. Hartmann, 『윤리학*Ethik*』, Berlin 1926, 330~131쪽 참조. 그리고 A.J. Buch가 펴낸 니콜라이 하르트만 기념 논문집(『*Nicolai Hartmann 1882~1950, Gedenkschrift*』, Bonn 1982, 113~122쪽, 전집 제4권)에 실린 내 논문 「가치윤리학과 실천철학Wertethik und praktische Philosophie」 참조]

72 물론 칸트는 취미가 '도덕성의 외적 현상'인 예절Gesittung에 영향을 미칠 수 있음을 간과하지 않았다. (『실용적 관점에서 본 인간학』, §69) 그러나 칸트는 의지의 순수한 이성 규정에서는 취미를 배제했다.

73 이 책 22쪽 이하.

74 알프레트 보임러Alfred Baeumler의 빼어난 책 『칸트의 판단력 비판*Kants Kritik der Urteilskraft*』은 칸트의 미학과 역사 문제의 연관에 대한 긍정적인 측면을 풍부하게 다루었다. 그러나 잃은 것을 고려해보는 것도 중요하다.

75 Paul Menzer, 『그 발전상에서 본 칸트의 미학*Kants Ästhetik in ihrer Entwicklung*』, 1952.

76 Kant, 『판단력 비판』, 1799, 139쪽, 아울러 200쪽도 참조.

77 같은 책, §17(54쪽).

78 같은 책, 64쪽.

79 같은 책, §60.

80 같은 책 264쪽. 그렇기는 하지만—그가 도덕적 감정에 대한 영국 철학을 비판함에도 불구하고—도덕적 감정의 이러한 현상이 미적 현상과 유사하다는 것은 숨길 수 없다. 어쨌건 그가 자연의 아름다움에 대한 기쁨을 '유사성에 의거해서 도덕적'이라고 부르는 경우, 그는 도덕적 감정, 즉 실천적 판단력의 이러한 작용을 두고, 도덕적 감정은 경험독립적인 호감이라고 말할 수 있을 것이다. (같은 책 169쪽)

81 같은 책, §16~17.

82 [유감스럽게도 아도르노Adorno(『미학 이론*Ästhetische Theorie*』, 전집Schriften 제7권, 22쪽 이하)나 야우스Jauß(『미적 경험과 문학적 해석학*Ästhetische Erfahrung und literarische Hermeneutik*』, Frankfurt 1982, 29~30쪽)는 취미 판단에 대한 칸트의 분석을 예술이론을 위해 잘못 사용한다.]

83 Lessing, 『라오콘에 관한 초안*Entwürfe zum Laokoon*』, 20호 b, 레싱 전집에 수록, Lachmann(편), 1886년 이후, 제14권, 415쪽.

84 우리는, 지금부터 칸트가 공공연하게 예술작품에 관해 사유하기 시작하며, 더이상 자연미는 우선적으로 생각하지 않는다는 사실도 눈여겨봐야 할 것이다.[이러한 사실은 미의 '표준 이념'과 표준 이념의 올바른 표현에도 분명 적용되며, 나아가 미의 이상에도 완벽하게 적용된다. 심지어 "그것[표준 이념]을 표현하려는 사람에게는 오히려 더" 완벽하게 적용된다.(『판단력 비판』, §17, 60쪽)]

85 Lessing, 같은 책에서 「화초 화가와 풍경 화가Blumen- und Landschaftsmaler」 참조: "그는 미를 모방하지만 이것은 이상이 될 수 없는 미이다." 조각이 조형예술의 서열에서 차지하는 선도적 위치는 이 말에 긍정적으로 들어맞는다.

86 칸트는 여기서 줄처Sulzer의 견해를 따른다. 줄처는 『아름다운 예술의 일반적 이론*Allgemeine Theorie der schönen Künste*』이란 글의 '미'에 관한 장에서 인간의 형체를 유사한 방법으로 특징짓는다. 그에 의하면, 인간의 신체는 "볼 수 있게 만들어진 영혼일 뿐, 그 이외의 다른 어떤 것도 아니다." 실러 또한 「마티손의 시에 관하여Über Matthissons Gedichte」란 논문에서 이와 유사한 의미로 다음과 같이 기술한다. "특정한 형식들의 영역은 동물적 육체와 인간의 마음을 초월하지 못한다. 따라서 이 양자에서만(이 말은 전후 문맥에서 이해할 수 있는 것처럼, 이 양자의 통일, 즉 인간의 이중적 본질을 이루는 동물적 육체와 마음의 통일을 의미할 것이다) 이상이 구축될 수 있다." 그러나 실러의 작업은 그 밖에도 상징 개념의 도움을 빌려 풍경화와 전원시를 정당화했으며, 따라서 이후 예술 미학의 전주前奏가 되었다.

87 Hegel, 『미학 강의*Vorlesungen über die Ästhetik*』, Lasson판, 57쪽. "따라서 예술작품의 보편적 요구는 인간의 생각 속에서 찾을 수 있다. 왜냐하면 예술작품은 인간 앞에 인간의 본질을 제시하는 방식을 지니고 있기 때문이다."

88 같은 책, 213쪽.

89 [칸트는 "미의 이상에 따른 평가는 결코 취미의 단순한 판단이 아니(다)"라는 점을 분명히 말하고 있다.(『판단력 비판』, 61쪽) 이 부분에 관해서는 『헤겔 연구*Hegel-Studien*』 21(1986)에 수록된 내 논문 「헤겔의 예술 체계 안에서 차지하는 시문학의 지위Die Stellung der Poesie im Hegelschen System der Künste」 참조.]

90 루돌프 오데브레히트Rudolf Odebrecht(『형식과 정신. 칸트 미학에 있어서의 변증법적 사상의 상승*Form und Geist. Der Aufstieg des dialektischen Gedankens in Kants Ästhetik*』, Berlin 1930) 덕분에 이러한 연관 관계를 인식하게 되었다.[내 논문 「직관과 직관성Anschauung und Auschaulichkeit」, 『철학의 새 논문들*Neue Hefte für Philosophie*』 18/19(1980), 173~180쪽에 수록. 전집Gesammelte Werke 제8권 참조]

91 다음과 같이 기술한 것으로 보아 실러는 이 점을 올바로 파악했다. '저자[칸트]를 단지 위대한 사상가로만 경탄할 줄 알았던 사람들은 여기서 그의 마음의 흔적을

대하고 기뻐할 것이다." 『소박문학과 감상문학에 대하여*Über naive und sentimetalische Dichtung*』. 실린 곳: 『작품집*Werke*』, Güntter u. Witkowski(편), Leipzig 1910 이후, 제17부, 480쪽.

92 [여기서 숭고das Erhabene에 대한 분석 작업이 구속력 있는 기능을 지니고 이루어졌더라면 좋았을 것이다. H. Trede, 『이론적 이성 사용과 실천적 이성 사용의 차이와 판단력 비판에서의 그 통일*Die Differenz von theoretischem und praktischem vernunftgebrauch und dessen Einheit innerhalb der Kritik der Urteilskraft*』(Heidelberg 1969)과 내 논문 「직관과 직관성」, 『철학의 새 논문들』 18/19(1980), 1~13쪽, 전집 제8권 참조.]

93 Kant, 『판단력 비판』, 1799(3판), 179~180쪽.

94 같은 책, 194쪽.

95 같은 책, 161쪽 "구상력이 오성을 자유롭게 일깨워주는 곳"과 194쪽 "이처럼 구상력이 여기서 창조적이며, 지적 이념의 능력(이성)을 작동시킨다" 참조.

96 같은 책, 183~184쪽.

97 같은 책, LI(51)쪽.

98 같은 책, LV(55)쪽 이하.

99 같은 책, 181쪽.

100 칸트는 독특하게도 '그리고und'라는 접속사 대신 '혹은oder'을 선호한다.

101 같은 책, X(10)/LII(52)쪽.

102 같은 책, §48.

103 같은 책, §60.

104 같은 책, §49.

105 같은 책, 264쪽.

106 이상하게도 칸트는 조경술을 건축이 아니라 회화에 포함시켰다.(『판단력 비판』, 205쪽) 이러한 분류는 정원의 이상理想과 관련해서 취미가 프랑스풍에서 영국풍으로 변하고 있음을 전제한다. 실러의 논문 「1795년의 정원력庭園曆에 관하여Über den Gartenkalender auf das Jahr 1795」 참조. 이것과 달리 슐라이어마허(『미학*Ästhetik*』, Odebrecht판, 204쪽)는 영국풍의 조경술을 '수평적 건축'으로서 다시금 건축에 귀속시켰다.[뒤의 주 269 참조]

107 칸트와 그 후계자들 사이에 생긴 변화, 즉 내가 '예술의 입장'이라는 표현을 통해 특징짓고자 하는 변화가 미의 보편적 현상을 얼마나 모호하게 하는가는 슐레겔Schlegel의 최초 단편(『단편*Fragmente*』, 「리케움Lyceum」에서, 1797)을 읽어보면 알 수 있다. "우리가 예술가라고 부르는 많은 사람들은 본래 자연의 예술작품인 것이다." 이 말에는 천재 개념을 자연의 은총에서 정초하려고 한 칸트의 영향이 엿보인다. 그러나 이 말이 반대로 자기 자신을 거의 의식하지 못하는 예술가에 대한 반론이 된다는 점에 관해서는 그렇게 많이 평가되고 있지 않다.

108 호토Hotho가 편집한 『미학 강의』는 라손Lasson이 필사본을 토대로 구성한

헤겔의 본래 목차가 증명해주듯이, 자연미에 지나치게 독립적인 지위를 부여했다. Hegel, 전집Sämtliche Werke 제Xa권, Lasson판, 제1분책(이념과 이상) XII쪽 이하 참조.[새로운 판본의 준비과정에서 나온 게트만지페르트A. Gethmann-Siefert의 연구물인 『헤겔 연구』의 별책 25권(1985)과 내 논문 「헤겔의 예술 체계 안에서 차지하는 시문학의 지위」, 『헤겔 연구』 제21권(1986) 참조]

109 Hegel, 『미학 강의』, Lasson판.

110 관념론적 미학에 대한 피히테의 의의를 주장한 것은 Luigi Pareyson, 『독일관념론의 미학*L'estetica del idealismo tedesco*』(1952)의 공적이다. 이에 상응하여 우리는 신칸트주의 운동 전체에서 피히테와 헤겔의 눈에 띄지 않는 지속적인 영향을 인식할 수 있을 것이다.

111 베를린의 독일 학술원Deutsche Akademie의 친절한 통보에 의하면 그러하다. 물론 독일 학술원은 '체험'이라는 표제어 사례를 결코 완벽하게 수집하지는 못했다.[그 사이에 콘라트 크라머Konrad Cramer가 리터J. Ritter에 의해서 편찬된 『철학 어휘의 역사에 관한 사전』에 '체험' 항목(제2권, 702~711쪽)을 실었다.]

112 헤겔은 한 여행에 관한 보고에서 "나의 전 체험meine ganze Erlebnis"(『서가집 *Briefe*』 제3권, Hoffmeister판, 179쪽)이라고 쓴다. 여기서 우리는 편지라고 하는 사실에 주목해야 한다. 편지에서는 흔히 익숙하지 않은 표현, 특히 보다 통례적인 낱말을 찾지 못할 경우 그러한 표현을 일상어로부터 조심성 없이 받아들이게 마련이다. 예를 들어 헤겔은 '체험'이라는 낱말 이외에 "이제 비엔나에서의 나의 삶에 관하여nun von meinem lebwesen in Wien"라는 유사한 어법을(『서간집』 제1권, 55쪽) 사용한다. 그는 아직 마음대로 사용할 수 없는 어떤 집합 개념을 모색하고 있었음이 분명하다.(이러한 사실은 위에서 언급된 『서간집』에서, 헤겔이 '체험'이라는 낱말을 여성 명사로 사용한다는 데서 잘 암시되고 있다.)

113 딜타이의 『슐라이어마허 전기*Schleiermacher-Biographie*』(1870), 유스티Justi의 『빙켈만 전기*Winckelmann-Biographie*』(1872), 헤르만 그림Hermann Grimm의 『괴테』(1877) 그리고 추측하건대 종종 다른 곳에서 출현한다.

114 『문학과 진실*Dichtung und Wahrheit*』, 제2부, 제7권; 전집 제27권, Sophien판, 110쪽.

115 『민족 심리학지*Zeitschrift für Völkerpsychologie*』, 제10권; '괴테와 문학적 상상 Goethe und die dichterische Phantasie'(『체험과 문학』, 468쪽 이하)에 관한 딜타이의 각주 참조.

116 딜타이의 『체험과 문학』, 제5판, 219쪽; 루소의 『참회록*Les Cconfessions*』, 제2부, 제9권 참조. 이것의 정확한 일치는 증명될 수 없다. 명백히 중요한 것은 번역이 아니라, 루소에게서 읽을 수 있는 서술 내용의 의역인 것이다.

117 『민족 심리학지』, 같은 곳.

118 예를 들어, 『체험과 문학』에 수록되었고 나중에 〔개정된〕 괴테 논문의 원고에서 "시는 생의 묘사이며 표현이다. 시는 체험을 표현하고 생의 외적 현실을 묘사한다"(177쪽)라고 말한 대목을 비교해볼 것.

119 확실히 여기에 괴테의 언어 사용이 결정적인 영향을 주었다. "오로지 각각의 詩에서만, 그것이 체험된 것을 포함하는지 아닌지를 물어보라."(기념판 38, 326쪽) 혹은 "책 역시 체험된 것을 지니고 있다."(38, 257쪽) 그러한 척도로 교양의 세계와 독서의 세계가 측정된다면, 그 세계 또한 그 스스로 체험의 대상으로 이해될 것이다. 프리드리히 군돌프Friedrich Gundolf가 쓴 최근의 괴테 전기에서 다시금 체험의 개념이 용어상으로 더 발전하게 되었다는 것은 확실히 우연이 아니다. 군돌프의 원原체험Ur-Erlebnis과 교양체험Bildungserlebnisse의 구별은 'Erlebnis'라는 낱말이 등장한 전기 문학에서의 개념 형성이 수미일관 지속적으로 발전한 결과이다.

120 예를 들어, 전적으로 데카르트주의의 개념적 함축을 겨냥하는 하이데거의 'Erleben' 비판에 대한 로타커Rothacker의 놀라움을 표현하는 글. 『정신과학에 있어서의 독단적 사유 형식과 역사주의의 문제*Die dogmatische Denkform in den Geisteswissenschaften und das Problem des Historismus*』(1954), 431쪽 참조.

121 생의 활동Akt des Lebens, 공동체적 존재의 활동Akt des gemeinschaftlichen Seins, 계기Moment, 고유한 감정eigenes Gefühl, 감각Empfindung, 작용Einwirkung, 마음의 자유로운 자기규정으로서의 활동Regung als freie Selbstbestimmung des Gemüts, 근원적으로 내적인 것das ursprünglich Innerliche, 자극Erregung 등등.

122 Dilthey, 『슐라이어마허의 생애*Das Leben Schleiermachers*』(제2판), 341쪽. 그러나 1870년의 초판에서 볼 수 있는 'Ergebnisse(결과들)'(제1판, 305쪽)를 제2판(1922 Mulert)에서 정정한 'Erlebnisse(체험들)'—이것이 옳다고 생각하는데—라는 낱말은 특기할 만하다. 만일 제1판이 오식이라면, 거기에는 우리가 이미 위에서 'Erlebnis(체험)'와 'Ergebnis(결과)' 사이에 확정했던 의미상의 근접 현상이 영향을 주고 있다. 이 점에 대한 설명은 다른 예에서도 보게 된다. 우리는 호토의 『삶과 예술에 관한 예비 연구*Vorstudien für Leben und Kunst*』(1831)에서 다음의 글을 볼 수 있다. "그러나 그러한 종류의 상상력은 그 자신이 생산적이라기보다는 오히려 체험된 상태, 곧 수행된 경험의 회상에 더 의존한다. 회상은 모든 사정과 함께 일어난 그러한 결과들Ergebnisse의 개별적인 것과 외적인 방식을 보존하고 재현하는 반면에 보편적인 것 그 자체를 나타나게 하지는 않는다." 어떠한 독자도 이 글에서 'Ergebnisse(결과들)' 대신에 'Erlebnisse(체험들)'가 들어 있다 해도 놀라지는 않을 것이다. [아마도 마지막으로 쓰였을 슐라이어마허 전기의 서언에서 딜타이는 종종 'Erlebnis(체험)'를 사용하고 있다. 전집Gesammelte Schriften 제13권 1부, XXXV~XLV쪽 참조]

123 E. Husserl, 『논리 연구 II*Logische Untersuchungen II*』, 365쪽 각주; 『순수한 현상학과 현상학적 철학의 이념들 I*Ideen zu einer reinen Phänomenologie und phänomenologischen Philosophie I*』, 65쪽 참조.

124 전집Gesammelte Werke 제14권, Musarion판, 50쪽.

125 Dilthey, 전집 제7권, 29쪽 이하 참조.

126 그 때문에 딜타이는 나중에 체험에 대한 자신의 정의를 다음과 같이 말하면서 제한시킨다. "체험은 질적인 존재 곧 실재성인데, 이 실재성은 내재적 의식화에 의해 정의될 수 없지만, 그러나 구별없이 소유되는 것에도 미친다."(제7권, 230쪽) 여기서 주관성에서 출발하는 것이 얼마나 불충분한지는 딜타이에게 원래 명확하지 않지만, 다음과 같은 언어적 의문의 형태로 의식되어 있다. "'소유된다'라고 우리는 말할 수 있을까?"

127 P. Natorp, 『비판적 방법에 의한 심리학 개론*Einleitung in die Psychologie nach kritischer Methode*』(1888); 『비판적 방법에 의한 일반 심리학*Allgemeine Psychologie nach kritischer Methode*』(1912, 개정판).

128 R. Hönigswald, 『사유 심리학의 기초*Die Grundlagen der Denkpsychologie*』(1921, 제2판은 1925).

129 Natorp, 『비판적 방법에 의한 심리학 개론』, 32쪽.

130 H. Bergson, 『의식에 직접적으로 주어진 것에 관한 시론*Les données immédiates de la conscience*』, 76~77쪽.

131 Georg Simmel, 『생의 직관*Lebensanschauung*』, 제2판, 1922, 13쪽. 우리는 하이데거가 어떻게 생 개념의 변증법적 유회로부터 존재론적 중요성을 이끌어내는 결정적인 걸음을 내딛게 되었는지 나중에 보게 될 것이다.(247쪽 이하 참조)

132 F. Schleiermacher, 『종교에 관하여*Über die Religion*』, 제2절.

133 Georg Simmel, 『다리와 문*Brücke und Tür*』, Landmann(편), 1957, 8쪽.

134 Simmel, 『철학적 문화*Philosophische Kultur*』, 『논문집*Gesammelte Essays*』, 1911, 11~28쪽 참조.

135 E. R. Curtius, 『유럽 문학과 라틴 중세*Europäische Literatur und lateinisches Mittelalter*』, Bern 1948.

136 파울 뵈크만Paul Böckmann이 그의 『독일 문학의 형식사*Formgeschichte der deutschen Dichtung*』의 기초로 삼은 상징언어와 표현언어의 대립 참조.

137 Kant, 같은 책, §51.

138 allegoria는 원래의 hyponoia(사물의 숨겨진 뜻) 대신에 나타난다. Plut. de. aud. poet. 19e.(플루타르코스의 『*Moralia*』 중 「음악시」)

139 symbolon의 의미가 계약으로서 '협정'의 성격에 근거하는가 아니면 그 기록 문서에 근거하는가 하는 것에 관해서는 결정을 유보하고자 한다.

140 『고대 스토아의 단편들*Stoicorum Veterum Fragmenta*』 II, 257~258쪽.

141 "상징적인 것과 신성한 것", de Coel(『천상의 계층 구조에 관하여*De Caelesti Hierarchia*』의 약칭) I, 2.〔de Coel.은 de Cael.을 잘못 쓴 것〕

142 『미학 강의*Vorlesungen über Ästhetik*』, Heyse(편), 1829, 127쪽.

143 '알레고리'라는 말이 언제 언어 영역에서 조형예술의 영역으로 옮겨갔는지 연구할 수 있을 것이다. 상징적 표현의 결과로 비로소 그렇게 되었는가?(P. Mesnard,

「상징주의와 인본주의Symbolisme et Humanisme」 참조. 실린 곳: 『인본주의와 상징주의*Umanesimo e Simbolismo*』, Castelli 편, 1958). 18세기에는 거꾸로 알레고리에 관하여 말할 경우 늘 가장 먼저 조형예술을 생각했다. 그리고 레싱으로 대표되듯, 문학이 알레고리에서 독립한 것은 무엇보다도 조형예술의 모범으로부터 해방되는 것을 의미한다. 더욱이 알레고리 개념에 대한 빙켈만의 긍정적 입장은 결코 그 시대 감각에 맞지 않을 뿐 아니라, 뒤보스Dubos와 알가로티Algarotti 같은 그 시대 이론가들의 견해와도 일치하지 않는다. 빙켈만은 화가의 붓이 "오성에 적셔져야 한다"고 주장하기 때문에 오히려 볼프와 바움가르텐의 영향을 받은 것 같다. 그래서 그는 알레고리 일반을 배척하는 것이 아니라, 근세의 알레고리를 깎아내리기 위하여 그리스·로마의 고대를 옹호하는 것이다. 19세기 알레고리에 대한 일반적인 비방은—사람들이 상징적인 것의 개념을 알레고리에 대립시킨 것을 자명하게 생각하는 경우와 꼭 마찬가지로—빙켈만을 거의 올바르게 평가할 수 없다는 것을 유스티Justi의 예가 가르쳐준다. (I, 430쪽 이하)

144 예를 들어, 그는 「우아와 품위Anmut und Würde」에서 한 이념의 아름다운 대상은 상징에 이바지한다고 말한다. (Günter, Witkowski 편, 『작품집』, 1910년 이후, 제17부, 322쪽)

145 Kant, 같은 책, 260쪽.

146 괴테에 있어서 상징이란 말의 사용에 관한 괴테 문헌학의 면밀한 연구(Curt Müller, 『괴테의 예술관에 있어서 상징 개념의 역사적 전제*Die geschichtlichen Voraussetzungen des Symbolbegriffs in Goethes Kunstanschauung*』, 1933)는 빙켈만의 알레고리 미학과의 논쟁이 당시 사람들에게 얼마나 중요했으며, 괴테의 예술관이 어떤 의미를 지니고 있었던가를 보여준다. 빙켈만 전집에서는 페르노우Fernow(I권, 219쪽)와 하인리히 마어어Heinrich Meyer(II권, 675쪽 이하)가 바이마르 고전주의에서 획득된 상징 개념을 자명한 것으로 전제한다. 여기에 실러와 괴테의 언어 사용이 아무리 급속하게 전파되었다 하더라도 괴테 이전에는 그 낱말이 전혀 미학적 의미를 지닌 것 같지 않다. 로프Looff(『상징 개념*Der Symbolbegriff*』, 195쪽)가 게르하르트Gerhard를 지적함으로써 그럴듯하게 보여준 것처럼, 상징 개념의 형성에 대한 괴테의 기여는 명백히 다른 원천, 즉 프로테스탄트의 해석학이나 성체론聖體論에서 나온 것이다. 이에 관한 특히 훌륭한 예증을 카를 필리프 모리츠가 내놓고 있다. 그의 예술관이 괴테의 정신으로 가득 차 있음에도 불구하고 알레고리에 대한 비판에서 그는 알레고리가 "더이상 아름다움이 문제되지 않는 단순한 상징에 근접한다"고 쓰고 있다. (뮐러, 같은 책, 201쪽에서 재인용) [더 풍부한 추가 논의는 하우크W. Haug가 펴낸 논문집 『알레고리의 형식과 기능*Formen und Funktionen der Allegorie*』, 1978년 볼펜뷔텔 학술대회, Stuttgart(Metzler) 1979에서 발견된다.]

147 『색채론*Farbenlehre*』, 제1권, 제1부, 교훈적 부분, 916번.

148 1818년 4월 3일 슈바르트Schubart에게 보낸 편지. 젊은 슐레겔도 이와 유사하게 말한다. "모든 지식은 상징적이다."(쾨머J. Kömer가 펴낸 『새 철학 논문집』, 1935, 123쪽)

149 Schelling, 『예술철학』(1802)(WW. V. 411).

150 Erwin, 『미와 예술에 관한 네 가지 대화*Vier Gespräche über das Schöne und die Kunst*』 II, 41.

151 Schelling, 같은 책, V, 412쪽.

152 F. Creuzer, 『상징론*Symbolik*』 I, §19.

153 같은 책, §30.

154 Hegel, 『미학』 I(전집 제10권, 1, 1832년 이후), 403~404쪽. [내 논문 「헤겔과 하이델베르크 낭만주의」, 『헤겔 변증법』, 87~98쪽, 전집 제3권 참조]

155 적어도 쇼펜하우어의 예가 보여주는 것은 1818년에 상징을 순전히 관습적 알레고리의 특수한 경우로 파악하던 언어 사용이 1859년에도 여전히 가능했다는 것이다. 『의지와 표상으로서의 세계*Welt als Wille und Vorstellung*』, §50.

156 여기서 클롭슈토크(X, 254쪽 이하)는 빙켈만까지도 여전히 〔알레고리에〕 잘못 의존하는 것처럼 본다. "대부분의 알레고리적 회화가 지닌 중요한 두 가지 결함은 그 회화들이 흔히 전혀 이해되지 않거나 매우 이해하기 힘들다는 것과 그 성질상 흥미가 없다는 것이다. ……참으로 성스럽고 현세적인 역사는 위대한 예술가들이 가장 몰두하기 좋아하는 것이다. 또다른 사람들은 그들 조국의 역사를 그리기 좋아한다. 아무리 흥미가 있다 하더라도 그리스인과 로마인의 역사가 나와 무슨 상관인가?" 특히 근대 프랑스인들에 있어서 알레고리의 저급한 의미에 대한 명백한 방어(오성-알레고리)에 관해서는 Solger, 『미학 강의*Vorlesung zur Ästhetik*』 133쪽 이하, Ervin, 같은 책, II, 49, 유고 I, 525쪽에도 유사한 것이 있다.

157 F. Th. Vischer, 『비판적 진행: 상징*Kritishe Gänge: Das Symbol*』. 훌륭한 분석은 E. Volhard, 『헤겔과 니체 사이에서*Zwischen Hegel und Nietzsche*』, 1932, 157쪽 이하, 욀뮐러W. Oelmüller의 발생론적 서술, 『피셔와 헤겔 이후의 미학의 문제*F. Th. Vischer und des Problem der nachhegelschen Ästhetik*』, 1959 참조.

158 E. Cassirer, 『정신과학 구조 내의 상징적 형식의 개념*Der Begriff der symbolischen Form im Aufbau der Geisteswissenschaften*』, 29쪽. [마찬가지로 B. Croce, 『표현의 학문인 미학과 일반 언어학*Aesthetik als Wissenschaft vom Ausdruck und allgemeine Sprachwissenschaft*』, Tübingen 1930도 참조]

159 『인간의 미적 교육에 관하여*Über die ästhetische Erziehung des menschen*』라는 편지들 중, 예를 들어 열다섯번째 편지에 나오는 "형상충동Formtrieb과 질료충동 Stofftrieb의 공통적인 것, 즉 유희충동Spieltrieb이 있어야 한다"라는 표현을 토대로 요약하면 그와 같이 표현할 수 있을 것이다.

160 Kant, 『판단력 비판』, 164쪽.

161 "그리고 일반적으로 말하면, 예술은 부분적으로는 자연이 끝내지 못한 것을

완성하며, 부분적으로는 자연을 모방한다." 아리스토텔레스, 『자연학*Physica*』 B 8, 199 a 15. 〔4판(1975)의 각주를 따랐다. 현재 6판의 주 161은 『판단력 비판』, 164쪽으로 되어 있는데, 이는 앞의 주를 되풀이한 것으로 오식이다.〕

162 『인간의 미적 교육에 관하여』, 스물일곱번째 편지. 이 과정에 관해서는 쿤H. Kuhn의 뛰어난 서술, 『헤겔에 의한 독일 고전 미학의 완성*Vollendung der klassischen deutschen Ästhetik durch Hegel*』, Berlin 1931 참조.

163 E. Fink, 『현재화와 상*Vergegenwärtigung und Bild*』, 철학과 현상학적 연구 연보 Jahrbuoh für Philosophie und phänomenologische Forschung 제11권, 1930 참조.

164 이 책 31쪽 이하 참조.

165 사교적 유희로서 인용하는 즐거움은 전형적으로 여기에 속하는 특징이다.

166 이러한 발전에 대해서는 베이들레W. Weidlé의 대가다운 서술을 참조하라. 『뮤즈의 가사성可死性*Die Sterblichkeit der Musen*』. [주 167 참조]

167 앙드레 말로André Malraux의 『상상의 박물관*Le musée imaginaire*』과 베이들레의 『아리스테의 꿀벌들*Les abeilles d'Aristée*』(Paris 1954) 참조. 베이들레의 책에는 그가—순수 미적인 것에 대한 비판에서—여전히 창조활동을 규범으로 고집함으로써, 우리의 해석학적 관심을 끄는 진정한 결론이 결여되어 있기는 하다. 베이들레는 창조활동을 "작품에 선행하나 작품 자체 속으로 들어가고, 내가 작품을 보고 파악할 때, 내가 보고 파악하는" 하나의 행위로 고집한다.(독역판 『뮤즈의 가사성』, 181쪽에서 재인용)

168 Fr. Rosenzweig, 『독일 관념론 최초의 체계 계획*Das älteste Systemprogramm des deutschen Idealismus*』, 1917, 7쪽. [부브너R. Bubner가 새롭게 편집한 것(『헤겔 연구』 부록 제9집, 1973, 261~265쪽)과 야메C. Jamme와 슈나이더H. Schneider가 편집한 『이성의 신화론*Mythologie der Vernunft*』 Frankfurt 1984, 11~14쪽 참조]

169 『에피고넨』 참조. [내 논문 「임머만의 에피고넨 소설Zu Immermanns Epigonen-Roman」. 『소논문집*Kleine Schriften*』 제2권(전집 제9권), 148~160쪽 참조]

170 Richard Hamann, 『미학』, 1921(2판).

171 「예술과 기능Kunst und Können」, 『로고스*Logos*』에 게재, 1933.

172 Aristoteles, 『영혼론*De anima*』, 425 a 25. 〔아리스토텔레스는 우리가 어떤 사람(클레온의 아들)을 지각할 때 그를 클레온의 아들이 아니라 하얀 대상으로 지각하며, 클레온의 아들이라는 사실은 하얀 대상에 부수적으로 속한다고 주장했다.—옮긴이〕

173 M. Scheler, 『지식의 형태와 사회*Die Wissensformen und die Gesellschaft*』, 1926, 397쪽 이하. [지금은 전집 제8권, 315쪽 이하]

174 내 생각에는 성악과 절대음악의 관계에 대한 게오르기아데스Georgiades의 최근 연구(『음악과 언어*Musik und Sprache*』)가 이러한 연관관계를 잘 증명해주는 듯하다. [그후에 발행된 게오르기아데스의 유작 『명명과 울림*Nennen und Erklingen*』, Göttingen 1985도 참조] 추상미술에 관한 우리 시대의 논의는 내가

보기에 '구상적인 것'과 '비구상적인 것'을 추상적으로 대립시키는 작업에서 벗어나지 못하고 있다. 사실상 추상이란 개념은 논란의 여지가 많다. 그러나 논쟁은 항상 공통성을 전제하기 마련이다. 이를테면 추상미술은 구상성과의 연관을 단적으로 끊지 않고, 결여의 형식으로 그것을 고수한다. 우리의 보는 행위가 대상을 보는 한, 그리고 거기에 머무는 한, 구상성과의 관계를 결코 벗어날 수 없다. '대상들'을 실용적인 눈으로 보는 습관을 떨쳐버릴 때에만 미적으로 보는 작업은 가능하게 된다. 그리고 우리는 간과한 것을 보아야 한다. 다시 말해 눈에 간직해두어야 한다. 버나드 베런슨Bernard Berenson의 다음과 같은 명제가 이와 비슷한 입장을 취한다. "우리가 일반적으로 '본다'라고 말하는 것은 합목적적 일치다……." "조형예술은 우리가 보는 것과 우리가 아는 것 간의 절충이다."(「보는 것과 아는 것Sehen und Wissen」, 『*Die Neue Rundschau*』 1959에 수록, 55~77쪽)

175 Rudolf Oberrecht, 같은 책 참조. 색으로 구성되는 현대 회화를 아는 사람이면, 칸트가 고전주의적 편견에 사로잡혀 색채를 모조리 형식과 대립시키고 그것을 자극의 영역에 넣는다는 사실에 의해 혼란에 빠지는 일은 없을 것이다.

176 Kant, 『판단력 비판』, 197쪽.

177 '순수성'에 관한 역사가 언젠가는 기술되어야 할 것 같다. 제들마이어H. Sedlmayr는 『현대 미술의 혁명*Die Revolution in der modernen Kunst*』(1955), 100쪽에서 칼뱅의 순수주의와 계몽주의의 이신론을 지적한다. 19세기의 철학적 개념어의 규정에 결정적 역할을 했던 칸트는 이 밖에도 직접 고대의 피타고라스-플라톤적 순수 이론을 언급한다.(G. Mollowitz, 「칸트의 플라톤 이해Kants Platoauffassung」, 『칸트 연구*Kantstudien*』, 1935 참조) 플라톤주의가 근대의 모든 '순수주의'의 공통된 뿌리인가? 플라톤의 카타르시스에 관해서는 베르너 슈미츠Werner Schmitz의 미출판된 하이델베르크 대학 박사 학위 논문 「카타르시스로서의 논박론과 변증법Elenktik und Dialektik als Katharsis」, 1953 참조.

178 Paul Valéry, 「레오나르도 다 빈치의 방법 서설과 그 난외주欄外註Introduction à la méthode de Léonard de Vinci et son annotation marginale」, 『*Variété*』 I에 게재.

179 프로메테우스 상징에 관한 내 연구물, 『인간의 정신적 과정*Vom geistigen Lauf des menschen*』, 1949 참조.(『소논문집』 II, 105~135쪽 또는 전집 제9권 참조)

180 데스와 기타 '예술가 미학'이 요구하는 방법적 권리는 이 점에서 찾을 수 있다. 〔막스 데소이어Max Dessoir(1867~1947)는 독일의 철학자이자 심리학자이다. 1897년부터 베를린 대학 철학 교수로 있었다. 미학과 더불어 심리학과 생리학의 경계를 이루는 영역에 관해 연구했으며(의사심리학Parapsychologie 개념을 도입했다), 저서로 『미학과 일반 예술학*Ästhetik und allgemeine Kunstwisschenschaft*』(1906), 『영혼의 피안*Vom Jenseits der Seele*』(1947)이 있다. — 옮긴이〕

181 제작자에 비해 사용자가 지식의 우위를 점한다는 플라톤의 견해 참조. 『국가』 X, 601 c.

182 내가 괴테 연구에 빠져든 것도 바로 이러한 문제에 대한 관심 때문이었다. 『인간의 정신적 과정』, 1949 참조. 그 밖에 1958년 베니스에서 있었던 내 강연 「미적 의식의 문제성에 관해Zur Fragwürdigkeit des ästhetischen Bewußtseins」, 실린 곳: 『미학평론*Rivista di Estetica*』, III-AIII, 374~383 참조. [헨리히D. Henrich와 이저W. Iser가 편집한 『예술의 이론*Theorien der Kunst*』, Frankfurt 1982, 59~69쪽에 수록된 신판 참조]

183 『바리에테*Variété*』 III, 「매혹에 관한 주석Commentaires de Charmes」: "내 시는 사람들이 내 시에 갖다 붙인 의미이다."

184 『로고스*Logos*』, 제7권(1917/18), 83쪽: "발레리는 이따금 예술작품을 화학적 촉매에 비교한다."

185 Oskar Becker, 『아름다움의 나약함과 예술가의 모험성*Die Hinfälligkeit des Schönen und die Abendteuerlichkeit des Künstlers*』, 후설 기념 논문집, 1928, 51쪽. [지금은 베커의 『현존재와 의사擬似 존재*Dasein und Dawesen*』 Pfullingen 1963, 11~40쪽에 수록되어 있다.]

186 모리츠의 『미적인 것의 조형적 모방에 관하여*Von der bildenden Nachahmung des Schönen*』, 1788, 26쪽에서 우리는 이미 다음과 같은 구절을 보게 된다. "작품은 그 생성 및 형성 과정에서 이미 최고의 목적을 달성한 것이다."

187 Hans Sedlmayr, 「피카소에 관한 키르케고르의 견해Kierkegaard über Picasso」, 『말과 진리*Wort und Wahrheit*』, 제5권, 356쪽 이하 참조.

188 내가 보기에 오스카르 베커Oskar Becker의 '의사존재론擬似存在論Paraontologie'에 대한 재치 있는 착상은, 하이데거의 '해석학적 현상학'을 방법적 테제로 간주하기보다는 내용적 테제로 간주하는 것 같다. 내용적으로 볼 때, 오스카 베커 자신이 이러한 문제성을 철저하게 성찰하는 가운데 개진하는, 의사존재론에 대한 지나친 가치 부여는 하이데거가 방법적으로 고정시킨 바로 그 지점으로 환원된다. 여기서 '자연'에 관한 논쟁이 다시금 시작되는데, 이 논쟁에서 셸링은 피히테 학문론의 방법적 귀결에 압도당하고 만다. 의사존재론에 대한 구상이 보충적 성격을 지니고 있다는 사실을 인정한다면, 이 구상은 양자를 다 포괄하는 그 어떤 것 쪽으로 올라가야 할 것이다. 이는 하이데거가 개진한 존재 문제의 본래 차원을 변증법적으로 표현한 것이다. 물론 베커는 이 존재 문제를 이런 식으로 인식하지는 않은 것 같다. 왜냐하면 그는 미적 문제에서 '초존재론적 hyperontologisch' 차원을 예시함으로써 예술적 천재의 주관성을 존재론적으로 규정하려 했기 때문이다. (에리히 로타커Erich Rothacker를 위한 기념 논문집 『구체적 이성*Konkrete Vernunft*』에 게재된 그의 논문 「예술가와 철학자Künstler und Philosoph」 참조) [그리고 『현존재와 의사擬似존재』, Pfullingen 1963, 특히 67~102쪽 참조]

189 Hoffmeister판, 424쪽 이하.

190 '세계관'이란 단어(『오이포리온*Euphorion*』, 1924에 실린 괴체A. Götze의 글 참조)

는 처음에는 여전히 감각 세계mundus sensibilis와 굳게 연결되어 있었다. 이러한 현상은 예술 개념 속에 본질적인 세계관들이 내포되어 있다고 생각하는 헤겔에서도 찾아볼 수 있다.(『미학』 2권, 131쪽) 그러나 헤겔 이후 오늘날의 예술가들에게는 세계관의 이러한 내용 규정은 과거사가 되어버렸기 때문에, 이제 제반 세계관의 다양성과 상대성이 반성 및 내면성Innerlichkeit의 문제로 등장한다.

191 [『정신과학에서의 진리*Wahrheit in den Geisteswissenschaften*』, 『소논문집』 I, 39~45쪽, 또는 전집 제2권 37쪽 이하 참조.]

192 Aristoteles, 『정치학*Politica*』, 제8권, 3, 1337 b 39 그리고 이와 비슷한 것. 『니코마코스 윤리학*Ethica Nicomachea*』, 제10장, 6, 1176 b 33, "아나카르시스Anacharsis의 생각처럼 진지해지기 위해 놀이한다는 것은 옳은 것 같다."

193 쿠르트 리츨러Kurt Riezler는 그의 사상적 깊이가 담겨 있는 『미론*Traktat vom Schönen*』에서 놀이하는 사람의 주관성을 출발점으로 삼고, 그로 인해 놀이와 진지성의 대립을 견지함으로써 그의 놀이 개념은 매우 협소해졌다. 그래서 그는 다음과 같이 말하지 않을 수 없었다. "우리는 어린아이들의 놀이가 다만 놀이일 뿐인지 의심스럽다." 그리고 "예술의 놀이는 놀이만이 아니다."(189쪽)

194 F. J. J. Buytendijk, 『놀이의 본질과 의미*Wesen und Sinn des Spiels*』, 1933.

195 이 명백한 점이 하이데거의 어원적 분석방식 때문에 그의 진술의 진리 내용을 비판하고자 하는 사람들에게 반론으로 제기되어야 한다.

196 J. Trier, 「독일어문학의 역사에 대한 기고문Beiträge zur Geschichte der deutschen Sprache und Literatur」 67(1947) 참조.

197 하위징아Huizinga(『놀이하는 인간, 놀이에 있는 문화의 원천에 관하여*Homo ludens, Vom Ursprung der Kultur im Spiel*』, 43쪽)는 다음의 언어적 사실들에 대해서 주의를 환기시킨다. "우리는 사실 독일어로 'ein Spiel treiben(놀이하다)' 그리고 네덜란드어로 'een spelletje doen(놀이하다)'라고 말할 수 있다. 그러나 원래 여기에 속하는 동사는 '놀이하다spielen' 그 자체이다. 우리는 'ein Spiel spielen(놀이를 한다)'고 말한다. 다른 말로 표현하면 활동Tätigkeit의 종류를 표현하기 위하여, 명사에 포함되어 있는 개념이 동사로 되풀이되어야 한다. 이것은 명백히 행위Handlung가 활동의 통상적인 방식들에서 현저하게 벗어날 정도로 특수하고 독립적이라는 사실을 의미한다. 놀이한다는 것은 통상적 의미의 행한다Tun는 것이 아니다." 이것과 비슷하게, '노름하다(ein Spielchen machen)'라는 어법은 〔이 놀이하는 사람〕 자신의 시간 활용의 전형적인 것을 말하는데, 이 활용은 아직 결코 놀이하는 것이 아니다.

198 Huizinga, 같은 책, 32쪽. [내 논문 「자기이해의 문제성에 관하여Zur Problematik des Selbstverständnisses」도 참조할 것. 『소논문집』 I, 70~81쪽, 85쪽 이하 또는 전집 제2권, 121쪽 이하 그리고 「인간과 언어Mensch und Sprache」, 『소논문집』 I, 93~100쪽, 특히 98쪽 이하 또는 전집 제2권, 146쪽 이하]

199 릴케는 『두이노의 비가悲歌』 제5편에서 다음과 같이 말한다. "순수한 과소過少가 불가사의하게 저 공허한 과다過多로 전환되어 급변하는 곳에서."

200 Friedrich Schlegel, 『문학에 대한 대담*Gespräch über die Poesie*』(미노어J. Minor가 편집한 프리드리히 슐레겔의 청소년을 위한 도서, 1882년, II권, 364쪽). [벨러E. Behler의 슐레겔-텍스트 비평판에서 한스 아이히너Hans Eichner가 새롭게 간행한 판의 제1부, 제2권, 284~351쪽, 특히 324쪽 참조]

201 F. G. Jünger, 『놀이*Die Spiele*』 참조.

202 Huizinga, 같은 책, 17쪽.

203 특히 아돌프 포르트만Adolf Portmann은 수많은 논문에서 이러한 비판을 하고, 형태학적 고찰방식의 권리를 새롭게 정초했다.

204 Rudolf Kassner, 『수와 얼굴*Zahl und Gesicht*』, 161~162쪽 참조. 카스너는 '어린아이와 인형의 아주 기묘한 통일성과 이원성'이, 여기서는 (제식 행위에서처럼) '관객을 향해 언제나 열려 있는' 제4의 벽이 없다는 것과 연관이 있음을 암시한다. 거꾸로 예술작품의 놀이 세계를 완결시켜주는 것은 바로 이 제4의 관객의 벽이라는 것이 내 결론이다.

205 앞의 주 204 참조.

206 여기서 나는 아리스토텔레스(『에우데미아 윤리학*Ethica Eudemia*』 B.1; 『니코마코스 윤리학』 A.1)가 '포이에시스poiesis(창작활동)'를 '프락시스 praxis(실천 활동)'와 대비시킨 고전적 구별을 사용한다.

207 Platon, 『필레보스*Philebos*』, 50b.

208 모방과 춤의 근원적 연관성을 증명하는 콜러Koller의 연구 『모방*Mimesis*』(1954) 참조.

209 Aristoteles, 『시학*Poetik*』 4, 특히 1448b 16, "그림을 보고 쾌감을 느끼는 것은 그것을 봄으로써 인식하기 때문이다" 참조.

210 같은 책, 1448b, 10.

211 Kant, 『판단력 비판』, §48.

212 [Aristoteles, 『시학』 4, 1448b 10~11 참조]

213 Platon, 『파이돈*Phaedon*』, 73쪽 이하.

214 [H. Kuhn, 『소크라테스. 형이상학의 원천에 관한 시론*Sokrates. Versuch über den Ursprung der Metaphysik*』(Berlin 1934) 참조.]

215 Platon, 『국가』 제10권. [내가 쓴 「플라톤과 시인들Plato und die Dichter」(1934), 현재는 전집 제5권 참조]

216 Aristoteles, 『시학』 9, 1451b 6.

217 안나 투마르킨Anna Tumarkin은 18세기 예술이론에서 '모방'으로부터 '표현'으로의 이행을 아주 정확히 보여줄 수 있었다. (새뮤얼 싱어Samuel Singer 기념 논문집, 1930) [마르실리우스 피치누스Marsilius Ficinus에 대한 바이어발테스W. Beierwaltes의 언급(하이델베르크 학술원의 발표록, 1980년 논문집 11) 참조.

신플라톤학파의 개념인 모사본ἐκτύπωσιςn은 페트라르카Petrarca 자신의 '표현'으로 된다. 341, 471쪽과 부록 VI, 지금은 전집 제2권 384쪽 이하 참조]

218 동일한 의미에서 작품에 대한 미적 반성이 형상화 과정 자체에 이미 들어 있는 것이 아닌가 하는 것은 별개의 문제이다. 창작자가 자신의 작품의 'Idee(아이디어)'를 생각하여 여러 가지 형성 가능성을 숙고하고 비교하며, 평가할 수 있다는 것은 부정할 수 없다. 그러나 내가 보기에는, 창작활동 자체에 내재하는 이 명징한 투명성은 작품 그 자체에서 유발될 수 있는 미적 반성 및 미적 비판과는 매우 다른 것이다. 창작자가 숙고한 대상이었던 것, 즉 형상화 가능성들이 미적 비판의 실마리일 수 있다는 것은 가능한 일이다. 그러나 창작자의 반성과 비판적 반성이 내용적으로 일치하는 경우에도 그 척도는 서로 다른 것이다. 미적 비판은 통일된 이해의 장애에서 일어나는 반면에, 창작자의 미적 반성은 통일된 작품의 완성을 목표로 한다. 이 확정된 견해가 어떤 해석학적 결론을 가져오게 되는지를 우리는 나중에 알게 될 것이다.

창작 과정과 재현 과정을 이념에서 일치시키는 것이 내게는 취미의 미학과 천재 미학으로부터 유래하는 잘못된 심리학주의의 잔재인 것처럼 보인다. 그렇게 되면 우리는 창작자 및 감상자의 주관성을 초월하는, 한 작품의 성취가 표현하는 사태를 오인하게 된다.

219 잉가르덴R. Ingarden이 (「미적 가치 판단의 문제에 대한 소견Bemerkungen zum Problem des ästhetischen Werturteils」, 『미학 평론』 1959에서) '미적 대상'으로 구체화하는 데서 예술작품의 미적 평가의 여지를 인정한다면, 나는 그것을 타당하다고 생각할 수 없다. 더욱이 문학적 예술작품의 '도식론'에 대한 그의 분석은 거의 주목받지 못하고 있다. 미적 대상은 미적 이해의 체험에서 구성되는 것이 아니다. 미적 대상의 구체화와 구성을 통해 예술작품 자체가 미적 특성 속에서 경험되는 것이다. 이 점에서 나는 파레이손L. Pareyson의 '조형formativita' 미학에 전적으로 동의한다.

220 이것은 재현 예술에 한정되지 않고 모든 예술작품, 새로운 이해를 일깨우는 모든 의미 형성체에 다 적용된다는 것을 나중에 보게 될 것이다.[이 책 226쪽 이하에서 문학의 한계 설정이 논의되고, 동시에 의미의 시간적 구성물인 '독서'의 보편적 의미가 주제로 다루어진다. 이에 대해서는 전집 제2권, 3쪽 이하, 「자기비판의 시도Versuch einer Selbstkritik」 참조.]

221 [야우스H. R. Jauss가 발전시킨 수용 미학은 이러한 관점을 취한다. 그러나 그는 이 점을 너무 강조함으로써 데리다J. Derrida의 '해체Dekonstruktion'에 본의 아니게 접근한다. 이에 대해서는 내 논문 「텍스트와 해석Text und Interpretation」(전집 제2권, 330쪽 이하)과 「파괴와 해체Destruktion und Dekonstruktion」(전집 제2권, 361쪽 이하) 참조. 나는 「현상학과 변증법 사이에서—자기비판의 시도Zwischen Phänomenologie und Dialektik—Versuch einer Selbstkritik」(전집 제2권, 3쪽 이하)에서 이것을 지적한 바 있다.]

222 Hans Sedlmayr, 『예술과 진리*Kunst und Wahrheit*』, 1958, 140쪽 이하.

223 다음의 글에 관해서는 리하르트 쾨브너Richard Koebner와 게르트루트 쾨브너 Gertrud Koebner의 견실한 분석서 『아름다운 것과 그 진리에 관하여*Vom Schönen und seiner Wahrheit*』(1957) 참조. 나는 이 책〔『진리와 방법』〕이 완성된 다음에야 비로소 이 저작을 알게 되었다. 『철학적 전망』 7, 79쪽의 주 참조. [그동안에 나는 여기에 대해 몇 가지를 상론했다. 즉 「빈 시간과 충만된 시간에 관해서Über leere und erfüllte Zeit」(『소논문집』, 제3권, 221~236쪽, 지금은 전집 제4권), 「서양의 시간 문제에 관하여Über das Zeitproblem im Abendland」(『소논문집』, 제4권, 17~33쪽, 지금은 전집 제4권), 「축제의 예술Die Kunst des Feiems」, J. Schultz(편). 『인간은 무엇을 필요로 하는가?*Was der Mensch braucht*』(Stuttgart 1977, 61~70쪽), 『아름다움의 현실성*Die Aktualität des Schönen*』(Stuttgart 1977, 29쪽 이하)]

224 발터 오토Walter F. Otto와 카를 케레니Karl Kerényi는 종교사와 인류학에서 축제의 의미를 밝히는 데 공헌했다. (Karl Kerényi, 『축제의 본질에 관해서*Vom Wesen des Festes*』 Paideuma 1938) [『아름다움의 현실성』, 52쪽 이하와 앞에서 언급한 논문 「축제의 예술」 참조]

225 아리스토텔레스는 아페이론Apeiron(무규정자)의 존재방식을 특징짓기 위해 아낙시만드로스를 고려하면서 날Tag과 시합의 존재, 즉 축제의 존재에 대해서 언급한다. (『자연학』 3권 6, 206 a 20) 아낙시만드로스가 이미 아페이론의 다함이 없음das Nicht-Ausgehen을 그러한 순수시간 현상들과 연관해서 규정하려고 하지 않았는가? 아마도 그는 이때 생성과 존재에 대한 아리스토텔레스의 개념으로 파악할 수 있는 것보다 더 많은 것을 고려하고 있지 않았을까? 왜냐하면 날의 이미지가 다른 연관에서 탁월한 기능을 갖는 것으로 나타나기 때문이다. 플라톤의 『파르메니데스*Parmenides*』(131 b)에서 소크라테스는 이데아와 사물의 관계를 모든 것을 위해서 있는 날의 현전現前에서 설명하고자 했다. 이 경우 날의 존재에서는, 날이 항상 다른 것임에도 불구하고 사라지기만 하는 존재자가 아니라, 나눌 수 없는 현전이며 동일한 것das Selbe의 임재臨在Parousia라는 것이 증명된다. 초기의 사상가들이 존재, 즉 현전을 생각할 때 신적인 것이 나타나는 신성한 합일의 빛에서 그들에게 현재였던 것이 나타나지 않겠는가? 신적인 것의 임재는 물론 아리스토텔레스에게도 가장 고유한 존재, 어떠한 잠재태dunamei에 의해서도 제한되지 않는 현실태Energeia이다. (『형이상학』 제12권, 7) 계기의 통상적 시간 경험에서는 이러한 시간 특징을 파악할 수 없다. 시간의 차원과 이에 대한 경험은 축제의 돌아옴을 단지 하나의 역사적인 것으로 이해한다. 동일한 것이 매번 변화한다. 그러나 사실 축제는 동일한 것이 아니라 언제나 다르기 때문에 존재한다. 단지 언제나 다르기 때문에 있는 존재자는 근본적인 의미에서 시간적이다. 그것의 존재는 생성중에 있다. 하이데거의 『숲길*Holzwege*』 322쪽 이하 「'순간Weile'의 존재 성격에 관해서」 참조. [여기서 필자는 플라톤과 헤라클레이토스의 관계에 대한 핵심적인 문제에 몇 가지 공헌을 했다고 믿는다.

내 논문 「헤라클레이토스에 있어서 단초 문제Vom Anfang bei Heraklit」(지금은 전집 제6권, 232~241쪽)와 전집 제7권의 「헤라클레이토스 연구Heratklit-Studien」 참조]

226 [‘테오리아’의 개념에 대해서는 내 책 『이론의 찬양*Lob der Theorie*』, Frankfurt 1983, 26~50쪽 참조.]

227 파르메니데스의 ‘존재’와 ‘사유’의 관계에 대해서는 내 논문 「형이상학의 전사前史Zur Vorgeschichte der Metaphysik」, (『참여*Anteile*』, 1949) 참조. [지금은 이 전집 제6권, 9~29쪽]

228 ‘교양’에 관해 언급한 이 책 28쪽 이하 참조.

229 Gerhard Krüger, 『통찰과 정념. 플라톤 사유의 본질*Einsicht und Leidenschaft. Das Wesen des platonischen Denkens*』(1939, 제1판) 참조. 특히 이 책의 서문에는 중요한 통찰이 들어 있다. 그동안에 크뤼거는 책으로 출판된 강의(『철학의 근본 문제*Grundfragen der Philosophie*』, 1958)에서 저자의 체계적인 의도들을 더욱 명확히 했다. 그러므로 여기서 몇 가지를 주목해보자. 근대 사유와 그것이 ‘존재적 진리ontische Wahrheit’와의 모든 연관에서 해방된 것에 대한 크뤼거의 비판은 내게 근거가 없어 보인다. 근대 과학이 아무리 구성적konstruktiv으로 진행된다고 하더라도 경험과의 근본적인 연결을 결코 포기한 적이 없으며, 포기할 수도 없다는 것을 근대 철학도 결코 잊은 적이 없었다. 어떻게 순수 자연과학이 가능한가라는 칸트의 문제 설정만 생각해봐도 그렇다. 그리고 만일 크뤼거처럼 사변적 관념론을 그렇게 일면적으로 이해하는 것은 사변적 관념론을 매우 부당하게 취급하는 것이다. 사변적 관념론이 모든 사유 규정의 총체성을 구성하는 것은 결코 임의적인 세계상의 고안이 아니라, 경험의 절대적 후천성die absolute Aposteriorität을 사유로 끌어들이려는 것이다. 이것이 선험적 반성의 정확한 의미다. 헤겔의 예는, 그것으로써 심지어 고대 개념 실재론의 부활이 시도될 수도 있음을 알려준다. 근대 사상에 대한 크뤼거의 생각은 근본적으로 니체의 절망적 극단주의에 기초한다. 그러나 권력 의지에 대한 니체의 관점주의Perspektivismus는 관념론 철학과 일치하지 않고, 반대로 관념론 철학의 붕괴 후 19세기의 역사주의가 마련해놓은 토대에서 성장했다. 따라서 나는 딜타이의 정신과학의 인식론을 크뤼거가 원한 만큼 인정하고 싶지는 않다. 오히려 내 견해로는 근대 정신과학에 대한 지금까지의 철학적 해석을 바로잡는 것이 중요하다. 딜타이도 정밀 자연과학의 일면적인 방법론에 너무나 많이 의존한다. [내 새로운 논문 「150년 후의 빌헬름 딜타이Wilhelm Dilthey nach 150 Jahren」, 『현상학적 연구*Phänomenologische Forschungen*』 16(1984), 157~182쪽(전집 제4권)과 「딜타이와 오르테가. 유럽 정신사의 한 장Dilthey und Ortega. Ein Kapitel europäischer Geistesgeschichte」, 1983년 마드리드에서 열린 딜타이 학술 대회에서 한 강연(전집 제4권), 1983년 로마에서 열린 딜타이 학술 대회에서의 강연 「낭만주의와 실증주의 사이에서Zwischen Romantik und Positivismus」(전집

제4권) 참조] 물론 나는 크뤼거가 생의 경험과 예술가의 경험에 의존했을 때에는 그에 동의한다. 그러나 이러한 판정 기준이 우리의 사유에 지속적으로 타당하다는 사실은 크뤼거가 첨예화시키는 것과 같은 고대 사유와 근대 사유의 대립 자체가 근대의 구성임을 증명하는 것처럼 보인다.

우리의 탐구가 철학적 미학의 주관화에 대항하여 예술의 경험을 고려한다면, 그것은 미학의 한 문제만이 아니라, 새로운 시대의 방법 개념이 승인한 것보다 많은 것을 여전히 그 안에 포함하는 근대적 사유 일반의 적절한 자기 해석을 목표로 하는 것이다.

230 오이겐 핑크Eugen Fink는 인간의 열광적인 탈자 존재의 의미를, 플라톤의 『파이드로스』에서 영향받은 것이 분명한 구별에 의해 밝히려고 했음에 틀림없다. 그러나 플라톤의 경우 순수 합리성과 대립되는 이상理想이 좋은 광기와 나쁜 광기의 구별을 규정하는 반면, 핑크는 순수 인간적인 도취Begeisterung를 신들렸을 때의 넋 나간 상태Enthusiasmus와 대비시킴으로써 〔플라톤에〕 상응하는 〔구별의〕 기준을 갖지 못한다. 결국에는 '순수 인간적인 도취'도 제어할 수 없이 인간에게 덮쳐오는 나감Wegsein과 들어옴Dabeisein이며, 그런 한에서 내게는 그것이 넋 나감과 구별되지 않는 것처럼 보인다. 도취는 인간의 힘 안에서 발생하는 것이며, 반대로 넋 나감은 전적으로 우리를 덮치는 압도적 힘에 대한 경험이라는 것, 즉 자기 자신의 제어와 압도됨이라는 이러한 구별은 힘의 측면에서 고려된 것이고, 그 때문에 탈자 존재와 어떤 것에 참가함Bei-etwas-sein의 혼합(도취와 넋 나감의 모든 형태에 적용되는)을 정당하게 다룰 수 없다. 핑크가 묘사하는 '순수 인간적 열광'의 형태들조차도 우리가 그것들을 '나르시스적이고 심리적으로' 오해하지만 않는다면, 유한성의 한정된 자기 초월의 양식들이다. (Eugen Fink. 『도취의 본질에 관해서*Vom Wesen des Enthusiasmus*』 특히, 22~25쪽 참조)

231 Kierkegaard, 『철학적 단편*Philosophische Brocken*』, 4장 및 다른 곳.

232 Richard Hamann, 『미학』, 97쪽: "비극적인 것은 미학과는 아무런 관계도 없다." Max Scheler, 『가치의 전도에 관해서*Vom Umsturz der Werte*』에 실린 「비극적인 것의 현상에 관해서Zum Phänomen des Tragischen」: "비극적인 것이 본질적으로 '미적'인 현상인지는 의심스럽다." '비극' 개념의 특징에 관해서는 E. Staiger, 『해석의 기술*Die Kunst der Interpretation*』, 132쪽 이하 참조.

233 Aristoteles, 『시학』, 13, 1453 a 29.

234 Kierkegaard, 『이것이냐 저것이냐*Entweder-Oder*』 I.

235 막스 코머렐Max Kommerell(『레싱과 아리스토텔레스*Lessing und Aristoteles*』)은 연민의 이러한 역사를 매우 훌륭하게 서술했다. 그러나 Eleos의 근원적 의미를 연민과 충분히 구별하지는 못했다. 또한 W. Schadewaldt, 「공포와 연민?Furcht und Mitleid?」, 『헤르메스*Hermes*』 83, 1955, 129쪽과 H. Flashar가 보충한 논문, 『헤르메스』, 1956, 12~48쪽 참조.

236 Aristoteles, 『수사학*Rhetorik*』 II 13, 1389 b 32.

237 종래의 해석을 개관할 수 있게 해주는 코머렐의 같은 책, 262~277쪽 참조. 물론 목적격의 의미를 지닌 2격의 옹호자들이 최근에도 나타난다. 우선 K. H. Volkmann-Schluck, 『다양한 글 모음*Varia Variorum*』(카를 라인하르트Karl Reinhardt 기념 논문집. 1952)에 수록된 글을 들 수 있다. 〔『시학』, 1449 b 23에는 비극에 대한 유명한 정의가 있다. 이 정의에는 연민과 공포가 관객의 그러한 종류의 정서를 배설시키는 것인지(가다머가 지지하는 전통적인 견해), 극 중에서 연민과 공포가 정화되는 것인지에 대한 희랍어 해석(Pathematon의 2격 문제)의 논쟁이 있다.〕

238 Kierkegaard, 『이것이냐 저것이냐』 I, 133쪽(Diederichs판). [이르슈E. Hirsch의 새로운 판 I, 제I부, 1, 157쪽 이하 참조]

239 Kierkegaard, 같은 책, 139쪽 이하.

240 Aristoteles, 『시학』 4, 1448b 18. 모방된 것의 인식과는 대립되는 '기교라든가 색채라든가 그 밖에 이와 유사한 원천에서 오는' 쾌감.

241 [『해석학과 과학들*Die Hermeneutik und die Wissenschaften*』(H. G. Gadamer, G. Boehm 편, Frankfurt 1978, 444~471쪽)에 수록된 G. Boehm, 「그림의 해석학에 관해Zu einer Hermeneutik des Bildes」와 『임달 기념 논문집*Festschrife für Imdahl*』에 게재된 나의 글 「건축과 그림에 관해Von Bauten und Bildern」 참조.]

242 기독교 아카데미(크리스토포루스 재단)가 뮌스터에서 1956년에 개최한 미술사학자 모임에서 볼프강 쇠네Wolfgang Schöne와 나누었던 토론 덕분에 나는 가치 있는 증명을 이끌어낼 수 있었고 배운 것도 많다.

243 Aristoteles, 『니코마코스 윤리학』 B 5, 1106 b 10.

244 이 표현은 다고베르트 프라이Dagobert Frey에게서 유래한 것이다.(얀첸Jantzen 기념 논문집에 기고한 그의 글 참조)

245 『하이델베르크 학술원 논총*Abhandlungen der Heidelberger Akademie der Wissenschaften*』(1951)에 게재된 W. Paatz, 「유형과 고딕식 원형의 의미에 관해Von den Gattungen und vom Sinn der gotischen Rundfigur」, 24쪽 이하 참조.

246 W. Weischedel, 『현실과 현실들*Wirklichkeit und Wirklichkeiten*』, 1960, 158쪽 이하 참조.

247 zōon을 단순히 '상像'이라고 하는 것도 나름대로 이유가 있다. 우리는 나중에 여기서 얻은 결과를 검토해보되, 그것이 이 모델과의 연계를 끊어버렸는지 검토해야 할 것이다. 쿠르트 바우흐Kurt Bauch는 이와 비슷하게 imago(상)에 대해 다음과 같이 강조한다.(주 248 참조) "어쨌건 항상 문제는 인간의 형태로 이루어진 상像이다. 그것이 중세 예술의 유일한 테마이다!"

248 고대로부터 중세로 넘어가는 과정에서 'Imago(상)' 개념의 역사에 관한 쿠르트 바우흐의 논문 참조. 『철학과 과학에 관한 논문집*Beiträge zur Philosophie und Wissenschaft*』(슬라시W. Szilasi 70회 생일 기념 논문집), 9~28쪽.

249 『신학과 교회를 위한 잡지*Zeitschrift für Theologie und Kirche*』에 게재된 글 「캄펜하우젠이 본 요한 다마스체누스Joh. Damascenus nach Campenhausen」, 1952, 54~55쪽과 Hubert Schrade, 『숨은 신*Der verborgene Gott*』, 1949, 23쪽 참조.

250 이 낱말의 의미사意味史는 시사하는 바가 매우 크다. 다시 말해 로마인들에게 친숙한 이 낱말은 육화와 '성체'라는 기독교 사상의 조명 아래서 완전히 새로운 의미의 전환을 가져오게 된다. Repräsentation은 이제 모사나 상적象的 표현 내지 매입 대금의 지불이라는 이른바 상업적 의미의 '변제Darstellung'가 아니라, 지금은 대표Vertretung를 뜻한다. 이 낱말은 분명 모사되는 것이 모사상 자체에 현전하기 때문에 이러한 의미를 지닐 수 있을 것이다. Repraesentare는 〔라틴어로〕 '현존하게 하다'라는 뜻이다. 교회법은 이 낱말을 법적 대표라는 의미에서 사용했으며, 니콜라우스 쿠사누스Nicolaus Cusanus〔1401~1464. 일명 니콜라우스 폰 쿠에스Nicolaus von Cues. 독일 교회법 학자, 주교, 추기경. 하이델베르크에서 수학 및 철학을 수학했으며, 쾰른에서는 신학을 공부했다. 신, 천사, 세상 그리고 인간의 네 영역을 사변적 종교철학 체계로 묶었다. 독일 최초의 인문주의자 중 한 사람으로 신과 세상 및 인간에 관한 견해를 피력함으로써 근대 사고의 기초를 마련했다. 저서로 『평신도*Idiota (der Laie)*』가 있다—옮긴이〕 또한 같은 의미로 이 낱말을 받아들여 그림 개념과 마찬가지로 새롭게 체계적으로 강조했다. 『역사학보*Historische Zeitschrift*』 165(1942)에 게재된 G. Kallen, 「니콜라우스 폰 쿠에스의 철학에 나타난 정치 이론Die politische Theorie im philosophischen system des Nikolaus von Cues」 275쪽 이하와 『대표의 권위에 관하여*De auctoritate presidendi*』에 대한 칼렌G. Kallen의 주석(『하이델베르크 학술원 회보*Sitzungsbericht der Heidelberger Akademie*』, 철학·역사 부문 1935/36, 3, 64쪽 이하) 참조. 법률적 대표 개념에서 중요한 것은 '의뢰인persona repraesentata'이 단지 표상되고 표현된 것이며, 그럼에도 불구하고 의뢰인의 제반 권리를 수행하는 대리인은 의뢰인에 종속되어 있다는 사실이다. 이러한 대표성 repraesentatio의 법적 의미가 라이프니츠의 표상Repräsentation 개념의 전사前史에서는 아무런 역할도 하지 못한 것처럼 보인다는 사실은 이목을 끈다. 오히려 개개의 모나드 속에서 나타나는 라이프니츠의 우주 표상repraesentatio universi에 관한 심오한 형이상학 이론은 이 개념의 수학적 사용과 연관되어 있다. 그러니까 여기서 Representatio는 그 어떤 것, 즉 명료한 부속 현상 그 자체에 대한 수학적 '표현'을 의미한다. 이에 반해 '표상Vorstellung'이라는 우리의 개념에서는 아주 당연한 것으로 간주되는 주관적인 것으로의 전이轉移는 17세기의 이념이라는 개념의 주관화로부터 비로소 비롯되는데, 여기서 니콜 말브랑슈 Nicole Malebranche〔1638~1715. 프랑스 철학자. 기회 원인론의 대표자 중 한 사람. 데카르트의 정신과 육체의 이원론 문제의 해결을 시도했다. 즉 이 양자 사이에는 인과 관계가 존재하지 않는다고 했다. 신 없이는 인식이 가능하지 않다고 주장함으로써 존재론주의Ontologismus의 선구자가 되었다. 저서로는

『진리 혹은 인간 정신의 본성에 관한 여섯 권의 책자』가 있다—옮긴이]가 라이프니츠에게 결정적인 영향을 주었다.(『현상학 논총*Phänomenologisches Jahrbuch*』 VII, 519쪽 이하 및 589쪽 이하에 게재된 만케Mahnke의 글 참조) 무대 위 '표현'이라는 의미에서의 대표성이란 용어는—중세에는 종교극에만 이 용어가 사용되어왔는데—E. Wolf, 「중세 드라마의 용어Die Terminologie des mittelalterlichen Dramas」(『*Anglia*』, 제77권에 게재)라는 글에서 입증하듯이 이미 13세기와 14세기에 나타난다. 그러나 대표성은 결코 '공연'을 의미하는 것이 아니라 17세기에 들어서까지 의식극儀式劇에서 볼 수 있는 신적인 것이 표현된 현재顯在를 의미한다. 교회법적 개념에서와 마찬가지로 여기서도 이를테면 고전 라틴어가 의식儀式과 교회의 새로운 종교적 이해로 인해 그 의미가 바뀌게 된다. 이 낱말을—이 낱말 속에 표현되어 있는 것과 연관시키는 대신에—연극 자체에 적용시키는 일은 전적으로 부차적인 사건으로, 의식적 기능으로부터 연극의 분리를 전제로 한다.

[법적인 측면에서 본 '대표'의 개념사는 하소 호프만Hasso Hofmann의 방대한 저서(『대표. 고대에서 19세기에 이르는 낱말사와 개념사 연구*Repräsentation, Studien zur Wort- und Begriffsgeschichte von der Antike bis ins 19. Jahrhundert*』, Berlin 1974)에 상술되어 있다.]

251 대표의 국가법적 개념은 여기서 특수하게 사용된다. 이 개념을 통해 규정되는 대표의 의미가 근본적으로 항상 대리적 현존을 의미한다는 사실은 명백하다. 공공 기능의 수행자, 즉 집권자나 공무원 등이 자신을 보여줄 경우 사인私人으로 등장하는 것이 아니고 그의 기능 속에서 등장하기 때문에—그리고 이 기능이 표현되기 때문에—우리는 그 자신에 대해 그가 대표한다라고 말할 수 있는 것이다.

252 상 개념의 생산적 다의성 및 상의 역사적 배경에 관해서는 이 책 29~32쪽의 설명 참조. 우리의 어감에는 원형이 상이 아니라는 점은 분명 유명론적 존재 이해로부터 얻게 된 뒤늦은 결과이다. 우리의 분석이 보여주듯이 여기서는 상의 '변증법'의 본질적인 한 국면이 드러난다.

253 옛 고지高地 독일어의 bilidi는 처음에는 항상 '힘Macht'을 의미했음이 확인된다. (표제어 Kluge-Goetze 참조)

254 Herodotos, 『역사학』 II권, 53쪽.

255 Karl Barth, 『시대의 사이에서*Zwischen den Zeiten*』 V권, 1927, 17쪽 이하에 수록된 글 「루드비히 포이어바흐Ludwig Feuerbach」 참조.

256 이것은 근대 논리학에서 일반적으로 쓰이는 기회성의 의미이며, 우리는 이 의미를 따르기로 한다. 체험 미학이 기회성의 가치를 떨어뜨린 좋은 예는 휠덜린의 라인 강 찬가를 1826년 판에서 왜곡된 방식으로 축소한 데서 볼 수 있다. 싱클레어에게 바친 헌시가 의아한 인상을 불러일으키므로, 사람들은 마지막 두 연을 삭제하고 그 전체를 미완성 작품이라고 부르게 되었다.

257 플라톤은 '예절 바른 것prepon'이 '아름다운 것kalton'에 가깝다고 말한다. 『대大히피아스*Hippias maj.*』, 293e.

258 브룬스J. Bruns의 가치 있는 저서 『그리스인들의 문학적 초상*Das literarische Porträt bei den Griechen*』은 바로 이 점에서 불명료성을 지닌다.

259 부록 II; 전집 제2권, 379쪽 이하 참조.

260 ['읽는 것'에 관해서는 전집 제2권, 3쪽 이하에 수록된 「현상학과 변증법 사이에서—자기비판의 시도」와 거기에 인용된 내 논문들 참조.]

261 이 책 115쪽 이하 참조.

262 Carl Justi, 『디에고 벨라스케스와 그의 세기*Diego Velasquez und sein Jahrhundert*』, I, 1888, 366쪽.

263 Friedrich Heer, 『유럽의 출현*Der Aufgang Europas*』, Wien 1949 참조.

264 카라W. Kamlah(『세속성에서의 인간*Der Mensch in der Profanität*』, 1948)는 근대 과학의 본질을 특징짓기 위해서 세속성의 개념에 이러한 의미를 부여하려고 했지만, 그에게 있어서도 이 개념은 '미의 수용'이라는 반대 개념을 통해서 규정된다.

265 무엇보다도 후설의 『논리 연구*Logische Untersuchungen*』(II권 제1부) 중 첫번째 연구에서, 그리고 후설의 이 연구에 영향을 받은 딜타이의 『역사적 세계의 구축*Aufbau der geschichtlichen Welt*』(딜타이 전집 제7권)과 하이데거의 세계의 세계성에 관한 분석(『존재와 시간』, §17과 §18)에서.

266 여기서 사용되는 상〔그림〕의 개념이 근대의 패널화에서 역사적으로 실현된다는 점은 이미 앞에서 강조했다.(이 책 192쪽 이하) 그러나 그 개념을 '선험적'으로 사용하는 것이 내 생각으로는 아무런 문제가 없는 것 같다. 사람들이 역사적인 의도에서 '그림 기호〔상표, 안내판 등〕'의 개념을 통해 중세의 표현 양식들을 그 이후에 오는 '상〔그림〕'과 구별했다면(프라이D. Frey), 본문 중에서 '기호'에 관해 언급되는 많은 것이 물론 그러한 표현 양식들에 적용되지만, 그렇더라도 〔그림 기호와〕 단순한 기호와의 차이는 간과할 수 없다. 그림 기호는 기호가 아니라 일종의 상〔그림〕이다.

267 '상징'과 '알레고리'의 개념사적 구별에 관해서는 이 책 112~123쪽 참조.

268 [『임달 기념 논문집』(G. Boehm 편, Würzburg 1986)에 수록되어 있는 내 논문 「건축물과 그림의 읽기에 관하여Vom Lesen von Bauten und Bildem」 참조.]

269 같은 이유에서 슐라이어마허는 조경술이 회화가 아니라 건축에 속한다는 것을 칸트에 반대해서 강조한 바 있다.(『미학』, 201쪽) ['경관과 조경술'의 테마에 관해서는 리터J. Ritter의 『경관—현대 사회에서 미적인 것의 기능에 관하여*Landschaft—Zur Funktion des Ästhetischen in der modernen Gesellschaft*』(Münster 1963), 특히 박학다식한 각주 61(52쪽 이하)을 참조]

270 Kant, 『판단력 비판』, 1799, 50쪽.

271 Friedrich Nietzsche, 『차라투스트라는 이렇게 말했다. 모든 사람을 위한 책 그리고 누구를 위한 것도 아닌 책*Also sprach Zarathustra, Ein Buch für alle und keinen*』.

272 문예작품의 언어적 층위 및 문학적 낱말에 속하는 직관적 충실의 가동성에 대한 적중한 분석을 잉가르덴이 『문예작품*Das literarische Kunstwerk*』(1931)에서 행했다. 그러나 이 책 주 219 참조.[그동안 나는 이에 대하여 일련의 연구 논문을 발표했다. 이에 대해서는 「현상학과 변증법 사이에서—자기비판의 시도」(전집 제2권), 특히 거기에 게재된 논문 「텍스트와 해석」 그리고 전집 제8권에 수록하기로 계획된 논문들 참조]

273 Goethe, 『예술과 고대*Kunst und Altertum*』(『기념 전집』, 제38권), 97쪽과 『에커만과의 대화*Das Gespräch mit Eckermann*』(1827년 1월 31일).

274 Dilthey, 전집 제7, 8권.

275 Dilthey, 전집 제5권.

276 Schleiermacher, 『미학』, R. Odebrecht판, 84쪽 이하.

277 Hegel, 『정신 현상학』, Hoffmeister판, 524쪽.

278 그러나 이 '들어가 사는 것Sichhineinleben'이 헤겔에게 결코 해결이 아니라는 것을 그의 『미학』(Hotho판 II권, 233쪽)에 나오는 다음 문장이 가르쳐준다. "과거의 세계관을 다시 소유하는 것, 말하자면 실질적으로 소유하는 것, 즉 이 직관 방식의 하나에 확실하게 들어가고자 하는 것은, 가령 근대에 와서 예술로 인해 많은 사람들이 그들의 정서에 맞추기 위해 천주교인이 되는 것 이상의 어떠한 도움도 되지 않는다."

한스게오르크 가다머 연보

1900 2월 11일 독일 마르부르크에서 약화학자 요하네스 가다머의 아들로 태어난다.

1902 부친이 정교수 및 약학연구소 소장으로 발령받은 브레슬라우(현재 폴란드령)로 이주한다.

1918 브레슬라우 대학에 입학한다.

1919 마르부르크 대학 교수로 임용된 부친을 따라 마르부르크 대학으로 옮긴다.

1921 여름학기 동안 뮌헨 대학에서 모리츠 가이거 교수의 강의를 수강하며, 당시 니콜라이 하르트만의 영향을 크게 받는다.

1922 신칸트학파인 파울 나토르프와 하르트만의 지도 아래 플라톤에 관한 논문으로 철학박사 학위를 받는다.

1923 여름학기 동안 프라이부르크 대학에서 후설과 하이데거의 강의를 수강하며, 하이데거와 가까워진다. 하이데거는 곧 마르부르크 대학 교수로 임용되며, 가다머를 비롯해 레오 슈트라우스, 카를 뢰비트, 한나 아렌트 등이 하이데거 문하에서 공부한다.

1924 프리트렌더의 지도 아래 고전문헌학을 공부하기 시작한다.

1927 고전문헌학 전공으로 중등교원 자격시험을 치른다.

1929 하이데거와 프리트렌더의 지도 아래 마르부르크 대학에서

교수자격논문 「플라톤의 변증법적 윤리학—『필레보스』에 대한 현상학적 고찰」을 제출한다. 마르부르크 대학에서 시간강사로 강의를 시작한다.

1937 마르부르크 대학 부교수로 임용된다.

1938 라이프치히 대학에서 초빙, 정교수 및 철학연구소 소장을 맡는다.

1941 파리에서 초청 강연.

1944 포르투갈에서 초청 강연.

1945 라이프치히 대학 학장을 지낸다.

1946 라이프치히 대학 총장을 지낸다.(1947년까지)

1947 프랑크푸르트 대학에서 초빙한다.

1948 『진리와 방법 *Wahrheit und Methode*』 집필 시작.

1949 카를 야스퍼스의 후임으로 하이델베르크 대학에 교수로 임용된다. 이 무렵 다시 하이데거의 영향을 크게 받는다.

1950 『하이데거 기념 논문집』 발간. 해석학 이론에 천착하기로 결심한다.

1951 하이델베르크 학술원의 쿠사누스 위원회 회장을 역임한다.(1977년까지)

1953 헬무트 쿤과 더불어 학술지 『철학적 전망』을 창간한다.

1960 대표작 『진리와 방법』 출간.

1962 독일일반철학회 회장을 지낸다.

1964 (또는 1962년) 국제헤겔연구후원회를 창설하고 1970년까지 회장을 지낸다.

1967 위르겐 하버마스와의 논쟁.(1971년까지) 『소논문집』(전 4권)을 간행한다.

1968 정년퇴임.

1969 하이델베르크 학술원 원장을 지낸다.(1972년까지)

1971 로이힐린 상 수상.

1977 『철학적 수업시절』 출간.

1979 프로이트 상 및 헤겔 상 수상.

1981 자크 데리다와의 논쟁.

1983 『이론 예찬』 출간.

1985~1995 '가다머 전집'(총 10권) 간행.(모어Mohr 출판사)

1986 야스퍼스 상 수상.

1996 라이프치히 대학에서 명예박사 학위를 받는다.

2002 향년 102세의 나이로 생을 마친다.

해설

예술의 고유한 인식 방법과 진리에 관한 비판적 고찰

이길우·이선관·임호일·한동원

가다머의 주저인 『진리와 방법』을 처음 접하는 많은 사람들은 표제만을 보고 이 저서가 진리에 이르는 방법을 다루리라고 기대할 것이다. 사실 이 저서의 표제는 일반인에게 그러한 기대를 불러일으키지만 인내심 있는 독자는 그것이 잘못된 것임을 알게 된다.

전통적으로 철학에서 진리 개념은 인식 개념과 분리되지 않는다. 왜냐하면 인식은 엄밀한 의미에서 참된 인식을 뜻하고, 진리는 인식의 진리를 말하기 때문이다. 어떤 인식이 참인가 아닌가라는 인식상의 진리에 관한 물음은 인식론의 중심 테마이다. 인식, 곧 참된 인식의 진리성은 어떻게 획득될 수 있는가? 이 문제의식은 특히 근대의 학문들에 의해 새로운 시대에 상응하는 학문성의 확립이라는 기치 아래에서 진리의 발견, 획득을 위한 방법에 관한 성찰로 나타난다. 진리는 방법에 의해 획득되고, 확실하게 보장된다. 방법 없는 진리란 생각할 수 없다. 이렇게 인식, 진리, 방법은 근대 이래 철학 및 학문들의 학문성을 규정하는 보편적 이념으로 작용한다.

이러한 관점에서 볼 때, 가다머의 『진리와 방법』은 일반인의 희망을 충족시켜주지 못한다. 왜냐하면 그는 인식론적 문제의식에서 어떤 진리 이론을 새롭게 제시하려는 것이 아니기 때문이다. 종래의 인식론은 과학주의적·객관주의적 정신의 강한 영향을 받아 진리의 객관성이 방법론적으로 정초되기를 요구한다. 그러나 가다머의 철학적 관심사는 과학주의, 객관주의의 방법적 이념으로 접근할 수 없는 경험의 세계를 찾아서 거기서도 진리와 인식이 획득될 수 있음을 보여주려는 것이다. 이것은 이해의 현상, 즉 정신과학적 경험에 내재해 있는 진리와 인식을 말한다. 과학의 객관주의적 방법론의 보편적 요구는 이러한 진리·인식으로 나아갈 수 있는 길을 차단시켰다. 따라서 가다머의 『진리와 방법』은 학문 내지 과학의 방법론, 그리고 근대 이래의 과학과 기술에 의해 학문적 진리의 차원에서 추방된 정신과학적 경험에서의 진리 문제를 이해의 역사성을 통해 밝히려고 한다.

가다머의 『진리와 방법』(1960)이 출간되면서, 해석학은 1960년대 이후 독일 사상계에 중심적 논제로 등장한다. 하이데거의 『존재와 시간*Sein und Zeit*』(1927)이 출간된 후 오늘에 이르기까지, 가다머의 『진리와 방법』만큼 서로 다른 학문 영역에서, 예를 들어 철학, 문학, 문예비평, 예술, 역사학, 신학, 법학, 사회학, 정치학, 교육학 등에서 활발하고 성과 있는 토론을 불러일으킨 저작도 없을 것이다. 그의 철학적 해석학은 많은 토론과 논쟁—특히 하버마스Habermas, 아펠Apel, 베티Betti, 리쾨르Ricoeur, 데리다Derrida 등과의—을 불러일으켰다.『진리와 방법』은 학문적으로 높이 평가되기도 하고, 어떤 테제의 경우에는 내용상 보완되어야 하거나 시대착오적이라고 비판받기도 했다. 그러나 해석학 영역 내에서 아직 『진리와 방법』을 능가하는 단초들이 새롭게 개진된 것은 사실상 없다는 것이 중론이다.

원래 가다머의 의도대로라면 책의 제목은 '진리와 방법'이 아니라 '철학적 해석학의 기본 특징들'이어야 했다. 그런데 당시에는 '해석학'이라는 용어가 그다지 널리 알려져 있지 않아서 출판사 발행인은 이 제목을 좀 낯설게 여겼다. 가다머는 숙고 끝에 제목을 '진리와 방법'으로, 그리고 원래 생각했던 제목을 부제로 결정했다. 이 책의 형성에 관하여, 그는 "상이한 측면들로부터 착수된 연구들을 하나의 철학적 전체의 통일성을 갖도록 통합한 이론적 기획"이었다고 말한다. 이 상이한 영역의 연구란 예술, 역사 그리고 언어의 철학적 분석을 말한다. 『진리와 방법』은 이 세 영역에 대한 분석 내용으로 구성되어 있다. 1부는 예술 및 미학 영역의 문제점을, 2부는 역사 내지 정신과학을 다루고, 3부에서는 언어가 주요 테마가 되고 있다. 그러나 이 해설은 먼저 번역된 1부의 내용에 국한한다.

*

1부의 제목은 '예술경험에서 발굴하는 진리 문제'이다. 이 제목에서 우리는 1부의 주제가 마치 예술 혹은 예술경험인 것으로 기대하겠지만, 이것은 빗나간 기대이다. 물론 예술의 문제가 논의되지 않는 것은 아니다. 그러나 여기서 우선적인 문제는 예술이 아니다. 가다머의 주된 관심사는 정신과학의 자기이해를 철학적으로 올바르게 밝히는 데 있다. 즉 가다머는 드로이젠, 딜타이 등에 의해서 추구된 정신과학의 방법론적 자기성찰을 문제화하고, 거기에 은폐된 전제들을 드러냄으로써, 정신과학에서의 인식과 진리의 문제를 새롭게 조명하려고 한다. 따라서 정신과학의 방법론적 자기성찰에 관한 문제가 1부—어떤 의미에서는 이 저서 전체—의 출발점이 되며, 이 문제의식이 1부의 기조를 이룬다. 이 점에서 보면, 1부에서 다루어지는 예술 및 예술경험의 문제는 곧 정신과학적 인식 및 진리의 특성을 올바르게 이해하기 위한 우회로의 성격을 가진다고 할 수 있다.

1830년대 이래 헤겔의 사변철학이 퇴조하고 그 자리에 자연과학의 학문적 발전과 성과를 배경으로 한 자연주의적·과학주의적·실증주의적 정신이 군림하면서, 지금까지 철학의 고유한 문제 영역이었던 인간 정신 및 그 세계가 자연의 산물 내지 부수 현상으로 전락하고 만다. 이러한 시대적 상황 아래에서 딜타이는 주지하다시피 자연과학의 학문성에 따른 방법의 이념에 대항해서 정신과학의 학문성을 보장할 방법적 논리를 규명하려고 한다. 즉 딜타이는 정신과학의 학문적 기초를 논리적으로, 인식론적으로 확고하게 함으로써 자연과학에 대해 정신과학의 학문적 독립성을 정초하려고 시도한다. 그런데 바로 이러한 시도에는 이미 수학적 자연과학의 학문적 이념이 그 이상적 모범으로 전제되어 있어 정신과학적 학문성의 독자적 이념이라는 것도 실은 다만 자연과학의 한 지류로 이해될 수밖에 없다. 이와 같이 19세기 말 이래 대두된 정신과학의 논리적·방법론적 자기성찰이 전적으로 자연과학의 방법적 이상에 지배되었음은 부정할 수 없는 사실이다.

정신과학의 자기이해가 지닌 이러한 문제점을 가다머는 'I.1. 1) 방법의 문제'에서 비판적으로 고찰한다. 가다머는 자연과학과 정신과학 사이의 해묵은 방법 논쟁을 재연하려는 것이 아니다. 그는 오히려 이 방법 논쟁의 과정에서 의식되지 못했을 뿐 아니라, 또 은폐되거나 잘못 이해된 경험의 세계를 문제시하려는 것이다. 이 세계야말로 정신과학의 학문적 자양분이 되는 영역으로서, 그것은 후설의 생활세계적 경험 영역에 상응한다. 이 영역은 과학(학문) 이전의 영역이며, 과학(학문) 외적인 영역이다. 이 영역에서의 진리는 과학적 방법에 의해 검증·설명될 수 없다. 이 점에서 가다머의 철학적 해석학은 정신과학의 방법론이 아니라, 오히려 정신과학 자체를 가능하게 할 지반을 근본적으로 반성한다. 가다머는 19세기에 정신과학의 방법론을 성찰한 헬름홀츠, 드로이젠, 딜타이 중 특히 헬름홀츠를 높이 평가하는데, 왜냐하면 그가 1862년 하이델베르크 대학 부총장 취임 때 행한, 자연과학과 정신과학의 관계에 관한 기념 강연에서 정신과학의 독특한 인식방식의 가능성을 제시하기 때문이다. 헬름홀츠는 귀납법을 논리적 귀납법과 예술적-본능적 귀납법으로 구별하고, 전자에서 자연과학의 방법적 특성을, 후자에서 정신과학의 방법적 특성을 본다. 자연과학의 추론 과정은 오성적 사유에 의해 의식적으로 수행된다. 이에 반해 정신과학에서의 귀납적 추론 과정은 무의식적·본능적으로 일어나는데, 이 귀납법적 수행은 일종의 독특한 감정으로서의 감지력Takt에 기인하며, 또 거기에는 풍부한 기억력 및 권위의 인정과 같은 다른 정신적 능력들도 작용한다. 특히 무의식적으로 일어나는 감지력에 관한 그의 성찰은 정신과학적 인식방식의 가능성과 관련해서 그 의의가 자못 크다. 딜타이는 정신과학의 방법적·인식론적 독립성을 적극적으로 정당화하려고 했지만, 정신과학의 인식방식을 자연과학의 방법적 이념과 척도에 예속시켜버렸다. 이에 대해 가다머는 "정신과학의 방법이란 존재하지 않는다"고 말하면서 딜타이를 강하게 비판한다. 그러면 정신과학적 인식 및 진리는 어떻게 획득될 수 있는가? 바로 여기에 감지력이 중요한 단서를 제공한다. 우리는 감지력이 일종의 인식방식임을 간과해서는 안 된다. 문제는 감지력이 무엇에 근거하며, 또 어떻게 획득되는가 하는 것이다. 가다머는 감지력이 방법에 의해 습득되는 것이 아니라, 교양Bildung을 통해서 획득될 수 있다고 본다.

*

정신과학의 독특한 학문성은 근대 학문의 방법적 이념으로부터가 아니라, 오히려 18세기의 가장 위대한 사상인 교양 개념의 전통으로부터 이해될 수 있다. 이것은 가다머의 철학적 해석학의 기본적 특성들을 이해할 수 있는 중요한 출발점이다. 가다머에게 있어서 정신과학의 지반은 교양의 개념이며, 정신과학의 뿌리는 독일 고전주의의 정신을 이어받은 인문주의적 전통이다. 가다머가 『진리와 방법』에서 전개하는 이론적 지반은 사실 인문주의적 전통이다. 그렇기에 그가 '정신과학에서 인문주의 전통이 지니는 의미'(I.1)를 상론하는 것은 이상할 게 없다.

인문주의 전통은 칸트 이전에, 보다 정확히 말하면 자연과학의 방법적 이념이 모든 학문성의 지배 이데올로기로 등장하기 이전에 사실상 매우 생동적이었다고 한다. 헤겔 시대에 교양은 보편성으로의 고양을 의미하며, 교양의 본질은 인간이 자기 자신을 보편적인 정신적 존재로 형성하는 것이었다. 이 점에서 교양은 정신을 보편적인 것으로 부단히 향상시키는 역사적 과정으로 이해된다. 예를 들어 학문적 의식, 즉 학문을 수행하는 의식도 실은 역사적으로 형성된 의식이다. 그런데 우리는 이 의식에 이미—방법적으로 습득할 수도 또 모방할 수도 없는—어떤 독특한 심리적·정신적 능력으로서의 감지력이 갖추어져 있다는 사실을 간과하기 쉽다. 헬름홀츠의 경우 감지력은 단순히 자연적으로 갖춰진 소질이 아니라 교양을 전제하고 있다. 교양은 일종의 보편적 감각으로 특징지어진다. 이 보편성이란 물론 오성적 사유에 의해 추구되는 것이 아니라 감각의 보편성을 말한다. 자연적 감각들, 즉 우리의 다섯 가지 감각 기관은 각기 특정한 영역에 한정되어 있다. 그러나 교양인의 의식은 개개의 감각들을 초월한다는 점에서 보편적 감각이라고 할 수 있다. 이와 같이 감지력은 교양인에게 갖춰진 일종의 보편적 감각이며, 이것은 오성적 사유에 앞서 일어나는, 감각의 직접성과 관계된 인식방식이다. 이러한 사실을 통해서 가다머가 강조하려는 것은, 인문주의적 전통의 인식 개념은 자연과학적·과학주의적·객관주의적 정신의 인식 개념보다 훨씬 더 포괄적이라는 점, 그리고 정신과학적 인식의 가능성은 교양을 전제로 한 감지력에서 모색되어야 한다는 점이다.

감지력 외에 인문주의적 전통 및 정신과학적 인식방식의 특성을 이해하는 데 중요한 의미를 갖는 것은 공통감각sensus communis이다. 공통감각은 공통성을 설립하는 감각이다. 이 감각은 방법에 의해 획득되는 '참인 것'이 아니라, 인간의 참된 삶의 지혜와 같은 '참스러운 것'에 관계된다. 이 참스러운 것은 오성적·학문적 사유에 선행하는, 구체적이고 직접적인 공통감각에 의해서 획득된다. 이 감각은 구체적인 상황 안에서 인간의 삶의 사정을 직접적으로 간파할 수 있는 능력이라고 하겠다. 이렇게 오성의 추상적 일반성이 아니라, 공통감각의 구체적 일반성에 근거해서 새로운 인식 및 진리 개념이 가능할 수 있다. 인문주의 시대의 문헌학, 역사학, 정신과학 등은 공통감각을 통해서 학문을 수행했다는 것이다. 가다머에 의하면, 근대 학문의 방법적 의식에 의해 학문의 영역에서 밀려난 정신과학 및 정신과학적 인식과 진리는 이제 인문주의적 정신의 올바른 이해를 통해서 새로운 성찰의 대상이 될 수 있다.

우리는 이 공통감각이 판단력과 밀접하게 결부되어 있다는 사실에 유의하지 않으면 안 된다. 공통감각, 즉 인간의 상식common sense은 사실 판단하는 능력으로 특징지어진다. 판단력은 개별적인 것을 어떤 규칙의 한 사례로 인식하는 능력이며, 이것은 논리적으로 설명될 수 있는 것이 아니다. 왜냐하면 판단력의 활동을 규제하고 이끌어갈 원리나 원칙이 없기 때문이다. 판단력은 가르쳐서 보여줄 수 있는 것이 아니라, 그때그때 특정한 사례에 직면해서 행해질 수 있을 뿐이다. 그렇기에 판단력은 감각과 같은 능력으로 이해된다. 바로 이 점에서 판단력과 공통감각은 서로 밀접하게 결부되어 있음을 알 수 있다. 그런데 계몽주의 시대에 이 공통감각은 '반성 없는 판단'으로 간주되어, 인간의 저급한 인식능력으로 낙인찍혔다. 이러한 편견은 미학의 영역에 영향을 미친다. 즉 판단력은 개개의 감각적 사물에 대해서, 그것이 완전한가 불완전한가를 판단하는 능력에 지나지 않는 것으로 간주된다. 칸트는 이러한 판단을 감성적 판단, 미적 판단으로 이해했고, 이 판단에 취미Geschmack의 본질적 특성이 있다고 생각했다. 이렇게 계몽주의 시대를 거치면서 일어난 개념적 변천 과정에서 공통감각 및 판단력 개념은 인문주의 전통에서 가졌던 정치적·사회적·도덕적 의미를 상실하고, 단순히 취미 개념과 연계되어 미적 대상의 영역으로 한정됨으로써, 취미 개념 역시 그것이 원래 가졌던 의미보다 훨씬 협소하게 이해되었다.

칸트 이전에 취미는 미학적 개념이라기보다는 오히려 도덕적 개념이었다. 교양인이란 인생사나 세상만사를, 그것들과 적절한 거리를 자유롭게 취하면서 구별하고 선택할 줄 아는 사람을 의미했다. 교양인에게는 사적 이해관계의 편협성을 넘어서 판단의 공통성으로의 고양이 요구되었다. 이와 같이 취미 개념은 참된 인간성이라는 이상과 밀접하게 연관된 개념이었다. 그러나 더 중요한 점은, 취미는 일종의 인식방식의 성격을 가진다는 것이다. 취미는 판단력과 마찬가지로 개별적인 것을 전체와 연관해서 판단하는 능력이며, 여기에는 이미 감지력이 작용하고 있다. 취미는 인문주의 전통에서 미적 현상에 국한된 것이 아니라, 도덕과 예절의 전 영역까지도 포괄하는 훨씬 넓은 개념이었다. 그러나 칸트의 『판단력 비판』에 의해서 미학이 선험철학적 관점에서 정초될 때, 취미 개념은 단순히 미적 개념으로 축소되면서 그 독특한 인식 기능을 상실하여 끝내 철학의 중심에서 밀려나고 말았다. 이 과정은 곧 정신과학으로부터 인식과 진리의 요구를 박탈하는 결과를 가져왔다. 그리하여 이제 진리의 개념은 오성적 사유의 개념적 인식의 영역으로 제한된다.

이렇게 인문주의의 유산인 감지력, 공통감각, 판단력, 취미 등에 대한 개념적 분석을 통해서 가다머는 과학(학문)의 방법적 이념에 의해 획득되는 인식, 진리의 세계와는 근본적으로 구별될 뿐 아니라, 오히려 그에 선행하는 정신과학적 인식, 진리의 세계가 가능함을 보여준다. 동시에 그는 정신과학의 논리적·방법론적 자기성찰이 지니는 한계와 문제점을 지적하고 있다. 즉 자연과학적·방법론적 이념을 모범으로 하여 수행된 정신과학의 자기성찰은 결국 정신과학적 인식과 진리를 가능하게 할 풍요로운 경험의 지반을 포기한 셈이 되었다는 것이다. 그렇다면 근대 학문의 방법적 사유의 척도에 의존하지 않고서, 어떻게 정신과학적 인식이 진리로서 요구될 수 있는가? 이 물음은 결국 칸트의 미학에 대한 비판적 성찰로 나아가지 않을 수 없다. 왜냐하면 칸트에 의한 미학의 선험적 정초는 인문주의의 전통적 기본 개념들(판단력, 취미)의 미적 환원을 통해서 수행되었기 때문이다.

*

인문주의적 전통에 대한 새로운 이해를 바탕으로 가다머는 I.2에서 칸트의 선험철학적 미학 이론을 비판적으로 고찰한다. 칸트는 인문주의 전통에서 포괄적 의미를 지닌 취미 개념을 미적인 것으로 환원하고, 그의 선험철학적 의도에 따라 철저하게 주관화함으로써 미학을 새롭게 정초한다. 그의 미적 판단력에 대한 비판에서 중심이 되는 주제는 '미적 취미의 주관적 보편성'을 정당화하는 일이다. 이때 보편성은 미적 판단력에서 취미 판단을 가능하게 하는 '경험독립적인 주관적 원리'에 관계된다. 이 원리는 선험적transzendental 기능으로서 칸트에게 있어서 '완성된 취미'에 귀속되는 불변적 형식과 같은 것이다. 이렇게 칸트는 미적 판단력을 선험적으로 정당화함으로써, '미적 의식의 자율성'을 확립하는 데 사실상 크게 기여했다. 그러나 그는 취미를 단순히 미적 취미로 해석하여, 취미의 개념에 어떠한 인식의 기능도 인정하지 않았다. 이 배경에는 자연과학적 인식만이 모든 인식의 모범이라는 선입견이 작용하고 있었으며, 이것은 마침내 정신과학이 학문의 길을 걷기 위해서는 자연과학의 방법론적 이념에 준거하지 않으면 안 된다는 또다른 선입견을 낳게 했다.

칸트의 미학은 취미의 입장으로 특징지어진다. 왜냐하면 그는 미적 판단력을 주관성의 경험독립적 형식으로서의 취미를 통해 정초하려고 시도했기 때문이다. 그러나 그의 후계자들, 예를 들어 실러, 피히테, 셸링, 헤겔에게는 취미와 판단력이란 예술작품에 대해 부차적인 것에 지나지 않으며, 중요한 것은 예술의 현상이다. 이와 같이 그들은 취미의 입장 대신에 예술의 입장을 취한다. 이러한 입장 변화와 더불어 이제 취미 개념 대신에 천재 개념이 우세해진다. 물론 칸트의 경우에도 천재 개념이 등장한다. 즉 그는 모든 시대를 초월하는 예술 창작물에 대한 올바른 평가가 어떻게 가능한가라는 물음과 더불어, 가변적인 특성을 가진 취미에 대해서 이른바 '완성된 취미'를 언급하는데, 이것은 취미의 상대주의적 특성을 극복할 수 있는 불변적인 보편적 형식과 같은 것으로서 천재 개념을 통해서만 충족될 수 있다고 한다. 이렇게 칸트는 어떤 불변적인 가치를 요구하는 예술을 '천재의 기술'로 특징짓는다. 즉 천재성 없이는 예술이란 있을 수 없고, 또 예술을 판단하는 올바른 취미도 불가능하다. 그는 천재 개념을 예술미의 선험적인 보편적 원리로 간주한다. 그러나 칸트의 이러한 생각이 곧 입장의 변경, 말하자면 취미의 입장에서 천재의 입장으로 이행하는 것을 뜻하지는 않는다. 그에게 있어서, 천재란 말하자면 자연의 총아에 지나지 않는다. 천재를 통해서 예술에 규칙을 부여하는 것은 자연이다. 천재 개념은 예술의 영역에 한정되고, 마지막에는 자연을 배경으로 한다. 칸트에게 있어서, 천재 개념이란 미적 판단력에 대한 자신의 선험적 관심을 보완하는 의미만 가질 뿐이라고 가다머는 해석한다.

'예술은 천재의 기술技術이다'라는 칸트의 명제는, 예술의 입장에서 보면, 미학 일반의 기본 명제가 된다. 이제 예술은 무의식의 천재적 창조에 속한다. 예술의 입장은 자연도 정신의 천재적 생산에 귀속시킨다. 이렇게 해서 미학은 칸트에게서처럼 취미에 대한 선험적 비판을 통해서 성립하는 것이 아니라 '예술의 철학'으로서만 가능하며, 미학의 중심에는 자연미와 취미 개념이 아닌, 예술의 현상과 천재 개념이 들어선다. 예술의 입장은 이제 천재 미학으로 간주된다. 그리고 천재 개념은 피히테의 보편적인 선험적 자아론 철학과 신칸트주의(마르부르크 학파)의 대상 구성(창조)적인 선험적 자아론을 배경으로 하여 이제 예술의 영역에서 생의 개념 및 체험의 개념과 하나의 통일성을 이룬다. 이러한 과정에서 체험 개념이 예술의 표현에서 새로운 지위를 얻게 된다. 체험 개념은 그 기능과 의미를 처음으로 부여한 딜타이에게서 실증주의적 요소와 범신론적 요소를 가진다. 즉 체험은 모든 이론적 구성의 궁극적 소재로서 '직접적 소여'라는 점에서, 그 개념에는 실증주의적이고 인식론적 동기가 작용하고 있다. 다른 한편, 체험의 직접성은 체험의 무한한 삶 그 자체에 관련되고, 개개의 체험은 이 무한한 생의 한 계기에 불과하며, 이 무한한 생은 천재의 창조적 영감과 같은 체험을 통해서만 직접적으로 포착될 수 있을 뿐이라는, 이른바 낭만주의적 사상에 기초한 범신론적 동기가 내포되어 있다. 이러한 체험 개념은 예술의 입장에서 보면 중요한 의미를 가진다. 왜냐하면 예술작품은 체험의 표현이고, 이 표현은 예술작품을 창조하는 천재적 영감의 체험으로부터 가능하기 때문이다. 이렇게 체험 개념은 예술의 입장을 정초하는 데 결정적인 역할을 한다. '천재'와 '체험'은 19세기의 예술을 지배하는 가치 개념이다. 그리고 천재, 생, 체험은 동일한 지평 위에 서 있었기에, 천재 예술은 체험 예술이며, 괴테의 세기를 지배한 체험 예술이야말로 당시에는 본래적인 예술로 간주되었다.

그러나 여기서 다음과 같은 물음이 제기될 수 있다. 천재성과 체험성을 강조하는 '예술의 입장'과 이 입장에 서 있는 '미적 의식'이 과연 미학의 유일한 척도인가? 예술은 순전히 미적 의식의 창조에 지나지 않는가? 미학의 이러한 기준은 사실상 천재·체험 미학이 독단적으로 설정한 것이 아닌가?

*

이러한 물음과 더불어 가다머는 I.3('다시 제기한 예술의 진리에 대한 물음')에서 미적 교양과 미적 의식의 독단성을 비판적으로 검토한다. 이 비판을 통해 그는 '예술작품과의 만남'이라는 이해의 현상에서 드러나는 '예술의 독특한 인식과 진리의 경험'을 옹호함으로써 전통적 미학의 이론적 차원을 초월하려고 한다.

실러에게서 그 근원을 찾을 수 있는 미적 교양의 이념은 첫째, 어떠한 내용적 척도를 타당한 것으로 수용하지 않고, 둘째, 예술작품과 그것이 속해 있는 세계와의 통일적 연관성을 인정하지 않는다는 데 그 본질이 있다. 이러한 이념에 기초한 미적 의식은 모든 미 외적인 내용적 요소들, 예를 들어 예술작품에 부착되어 있는 목적, 기능, 의미 등으로부터 순수한 미적 질質을 구별한다. '미적 구별'을 수행하는 미적 의식은 순수한 미적 질 그 자체를 목적으로 하고 그 외의 모든 내용적 계기들을 도외시한다는 점에서, 미적 의식에 의한 구별이란 단순한 '추상 작용'에 다름 아니다. 이 추상 작용은 순수한 미적 질로서의 존재만을 가능하게 할 뿐이다. 여기서는 '순수한 예술작품'만이 문제가 된다. 예술의 입장과 미적 의식이 요구하는 예술작품 및 예술의 평가기준은 어떠한 현실적·세속적 의도나 목적 혹은 내용이 부가되어 있지 않은 '순수성'이다. 따라서 예술의 입장과 미적 의식에서는 예술이란 '아름다운 가상'으로서, 말하자면 '조야한 현실'에 대립된다. 이 순수성의 요구는 사실상 '천재의 무의식적 창조성'에서만 실현될 수 있다. 따라서 칸트와 그후의 독일 관념론에서 예술작품이 천재의 작품으로 정의됨은 당연하다. 이렇게 예술 개념을 정초하기 위해서 칸트가 도입한 천재 개념은 그의 후계자들에 의해 미학의 보편적 토대로 확장된다.

그러나 천재 개념이 과연 미학의 보편적 척도가 될 수 있는가? 오늘날 예술가들은 천재 미학의 입장에 대해 어떻게 생각하고 있는가? 그들은 예술 창작과 관련해서 천재 개념을 거부하고 있지 않은가?

체험 미학은 미적 대상의 통일성을 체험의 다양성으로 환원하고, 이 체험에 기초해서 미학을 정초하려고 한다. 그런데 가다머는 이 체험 미학의 필연적인 귀결로 '절대적 불연속성'과 '절대적·무시간적 순간성(현재성)'을 든다. 전자는 미적 대상으로부터 그것을 구성하는 다양한 체험들로 환원할 때 필연적으로 일어나는 현상이고, 후자는 체험의 명증적 직접성이 구성되는 시간적 양태를 말한다. 미적 의식은 예술의 입장에서 보면 모든 예술적 경험의 중심점이다. 달리 표현하면, 모든 예술적 평가와 규정은 미적 의식의 독립적 주권에 속한다. 바로 이러한 독립적 주권으로 인해, 순수한 미적 의식에서 나타나는 '무시간적 현재성'은 절대적 의미를 가진다. 그리고 예술과 예술작품의 평가기준인 순수성은 체험의 직접성으로서의 절대적 순간성(현재성) 안에서 획득될 수 있다는 것이다. 그렇다면 예술작품 자체의 의미 통일성은 어디에서 구성되는가? 예술가 자신의 동일성(정체성)은 어디에서 찾을 수 있는가? 더욱이 예술작품을 이해하고 향유하는 사람 자신의 동일성은? 이러한 물음들은 사실상 천재 미학과 체험 미학이 안고 있는 난제에 속한다. 이러한 문제성은 '순수한 미적 취미 판단'(칸트), '순수한 미적인 것'(실러)으로 추상화하여 여기서 미학의 기초를 찾으려고 함으로써, 미적 현상 혹은 예술의 현상 자체를 도외시한 데 그 원인이 있다고 할 수 있다. 그래서 가다머는 미와 예술을 정당하게 평가하기 위해서는 '미적 순수성'이라는 이념을 포기하지 않으면 안 된다고 말한다. 그에 의하면, 예술작품이란 순수한 미적 체험의 절대적·무시간적 현재성에서 성립하는 것이 아니다. 그것은 역사적으로 집합·집결되는 정신의 행위로부터 이해되어야 한다. 그렇기에 우리는 예술작품 안에서 세계를 만나고, 세계 안에서 예술작품을 만나게 된다는 것이다. 이 과정에서는 순간적인 것을 포착하는 천재성과 순수한 체험의 직접성을 강조하는 예술의 입장이 성립할 수 없으며, 따라서 체험의 불연속성과 순간성 같은 문제는 지양된다. 이제 '미적 존재 및 미적 경험의 불연속성'을 지양하기 위해서는 '인간의 역사적 현실'에 상응하는 어떤 새로운 입장이 요구된다. 이 문제와 관련해서 가다머에게는 인간 현존재의 역사적 자기이해에 근거한 '인간 실존의 해석학적 연속성'에 관한 문제가 중요한 의미를 가진다.

이 가능한 새로운 입장에서는 물론 '예술의 경험' 또한 새롭게 이해되지 않으면 안 된다. 이제 예술 및 예술작품의 경험은 미적 의식에서처럼 미적 교양의 전유물이 될 수 없다. 예술의 입장이나 미적 의식의 관점에서 예술의 경험이란 현실이 아닌 아름다운 가상의 영역에 속하며, 거기에는 인식이나 진리를 매개할 수 있는 가능성이 있을 수 없다. 이것은 곧 예술 자체의 해소를 의미할 것이다. 이 점을 간파한 가다머는 경험의 개념을 칸트가 이해한 것보다 더 넓게 파악하여, 특히 헤겔에 의거해서 예술의 경험 자체에서 '진리의 인식'을 정당화할 수 있는 길을 모색한다.

예술의 경험은 미적 의식에서처럼 다양한 체험의 불연속성으로서의 경험이 아니라, 미적 존재가 그때그때 끊임없이 생기生起Geschehen하는 것으로 특징지어진다. 말하자면 예술의 경험이란 '완결되지 않은 생기와의 만남이며, 그 자체가 이 생기의 한 부분'으로 이해된다. 이러한 근거에서 우리는 예술의 경험에서 드러나는 진리란 완결된 인식의 형태를 취할 수 없음을 알 수 있다. 그런데 예술 및 예술작품의 경험은 그 자체가 이미 이해Verstehen를 내포한다. 따라서 '예술의 진리에 관한 물음'은 정신과학의 기본 개념인 '이해'의 문제와 불가분의 관계를 가지지 않을 수 없다. 여기서 유의해야 할 것은, 가다머에 있어서 '이해'란 종래의 정신과학의 방법적 논리로서의 이해를 뜻하지 않고, '예술작품 자체와의 만남'이라는 현상에 귀속된다는 점이다. 이 귀속성이 무엇을 의미하는가는 '예술작품의 존재방식' 그 자체로부터 조명될 수 있다.

*

가다머는 'II. 예술작품의 존재론과 그 해석학적 의미'에서 예술작품의 존재방식의 본질적인 특성을 밝히려고 한다. 여기서 특히 놀이Spiel 개념이 주요 분석 대상이 된다. 가다머의 이 개념적 분석은 두 가지 목표를 지닌다. 첫째, 그는 놀이의 개념적 분석을 통해서 예술작품의 존재방식을 생기 현상으로, 즉 존재론적으로 특징지음으로써, 칸트에 의한 미학의 주관화 이래 근대 미학의 주된 흐름인 주관주의적 경향성을 극복하려 한다. 가다머에게 예술작품이란 미적 의식에 마주해 있는 단순한 대상이 아니라, 작품의 미적 존재가 그때그때 생기하면서 나타나는 의미의 통일체로 간주된다. 둘째, 그의 분석은 단순히 예술의 이론적 토대를 확보하기 위한 것이 아니라, 예술의 양식은 물론 문학, 역사 등의 존재방식을 밝힘으로써 정신과학적 인식과 진리의 가능한 지평을 획득하려는 데 그 목적이 있다.

근대 미학에서 놀이 개념은 놀이하는 사람의 태도나 마음의 상태, 즉 주관성에 종속되었다. 그러나 가다머는 놀이 개념에서 그 본질적인 것으로 존재론적 특성을 밝혀낸다. 그에 의하면, 놀이는 놀이하는 사람의 의식이나 주관적 태도에서 독립된 독특한 본질을 지닌다. 즉 놀이의 주체는 놀이하는 사람이 아니고, 놀이는 다만 놀이하는 사람을 통해서 표현될 뿐이라는 것이다. 이것은 놀이의 주체가 놀이 그 자체라는 것을 의미한다. 말하자면 놀이는 놀이하는 사람의 주관적 수행에 대해 우위에 선다. 놀이는 놀이하는 사람이 향유하는 단순한 대상이 아니라, 오히려 놀이하는 사람의 마음을 사로잡아 자신에게로 끌어들임으로써 놀이 활동의 주체가 된다. 놀이의 이러한 특성은 '왕복 운동'에서 볼 수 있다. 놀이는 말하자면 운동이다. 운동은 어떤 목표에 도달하면 곧 끝나고 마는 것이 아니라, 끊임없는 반복을 통해 항상 새롭게 시작한다는 데 그 특성이 있다. 이렇게 왕복 운동은 놀이의 본질을 이해하는 데 중요한 의미를 지닌다. 누가 혹은 무엇이 운동을 수행하는가 하는 것은 여기서 중요하지 않다. 놀이는 놀이하는 사람을 자신 안에 포함하고 있는 운동 자체이기 때문이다. 이것이 놀이의 본질에 속한다. 달리 표현하면, 운동의 주체는 놀이하는 사람이 아니라 놀이 자체이다. 가다머는 언어학에서 말하는 중간태Medium의 예를 통해 놀이의 이러한 존재방식의 특성을 간접적으로 설명한다. 그리스어에서 중간태란 능동과 수동 사이의 중간 형식으로서, 독일어의 재귀 동사와 유사한 것을 의미한다. 중간태적 동사의 내용은 물론 주어의 능동적 활동을 어느 정도 허용하지만, 그러나 자신 안에 이미 스스로 생기하는 운동성을 내포하고 있다. 이처럼 놀이 활동 역시 중간태적 의미를 가진다는 것이다. 가다머가 중간태적 의미를 통해 말하고자 하는 것은, 놀이 활동이 마치 주관성에 귀속되는 활동들 중의 하나인 것처럼 이해되어서는 안 된다는 것이다. 놀이의 존재방식은 이를테면 자연의 운동 형태와 비슷하다고 할 수 있다. 왜냐하면 자연의 운동은 어떤 목적이나 의도 없이 항상 새롭게 시작하는 놀이로 이해되기 때문이다. 가다머에 의하면, 놀이 운동이란 그 자체 어떠한 기체基體 또는 실체도 가지고 있지 않다는 것이다. 놀이의 왕복 운동에 나타나는 것은 놀이 자체이며, 이 운동에는 어떠한 놀이하는 주체가 고정되어 있는 것이 아니다. 말하자면 놀이는 운동의 수행 그 자체이며, 운동의 주체이다. 이 말의 의미는, 놀이란 놀이하는 사람의 주관적 활동에 의해서 규정되는 것이 아니라, 스스로 왕복 운동으로 펼쳐지고 나타난다는 것이다. 이러한 놀이의 특성이 다름 아닌 생기이며, 이 놀이의 생기는 예술작품 자체의 존재방식에 그대로 적용된다. 마치 놀이 운동이 놀이하는 사람의 주관적 활동으로부터 이해될 수 없듯이, 예술작품 역시 그것을 경험하는 사람의 주관적 반성으로부터는 올바르게 이해될 수 없다는 것이다. 왜냐하면 가다머에게 예술작품은 그것을 경험하는 어떤 주체에 마주 선 단순한 대상이 결코 아니기 때문이다. 예술경험에서 "변하지 않고 지속하는 것은 예술을 경험하는 사람의 주관성이 아니라 예술작품 자체이다."(152쪽) 예술 및 예술작품의 본래적 존재는 이제 이러한 사실로부터 새롭게 이해되어야 한다.

놀이 개념은 칸트 이래 전통적 미학에서 '예술의 입장'이 전제하는 '순수한 미'의 이념을 극복하는 데 그 의미를 가진다. 이것은 곧 미학에서 천재의 무의식적 창조나 천재의 선험적 기능과 같은 이른바 주관성의 지배를 극복하는 것을 뜻한다. 그뿐 아니라 놀이 개념은 예술작품에서의 진리 문제, 나아가 진리 일반의 문제에도 적용된다. 왜냐하면 진리 문제에서도 중요한 것은 생기이기 때문이다.

*

놀이의 성격에 대한 새로운 분석은 전통적인 미학의 기본 전제들, 이른바 예술의 입장, 미적 의식, 미적 구별, 순수한 미·예술 등에서 벗어날 수 있는 가능성을 열어준다. 예술작품을 단순히 미적 의식에 마주 선 대상으로 간주하는 전통적 미학은 처음부터 주관-객관의 대립적 관계에서 출발한다. 이러한 전통적 미학의 입장과 달리 가다머는 예술작품의 경험을 그때그때 끊임없이 생기하는 미적 존재와의 만남으로 규정함으로써 예술작품을 존재론적으로 특징지으며, 예술작품의 존재방식을 생기에서 찾는다. 이러한 사유의 전환이 동시에 해석학적 과제에 대한 전망을 가능하게 함은 명약관화한 사실이다. 왜냐하면 예술작품의 경험은 이미 그것의 이해를 함축하기 때문이다. 이 사정은 모든 형태의 예술, 모든 종류의 텍스트의 경우에도 마찬가지다. 전통적으로 '이해의 기술'에 관계되는 학문적 분과는 해석학이다. 그런데 이제 해석학의 문제는 이 전통적 의미와는 전적으로 달라질 수 있다. 미적 의식에 대한 비판이 미학의 문제를 다른 방향으로 옮겨놓듯이, 전통적 의미의 해석학적 의식에 대한 비판적 반성 역시 전통적 해석학의 문제 방향을 바꾸어 놓을 수 있을 것이다.

우선 가다머는 예술의 현상을 통해 제기된 해석학적 과제에서 출발한다. 예술작품이 본래 속해 있던 주변 세계에서 분리될 수 없다는 것은 의심의 여지가 없다. 그러나 보다 중요한 것은, 예술은 결코 과거적인 것만이 아니라 자신의 현재적 의미를 통해 역사적 시대의 간격을 극복할 수 있다는 점이다. 이로부터 우리는 다음과 같은 중요한 사실을 알게 된다. 즉 예술이 역사적 의식의 단순한 대상은 아니지만, 그것에 대한 이해는 이미 역사적 매개를 내포한다는 사실이다. 그렇다면 여기서 이해의 문제, 말하자면 해석학의 과제는 어떻게 규정될 수 있는가?

가다머는 이 물음에 대한 답으로, 슐라이어마허와 헤겔에게서 두 가지 극단적인 가능성을 본다. 슐라이어마허에게는 재구성Rekonstruktion이, 헤겔에게는 통합Integration이 중요한 문제로 나타난다. 즉 슐라이어마허에게 해석학의 과제는 과거적인 것(=원래 있었던 것)을 재구성하는 데 있고, 그에 비해 헤겔은 해석학의 과제를 과거적인 것과 현재적인 것을 사유를 통해 매개하는 것으로 파악한다.

슐라이어마허에게서 중요한 것은, 한 작품이 지니는 원래의 목적·의도를 이해를 통해 재생하는 것이다. 왜냐하면 과거로부터 전승되어 지금 우리 앞에 있는 예술 혹은 문학이란 그 자신이 원래 속해 있던 세계에서 벗어나 있기 때문이다. 역사적 이해 및 재구성의 과제는 원래 있었던 것을 그대로 되찾는 데 있다. 즉 그 작품이 속해 있던 세계를 재생하는 일, 작가가 의도했던 원래의 상태를 되찾는 일, 희곡의 경우 원래의 양식으로 상연하는 일 등등의 역사적 재구성이 요구하는 것은 작품의 '참된 의미'를 이해할 수 있게 하는 것이다. 그런데 문제는 인간 존재의 유한성과 역사성에 비추어볼 때, 과거에 있었던 것의 재생이라는 것이 얼마나 불합리하고 심지어는 무력한 일인가 하는 것이다.

그에 비하여 헤겔은 전혀 다른 가능성을 제시한다. 즉 전승된 작품들에 대한 역사적 태도(예컨대 재생, 복원 등)는 그 작품의 외면적인 것들(예컨대 언어, 역사적인 것 등으로 이것들은 사실상 이미 죽은 요소들이다)을 원용하기에 피상적인 행위에 지나지 않는다는 것이다. 그래서 헤겔은 과거의 역사적인 것을 보존한다거나 재생한다는 것 자체에 대해 부정적이다. 그러나 사유하는 정신의 경우 그 사정은 전혀 다르다. 역사 혹은 예술의 역사에 대한 정신의 참된 과제는, 정신 자신이 역사 속에 표현되어 있다고 보기 때문에 외면적일 수 없다는 것이다. 여기서 중요한 것은 '정신의 역사적 자기침투'이며, 이것은 역사적 의식의 자기망각과는 정반대이다. 슐라이어마허에게 역사적 태도란 과거적인 것을 표상하여 복원하는 것을 목표로 한다면, 헤겔의 경우 과거에 대해 사유하는 정신의 태도는 과거적인 것을 사유를 통해 현재적인 삶과 매개함으로써 과거적인 것(=역사)과 현재를 사유로 통합하는 데 그 과제가 있다. 이 점에서 헤겔이 슐라이어마허의 해석학적 이념을 근본적으로 능가한다고 가다머는 생각한다. 그리하여 그는 2부의 서두에서 다음과 같이 말한다. "슐라이어마허보다는 헤겔의 입장을 따르는 것이 우리의 과제임을 인식할 때, 해석학의 역사는 전혀 새로운 관점에서 강조되어야 한다."(『진리와 방법 2』, 13쪽) 이렇게 가다머는 예술의 경험에 대한 새로운 이해 지평에서 출발하여 '해석학적 현상' 전반을 명료하게 하려고 시도한다. 이 시도는 2부와 3부에서 체계적으로 개진된다.

옮긴이의 말

이 역서는 한스게오르크 가다머(1900~2002)의 『진리와 방법*Wahrheit und Methode*』 제6판(1990)을 원본으로 사용했다. 이 원본은 총 494쪽이라는 방대한 분량을 3부로 나누어 담고 있다. 이 책을 우리말로 옮길 경우 한 권의 책에 담기에는 분량이 너무 많을 것 같아 우선 1부를 1권으로 출간하고, 2부와 3부는 한데 묶어 2권으로 출간할 예정이다. 1부는 예술경험에 비추어 진리 문제를 다루고 있고, 2부는 진리 문제를 정신과학의 이해로 확대하는 문제이며, 3부는 언어를 실마리로 한 해석학의 존재론적 전환에 관한 내용이다. 진리 문제를 이와 같은 단계로 구분하여 전개시키는 가다머의 계획에 비추어볼 때, 예술의 진리 문제를 다루는 1부를 독립된 한 권의 책으로 먼저 출간하는 것도 나름의 의미가 없지 않을 것 같다.

저자 가다머가 철학적 해석학을 체계적으로 정초한 철학자임을 부정하는 사람은 오늘날 아무도 없을 것이다. 그의 나이 올해 100세, 몇년 전부터 인터넷의 가다머 홈페이지에는 그의 탄생 백주년을 기념하는 논문집을 만들기 위한 원고 모집 광고가 나오고 있다. 아직 생존해 있는 한 철학자의 탄생 백주년을 기념하기 위한 논문집이 나온다니! 그의 책을 힘겹게 우리말로 옮기고 있는 우리 같은 후학들로서는 놀라움과 찬탄을 금할 길이 없다. 가다머가 대표작 『진리와 방법』을 그의 나이 예순에 내놓았으니, 그것도 이미 사십 년 전의 일이다. 이 책이 서양의 여러 나라들은 말할 것도 없고 일본어, 중국어로 번역된 지도 이미 오래되었다. 그런데 우리는 이제야 이 책을 번역하겠다고 나섰으니 부끄럽기 그지없다. 이러한 부끄러움을 무릅쓰고 이 책의 1부나마 우선 이렇게 내놓고 독자들의 이해를 구한다.

철학을 하고 문학을 하는 몇 사람의 교수들이 모여서 처음 이 책을 읽기 시작한 것은 이미 수년 전의 일이다. 원래 우리들은 매주 한 번씩 모이기 위한 수단으로 이 책을 이용했기 때문에 당시만 해도 번역은 염두에 두지 않았다. 읽어나가는 과정에서도, 그리고 170쪽이 좀 넘는 1부를 거의 다 읽어갈 때까지도 가다머의 난해한 문장과 박학다식 앞에 기가 질린 나머지 감히 우리말로 번역하겠다는 생각은 어느 누구도 갖지 못했다. 그러던 터에 1부를 다 읽고 2부에 들어갈 즈음 독문학자인 임호일 교수를 통해 출판사 문학동네에서 번역 제의가 들어왔다. 우리들은 이 제의에 대해 처음에는 회의적이었다. 단순히 읽어서 이해하는 것과 번역하는 것은 별개의 문제였기 때문이다. 이 난해한 책을 과연 우리말로 옮길 수 있을 것인지, 원어로 읽어도 어려운 내용을 우리말로 옮겼을 경우 독자들이 제대로 읽어나갈 수 있을 것인지 의문이 들었기 때문이다. 그러나 우리는 결국 번역을 하자는 쪽으로 의견을 모았다. 의욕이 지나쳤던 탓도 있었겠지만, 무엇보다도 사명감을 떨쳐버릴 수 없었기 때문이다. 아무리 무거워도 언젠가는 누군가 메어야 할 총대이고, 마침 이 총대를 나누어질 수 있는 기회가 마련되었다는 생각이 우리에게 용기를 불어넣어주었다.

그렇게 결정을 하고 난 후 우리는 이미 시작한 2부의 읽기를 그만두고 다시 맨 앞으로 되돌아갔다. 처음 읽을 때는 번역의 부담이 없었기 때문에 책읽기가 그런 대로 재미있었다. 우리는 가다머의 독창적인 사유에 감탄을 하기도 하고, 독일어 문장을 고약하게 구사하는 그를 가차없이 비판도 하면서 책읽기를 즐겼다. 그러나 독일 출판사와 가다머로부터 번역권을 얻어내고 문학동네와 번역 계약을 하고 난 뒤 새로 읽기 시작할 때부터는 사정이 전혀 달라졌다.

목차의 제목에 따라 각기 번역 작업을 분담하고, 함께 모여 이 작업을 검토하는 과정에서 우리는 많은 어려움을 겪게 되었다. 여러 사람이 함께 의논하면서 번역하는 것이 혼자서 번역하는 것보다 엄청난 장점이 있는 반면에 불편한 점도 적지 않았다. 불편한 점부터 먼저 지적해보면, 우선 해석의 견해 차이가 자주 드러났기 때문에 좀처럼 진도가 나가지 않는 것이었다. 내용에 대한 이해의 차이 때문에 우리는 자주 논쟁을 벌였고, 우리말 문장의 표현이나 적절한 낱말의 선택에서도 의견의 차이를 좁히기 힘든 경우가 빈번했다. 좀처럼 일치된 결론이 나지 않으면 우리는 영어판, 불어판, 중국어판을 참조했다. 그러나 이 번역판들 역시 우리가 어려움을 겪는 지점에서는 얼버무리거나 헤매는 경우가 적지 않았다. 이러한 여러 가지 이유로 인해 종합적인 합의를 도출하기가 여간 힘들지 않았다. 이렇듯 어렵사리 다른 사람이 번역한 부분을 모두 함께 수정하고 다듬었음에도 불구하고 우리는 다른 사람의 작업에 대해 완전히 만족해하지 못하는 경우도 더러 있었다는 사실을 밝혀두어야 할 것 같다.

이러한 여러 가지 이유로 인해 우리는 거북이 걸음으로 학기중에는 매주 금요일 오후에, 방학에는 금요일 하루 종일 번역에 매달렸다. 그러나 우리는 여러 사람이 함께 번역하는 덕분에 혼자라면 범할 수도 있을 법한 오역의 소지를 최소화할 수 있었고, 혼자라면 이끌어나가기 어려운 작업을 끈기 있게 꾸준히 진행해나갈 수 있었다. 이 책의 1부는 예술과 문학에 관련된 내용이 많았기 때문에 임호일 교수의 전문 지식이 큰 도움이 되었고, 현상학을 전공한 이길우, 이선관 교수는 후설뿐 아니라 하이데거, 딜타이, 그 밖에 현대 철학자와 관련된 지식을 바탕으로 가다머의 원서를 이해하는 데 중요한 역할을 했다. 또한 이 책에는 헤겔의 이론도 적지 않게 망라되어 있기 때문에 헤겔철학 전공자인 한동원 교수도 없어서는 안 될 존재였다. 다른 나라의 번역서 중에서는 중국어판이 가장 성의 있게 역주를 달았는데, 중국철학을 전공한 김병채 교수가 항상 자리를 같이하며 역주와 해석에 도움을 주었다. 이렇게 번역에 있어서도 여러 사람의 협동 작업이 혼자 작업하는 경우보다는 여러 모로 장점이 있다는 것을 이 책의 난해도를 이해하는 독자라면 이 번역서에서 어느 정도 확인할 수 있을 것이다.

그렇다고 이 번역서가 완벽하다는 얘기는 결코 아니다. 우리는 번역작업을 하면서 우리말의 표현이 지닌 한계뿐 아니라 우리 능력의 한계 또한 뼈저리게 느꼈다. 가다머가 종횡무진으로 구사하는 수많은 저서의 원전을 일일이 다 확인한다는 것은 거의 불가능했고, 그가 누구의 무슨 책을 두고 하는 말인지 알 수 없는 대목도 있었다. 그만큼 그는 전문가가 아닌 일반 독자를 위한 설명에 인색했다. 사실 그는 그 자신과 동등한 수준의 독자만을 염두에 두고 있는 듯했다. 이러한 어려움에도 불구하고 우리는 많은 토론을 거쳐 원전의 의미에 가장 가까운 우리말을 찾는 데 오랜 시간을 소비했다. 철학이나 문학, 예술 방면의 전문가들만을 대상으로 하지 않고 일반 독자나 학생들도 염두에 두고 번역하려고 애를 썼다. 그러나 저자 자신이 워낙 현학적(?)이어서 간단하고 쉬운 표현으로 바꿀 수 없는 경우도 흔히 있었다.

그러한 어려움에도 불구하고 가다머의 『진리와 방법』 1부를 내놓는다. 시간만 허락한다면 조금 더 손을 보고 싶은 부분이 아직도 많이 있다. 예컨대 역주도 좀더 상세하게 달았더라면 독자의 이해에 더 많은 도움을 줄 수 있었을 텐데 하는 아쉬움이 남는다. 하지만 모든 번역은 한계가 있게 마련이라는 말로 변명을 대신하고, 그 밖에 행여 발견될지도 모를 모든 오역은 어디까지나 옮긴이들의 책임이라는 사실도 잊지 않으려 한다.

번역을 흔쾌히 허락해주신 가다머 교수와 튀빙겐의 모어Mohr

출판사에 감사드리며, 약속한 기한을 여러 차례 넘겼음에도 불구하고 인내를 가지고 기다려주신 문학동네 사장님과 특히 원고를 꼼꼼하게 교정 및 수정해준 편집부의 이진영씨에게 고마움을 전한다. 그 밖에 이 책을 위해 전문적인 조언을 아끼지 않은 많은 분들에게도 아울러 감사를 드리는 바이다. 2, 3부의 번역서도 멀지 않은 장래에 나오기를 희망하면서…….

2000년 여름
옮긴이 일동

인명 찾아보기

개념 찾아보기

진리와 방법 ❶
철학적 해석학의 기본 특징들

초판 발행 2000년 9월 25일
개정판 1쇄 2012년 10월 31일
개정판 9쇄 2025년 3월 14일

지은이 한스게오르크 가다머
옮긴이 이길우 이선관 임호일 한동원

책임편집 김영옥 편집 송지선 고원효
독자 모니터 이희연
디자인 강혜조 이혜진 최미영
저작권 박지영 형소진 오서영
마케팅 정민호 서지화 한민아 이민경 왕지경
정유진 정경주 김수인 김혜원 김예진
이서진 나현후
브랜딩 함유지 박민재 김희숙 이송이 김하연
박다솔 조다현 배진성
제작 강신은 김동욱 이순호
제작처 영신사(인쇄) 경일제책(제본)

펴낸곳 (주)문학동네
펴낸이 김소영
출판등록 1993년 10월 22일 제2003-000045호
주소 10881 경기도 파주시 회동길 210
전자우편 editor@munhak.com
대표전화 031) 955-8888
팩스 031) 955-8855
문학동네카페 http://cafe.naver.com/mhdn
인스타그램 @munhakdongne
트위터 @munhakdongne
북클럽문학동네 http://bookclubmunhak.com

ISBN 978-89-546-1949-3 94160
978-89-546-1948-6 (세트)

잘못된 책은 구입하신 서점에서 교환해드립니다.
기타 교환 문의 031-955-2661, 3580

www.munhak.com

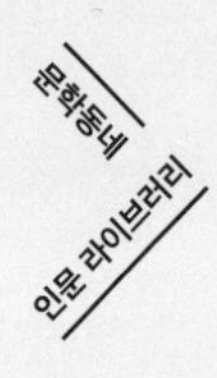

세상은 언제나 인문의 시대였다.
삶이 고된 시대에 인문 정신이 수면 위로 떠올랐을 뿐.
'문학동네 인문 라이브러리'는 인문 정신이 켜켜이 쌓인 사유의 서고書庫다.
오늘의 삶과 어제의 사유를 잇는 상상의 고리이자
동시대를 이끄는 지성의 집합소다.
살아 움직이는 유기체적 지식을 지향하고, 앎과 실천이 일치하는
건강한 지성 윤리를 추구한다.

1 ¦ **증여의 수수께끼** | 모리스 고들리에 ¦ 지음 | 오창현 ¦ 옮김
2 ¦ **진리와 방법 1** | 한스게오르크 가다머 ¦ 지음 | 이길우 외 ¦ 옮김
3 ¦ **진리와 방법 2** | 한스게오르크 가다머 ¦ 지음 | 임홍배 ¦ 옮김
4 ¦ **역사—끝에서 두번째 세계** | 지그프리트 크라카우어 ¦ 지음 | 김정아 ¦ 옮김
5 ¦ **죽어가는 자의 고독** | 노르베르트 엘리아스 ¦ 지음 | 김수정 ¦ 옮김
6 ¦ **루됭의 마귀들림** | 미셸 드 세르토 ¦ 지음 | 이충민 ¦ 옮김
7 ¦ **저자로서의 인류학자** | 클리퍼드 기어츠 ¦ 지음 | 김병화 ¦ 옮김
8 ¦ **검은 피부, 하얀 가면** | 프란츠 파농 ¦ 지음 | 노서경 ¦ 옮김
9 ¦ **전사자 숭배—국가라는 종교의 희생제물** | 조지 L. 모스 ¦ 지음 | 오윤성 ¦ 옮김
10 ¦ **어리석음** | 아비탈 로넬 ¦ 지음 | 강우성 ¦ 옮김
11 ¦ **기록시스템 1800·1900** | 프리드리히 키틀러 ¦ 지음 | 윤원화 ¦ 옮김
12 ¦ **비판철학의 비판** | 리쩌허우 ¦ 지음 | 피경훈 ¦ 옮김
13 ¦ **부족의 시대** | 미셸 마페졸리 ¦ 지음 | 박정호·신지은 ¦ 옮김
14 ¦ **인간성 수업** | 마사 C. 누스바움 ¦ 지음 | 정영목 ¦ 옮김
15 ¦ **자유의 발명 1700~1789 / 1789 이성의 상징** | 장 스타로뱅스키 ¦ 지음 | 이충훈 ¦ 옮김
16 ¦ **그래프, 지도, 나무—문학사를 위한 추상적 모델** | 프랑코 모레티 ¦ 지음 | 이재연 ¦ 옮김
17 ¦ **햄릿이냐 헤쿠바냐** | 카를 슈미트 ¦ 지음 | 김민혜 ¦ 옮김
18 ¦ **뮤즈, 글쓰기를 배우다** | 에릭 A. 해블록 ¦ 지음 | 권루시안 ¦ 옮김
19 ¦ **기나긴 혁명** | 레이먼드 윌리엄스 ¦ 지음 | 성은애 ¦ 옮김
20 ¦ **죽음과 오른손** | 로베르 에르츠 ¦ 지음 | 박정호 ¦ 옮김
21 ¦ **근대의 관찰들** | 니클라스 루만 ¦ 지음 | 김건우 ¦ 옮김
22 ¦ **상상계의 인류학적 구조들** | 질베르 뒤랑 ¦ 지음 | 진형준 ¦ 옮김